湛庐CHEERS

与最聪明的人共同进化

HERE COMES EVERYBODY

神话的力量

THE POWER OF MYTH

[美]约瑟夫·坎贝尔 JOSEPH CAMPBELL
比尔·莫耶斯 BILL MOYERS 著
朱侃如 译

在诸神与英雄的世界中
发现自我

浙江人民出版社
ZHEJIANG PEOPLE'S PUBLISHING HOUSE

约瑟夫·坎贝尔

20世纪伟大的神话学大师

Joseph Campbell

- 让远古神话与现代人再度对话的思想大师
- 拯救人类心灵的哲学家与心理学家
- 西方流行文化的一代宗师

约瑟夫·坎贝尔传奇的一生有如其著作中的探险英雄，在启程——启蒙——考验——归来这样一种仪式性的四阶段之后，完成一种向上的循环，画出了一个首尾相贯的圆。

01 启程（DEPARTURE）

神话的召唤

约瑟夫·坎贝尔 1904 年生于美国纽约一个生活严谨的天主教家庭，这个距神话时代最为遥远的现代化繁华大都市，却造就了美国当代最著名的神话学家。孩提时代，坎贝尔跟随父亲去参观自然历史博物馆，他在那里看到了林林总总的原始图腾，这使他开始对印第安人的生活与文化产生兴趣。7 岁时，父亲带坎贝尔和他的弟弟去看当时非常流行的“野牛比尔”西部秀，尽管牛仔是演出的主角，但坎贝尔后来在书中写道，他完全“被印第安人的形象迷住了”。10 岁时，坎贝尔读完了当地图书馆儿童区所有关于印第安人的书，并被特许进入成人区阅读。直觉告诉他，了解神话是通往人类心灵奥秘最直接的道路，而这也许是坎贝尔日后对民族学、人类学产生关注与研究的基础。

02 启蒙（INITIATION）

来自灵性大师的第一次启蒙

19 岁的坎贝尔跟家人一起游历欧洲时，途中经历了一次有趣的人生奇遇。他在甲板上看到三位深棕肤色的人，其中之一就是印度传奇哲学家克里希那穆提。在一位年轻女士的引荐下，坎贝尔认识了这位伟大的东方哲学家。这次经历让他醍醐灌顶，并成为他认识印度和亚洲世界的开始。

大文豪乔伊斯为他引路

在哥伦比亚大学获得文学硕士学位后，1927 年，坎贝尔来到巴黎继续深造。在这里他深受欧洲当代艺术的影响。一次偶然的机会，坎贝尔发现巴黎所有的书店里都有詹姆斯·乔伊斯的著作《尤利西斯》，而这本书在美国是禁书，无处可寻。坎贝尔对乔伊斯的作品非常着迷，甚至在他新婚期间，乔伊斯和妻子都占有同样的分量。坎贝尔经常一手挽着太太，一手拿着乔伊斯的作品《芬尼根的守灵夜》。乔伊斯的出现，引导坎贝尔走向了“大发现”的世界，而在这之前，他一直走在一条狭窄笔直的学术道路上。

与荣格等心理学大师共事

坎贝尔结束在巴黎的学习后，前往慕尼黑大学重拾对中世纪文学的研究。在这段时间里，他结识了众多现代主义大师，这些人都是当时在美国闻所未闻的大人物：心理学大师弗洛伊德、荣格，法国雕塑家安托万·布德尔，著名画家毕加索，以及德国大文豪、诺贝尔文学奖得主托马斯·曼。弗洛伊德和荣格让坎贝尔认识到神话与心理学的关联，并让他发现神话能够激发和活化人们的心灵。而与荣格的缘分，也一直延续到坎贝尔的花甲之年。

考验（TRIALS）

历经考验铸就《千面英雄》

1929 年，坎贝尔从欧洲返回纽约后，立刻向他的导师和朋友们分享了神话的潜能和魅力，但没有人能够真正理解他，这让他放弃了博士项目。他曾尝试创作小说，取得了一定的成功，但最终也放弃了。

坎贝尔唯一没有舍弃的就是阅读，几年之内，他涉猎了大量美国现代文学、哲学和心理学作品，也搜集了各种文化下的神话传说。5 年后，坎贝尔被萨拉·劳伦斯学院（Sarah Lawrence College）聘为教授，他的课程因为引入了自己的神话学研究而大受欢迎。

抱着教会人们如何阅读神话的目的，坎贝尔耗时 5 年，写下了奠定自己神话学权威地位的巨著《千面英雄》。这本书于 1949 年一经出版，便广受读者追捧，销量一路领先，很难相信，它曾经被两家出版社拒之门外。

坎贝尔在萨拉·劳伦斯学院执教了 38 年，当时，该学院还是一所只招收女性的高校。执教生涯里，坎贝尔一直在向学生们讲授神话学。同时，他也告诉学生，关于神话，他讲授的一切都是男性所说和经历的，女性应当从自己的角度告诉世界，女性未来的可能性是什么。坎贝尔十分有先见之明地预言：世界尚未真正认识到女性的力量，这种力量一定会呈现出来，我们只需拭目以待。

> 每个人都拥有自己的蕴藏强大能量的梦中万神殿。英雄必须一次又一次地通过艰难的障碍。
>
> ——坎贝尔

04（RETURN）

乔治·卢卡斯终生追随的精神导师

好莱坞导演乔治·卢卡斯读到坎贝尔的《千面英雄》后大为震惊，他发现坎贝尔在书中表达出的很多想法都和自己不谋而合，卢卡斯也因此迷上了对神话历程的分析。后来，《千面英雄》成为《星球大战》的重要灵感来源，坎贝尔也成了卢卡斯终生追随的精神导师。卢卡斯称坎贝尔是“一位了不起的学者，一位了不起的人”，并将坎贝尔视为自己的精神导师。坎贝尔的作品亦是无数好莱坞大片成功的基础，被好莱坞众人列为必读书目。

影响奥巴马、乔布斯的当代神话学巨擘

20 世纪 60 年代，坎贝尔成为嬉皮士创作灵感的重要源泉，“苹果教父”史蒂夫·乔布斯也深受其浸染。除了乔布斯，美国总统奥巴马及其母亲都是坎贝尔的忠实粉丝，“哈利·波特系列”图书的作者 J.K. 罗琳也多次提到坎贝尔及其作品，坦陈自己的小说创作深受坎贝尔的影响。美国前总统肯尼迪的夫人杰奎琳更是担当坎贝尔《神话的力量》一书的编辑，并将其视为最引以为傲的成就。

结 语

20 世纪 80 年代，“坎贝尔热”席卷全美，“感恩而死”摇滚乐队不断从中发现音乐创作的灵感，更有无数的艺术家，甚至游戏编程人员对他顶礼膜拜。1985 年，坎贝尔被授予美国国家艺术协会文学创作荣誉金奖。在颁奖典礼上，知名心理学家、荣格学派代表人物詹姆斯·希尔曼说：“在这个世纪里，没有人能像坎贝尔一样，将世界及神话人物角色的深邃意义，带回到我们的意识中。”约瑟夫·坎贝尔在 1987 年因癌症去世。《新闻周刊》上悼曰：“英雄已去，信念长存。”

他就是约瑟夫·坎贝尔，是当代神话学巨擘，才华横溢的心理学家，思维独特的哲学家和作家，极具启发性的心灵导师、演说家和思想家，是影响西方流行文化的一代宗师。

坎贝尔神话系列作品

《千面英雄》

- 坎贝尔神话观的奠基之作
- 现代人寻求内在觉醒的“圣经”

《英雄之旅》

- 坎贝尔唯一的“精神自传”
- 一部锻造坚韧灵魂的“启示录”

《众神的面具》系列（共4卷）

- 坎贝尔传世巨作，十年磨一剑的宏篇巨著
- 人类古今神话的全面考察与阐述，理解了面具，就理解了神话

《生命的狂喜》

- 坎贝尔遗世之作，献给舞蹈家妻子的一封情书
- 将生活当作一场舞蹈，调动内心潜藏的力量

《心灵的宇宙》

- 坎贝尔哲思精华之作
- 参透天人合一的“心学”，在神话中探索自我心灵的深邃与浩瀚

《光之世界》

- 坎贝尔本人挚爱之作，献给东方的一份礼物
- 探寻东方神话中的智慧与奥义

《梦境的象征》

- 坎贝尔辉映《梦的解析》之作
- 揭示神话意象与梦境的关系

《千面女神》

- 坎贝尔致敬女性之作
- 女性如何孕育整个人类的精神家园

坎贝尔神话系列作品

《解读乔伊斯的艺术》

- 坎贝尔关于乔伊斯文学研究的毕生成果结集
- 全景式解读乔伊斯的创作理念与脉络，揭示关于人类普遍经验的寓言

《解读 < 芬尼根的守灵夜 >》

- 坎贝尔锋芒初露的处女作
- 一把解读天书的钥匙，用神话攀登后现代文学的极峰

《神话的力量》

- 坎贝尔写给大众的心灵启蒙之作
- 在诸神与英雄的世界中发现自我

《指引生命的神话》

- 坎贝尔自选集，献给迷茫时代的答案之书
- 用永恒的神话智慧应对当下和未来

《坎贝尔生活美学》

- 神话学大师坎贝尔箴言录
- 用超世俗的精神指引现世生活

《追随直觉之路》

- 一部发现喜悦、实现自我、完善人格的心灵治愈之作
- 神话的心理分析，通往内心喜悦的神谕

坎贝尔的神话世界

比尔·莫耶斯
美国知名电视新闻记者

约瑟夫·坎贝尔逝世后的几个星期，我不论走到哪儿都会想起他。

从时代广场的地铁站走出来，我不由得感到拥挤人潮散发出的那股令人窒息的压力。我在心底笑了笑，忽然想起坎贝尔曾在这里体验到的一种意象：“最新轮回转世的俄狄浦斯（Oedipus），是接续上演的美女与野兽的罗曼史。他正站在 42 街与第五大道的街角，等待着交通信号灯的变换。”

约翰·休斯顿（John Huston）生前的最后一部电影《死者》（*The Dead*）改编自詹姆斯·乔伊斯（James Joyce）的原著，在这部电影的预演会上，我又想起坎贝尔。《死者》是乔伊斯一部重要的早期作品，乃是了解《芬尼根的守灵夜》（*Finnegans Wake*）一书的关键。乔伊斯认为人类苦难中有所谓的“最大与恒常的苦难”，坎贝尔把这看成是古典神话学中的基本主题。他说：“造成所有苦难的原因，就是生命必然会死去这个事实。假如生命被肯定，死亡便无法被否定。”

有一次当我们正在讨论苦难这个主题时，他先后提到乔伊斯与依格加卡加克（Igjugarjuk）。“谁是依格加卡加克？”我几乎无法正确发出这个名字的音来。坎贝尔回答说：“哦！他是加拿大北部一个爱斯基摩部落的巫师。他曾经和欧洲的访客说，**‘唯一真正的智慧远非人智所及，它由伟大的孤寂中诞生，只有从苦难中才能触及。只有困厄与苦难才能使心眼打开，看到那不为他人所知的一切’。**”

我说：“这样啊，依格加卡加克。”

坎贝尔并不在意我对文化的无知。这时我们停下脚步，他突然两眼发光，激动地对我说：“你能想象一个与乔伊斯、依格加卡加克坐在火堆旁，谈天说地的漫漫长夜会是怎样的光景吗？哇！我想在一旁聆听。”

坎贝尔正好在肯尼迪总统被暗杀 24 周年纪念日之前逝世。早先年我俩首次见面时，他便以神话的概念讨论过这个悲剧。现在当这个令人哀伤的记忆再度袭来，我又与已成年的孩子们谈论到坎贝尔对这一悲剧的看法。他把肯尼迪总统肃穆的葬礼描述成“一个社会中最高仪式的示范”，把深植在人类需要中的神话主题激发出来。“这是一个把社会最必要的精神仪式化了的场合。”坎贝尔这样写道。总统被公然暗杀，“代表了我们这个活生生的有机社会，在精力最充沛的时刻，被夺走了生命。所以需要一个补偿性的仪式，以重新建立团结一致的感觉。美国是个大国，但在这四天国葬仪式中，我们成为一个一致的社会：大家同时以相同的方式，共同参与一个具有象征意义的事件”。他说，“这是我第一次也是唯一一次，在和平时期还感受到一种身为整个国家、全社会一分子的归属感。这是借由大家一致参与一项深具意义的仪式而得来的”。

我还记得一件事。一位同事的朋友提及我们与坎贝尔合作之事时，不解地问道：“为什么你们需要神话？”她的说法是典型的现代论调，也就是“所有这些希腊的神与事”和人类今天的处境毫无关联。可她不知道，大多数人也不知道，那些“事物”的残余，就像考古现场的陶瓷碎片一样，填满了我们内在信仰系统的围墙。然而因为我们是有机体，所以那些“事物”都以能量的形式存在，仪式则可以唤起它。例如，在看待法官的社会地位时，坎贝尔以神话而非社会学的角度来看待。假如法官只是个社会角色，那么他可以只穿一套灰西装而不是象征权威的黑袍上法庭，因为支撑权威感的法律不仅仅只是一种强制，所以法官的权力必须仪式化、神话化。坎贝尔说：“当今生活的许多方面，从宗教、战争到爱与死亡，都必须如此。”

坎贝尔过世后的一个清晨，我在上班途中路过一家音像店，电视中正放映乔治·卢卡斯（George Lucas）《星球大战》的片段。我站在那儿想起我与坎贝尔在加州卢卡斯的“天行者山庄”共同观赏此片的情景。该片的制作深受坎贝尔的影响，在邀请坎贝尔观看《星球大战》三部曲表达感谢之后，卢卡斯与坎贝尔成了好朋友。坎贝尔为古代神话中的主题、意旨，能以如此富有冲击力的当代影像手段展现在大荧幕上而感到高兴。在这次造访中，由于对天行者卢克的冒险与英雄事迹颇为赞赏，坎贝尔在谈到卢卡斯将“最新而有力的叙事方式”放入古典英雄故事中时，愈发兴奋雀跃。

“那是什么方式？”我问。

“歌德在《浮士德》中采用的方式，而卢卡斯却以现代语言来加以表示。也就是传达出科技将无法解救我们的信息。电脑、工具、机器是不够的，必须仰赖我们的直觉、我们真实的存在。”

“这是不是违反了理性呢？”我问，“我们难道不是已经从理性中急急忙忙地撤出了吗？”

“那不是英雄冒险的重点所在。它并不否定理性。相反，英雄通过战胜阴暗的感情，象征了对内在非理性所具有的破坏作用的控制。”在其他几个场合，坎贝尔也表示过，他对我们不能“承认人性本具的食色本能”而感到悲哀。这里他所描述的英雄冒险，并不是英勇的行为，而是一个自我发现的过程。“当卢克发现形成他当下命运的内在性格渊源时，就变得再理性不过了。”

具有讽刺意味的是，对坎贝尔而言，英雄冒险过程的终结，并不是夸大英雄这个角色。他在一场演说中提到，“我们不应该把自己和所经历的人物或力量画上等号。印度渴求解脱的瑜伽大师，把自己化在光中而不再回到这个世界。但是意欲服务他人者，是不会如此逃避的。这个旅程的终极目标既非解脱也非极乐，而是服务他人的智慧与力量。”他说：“名人与英雄的众多差别之一是，名人只为自己而活，但英雄要解救社会。”

坎贝尔坚信人生是一场冒险。在大学导师把他局限在狭隘的学术课程中时，他的反应是：“去他的。”于是他放弃攻读博士学位，而到森林中读书。他一生持续不断地阅读有关世界的书，包括人类学、生物学、哲学、艺术、历史与宗教。他不断提醒他人：了解世界的一条可靠之路，便在书本当中。在他死后几天，我收到一位主流杂志编辑，也是他以前的一位学生所写的一封信。在看过我与坎贝尔在电视上的一系列对谈后，她写信来分享坎贝尔是如何“以一阵旋风席卷所有知识的方式”，让莎拉·劳伦斯学院（Sarah Lawrence College）的学生“在课堂中毫无喘息的余地”，她写道：“虽然我们听他的课听得津津有味，但也对他每周指定阅读作业分量之重，感到踌躇不安。最后有位同学站起来质疑他（莎拉·劳伦斯学生的风格）：‘你知不知道，我还选修了其他课，每门课都有阅读作业。你怎能指望我在一周内念完所有的阅读作业呢？’坎贝尔只是笑笑说：‘我很惊讶你想试着在一周内读完，其实，你还有一辈子的时间可以读这些书。’”

她还说："而我还未阅读完他那永无完结的人生与智慧典范。"

我们可以从一次在纽约自然历史博物馆举办的坎贝尔纪念会上，看出他的影响力。当他还是个孩子时，跟随大人来到博物馆。他被图腾柱石与面具深深地震慑住了。到底是谁创造了它们？他感到好奇。它们代表什么意义呢？于是坎贝尔开始尽其所能地阅读印第安人的神话与传奇。进入这个领域不到十年的时间，他便成为神话研究的世界级顶尖学者，同时也成为我们这个时代最令人激奋的老师。据说，"他可以让民俗学与人类学鲜活无比"。而如今，在这个曾经在 75 年前激发他对神话产生兴趣的博物馆内，人们为他举行纪念仪式并献上崇高的敬意。其中有"感恩而死"（the Grateful Dead）打击乐团鼓手米基·哈特（Mickey Hart）的演出，坎贝尔曾与这个乐团共享过打击乐的美妙。罗伯特·布莱（Robert Bly）一边弹奏着扬琴，一边诵读着献给坎贝尔的诗；他以前的学生，以及他退休后与舞蹈家妻子珍·厄尔德曼（Jean Erdman）在夏威夷结交的朋友，都前来致辞。纽约著名的出版公司也有代表出席。还有年轻的和资深的作家与学者，他们都曾在坎贝尔的书中找到人生的突破之路。

当然也有新闻记者。我早在 8 年前就被他吸引，我自己设计制作了一系列节目，试图把我们时代充满活力的智者思想带到电视荧屏上。我们曾在这家博物馆录制了两期节目，而通过他在荧幕上强有力的现身说法，共有 14 000 名观众来函索取对话的脚本。那时我便发誓还要再找他，做一期更有系统而完整地探索其思想的节目。他撰写和主编了近 20 本书，但是我们接触到的却是他为人师表的那一面。他是个对世界传说与语言意象有广博知识的老师，我希望别人也能从这个角度去认识他。想要与大家分享此人智慧之宝的渴望，促成了我与他《神话的力量》系列纪录片以及这本书的问世。

大家都认为新闻记者享有在公众界不断接受教育的权利，确实，我们是幸运的一群人，可以继续接受成人教育的课程。近年来坎贝尔是教我最多的人，我告诉他，不论我这个学生将来有何变故，他都得负起影响我的责任。他听了哈哈大笑，并引用一句古罗马谚语说：“掌管命运的三个女神会引导有志者，随波逐流的人则被她们牵着鼻子走。”

和其他贤师一样，他以举例来教学。“用语言说服别人去相信某事物”不是他的风格（唯一的例外是当他向珍求婚时）。他告诉我，说教者的错误在于试图借言语让人产生信仰，而不是将自己真实的发现展露给大家。马修·阿诺德（Matthew Arnold）认为最好的批评是：“知道这个世界上已知的最好事物，然后再把这个已知事物转化，创造出一股契合真理的崭新思潮。”这就是坎贝尔的贡献。只要听他所言——真正聆听，就一定会发现，在你的意识中有一股全新生命在涌现，以及自我想象力在提升。

他认可的研究准则，是去发现“世界神话主题中的共通性，以指出人类心灵中那种欲将自己置于一个深刻意义核心的永恒渴求”。

“你是说寻找生命的意义？”我问。

“不，不，不，”他说，“是去寻找那种真正活着的体验。”

我曾经说过，神话学是一张内在体验的地图，它由曾经游历过的人所描画。我怀疑他接受不了这个来自新闻记者的无聊定义。对他而言，神话学是“宇宙之歌”，是“天籁”——即使不知曲调为何，依然随之翩然起舞。“不论是以一种高高在上嘲讽的心聆听非洲刚果河畔的巫医对着怪诞的偶像唱诵符咒，还是阅读深具智慧的老子的《道德经》，或是不时咀嚼托马斯·阿奎那（Thomas Aquinas）的神学论调，亦或是突然间对怪异的爱斯基摩神仙故事的意义有些许体会，我们所听的都是天籁的重复乐章。”

他猜测这个庞大而不协调的合唱团，从原始先民猎杀动物为食时、看到动物死后似乎进入超自然世界时、讲述这些动物故事时，便开始了。超越可见的存在世界，“在某处”有“动物首领”（animal master）存在，它是控制人类生死的力量。假如它不把动物送下来供人类猎食，则猎人与他的族裔将会挨饿。人们从早期社会学习中了解到：“生命的本质是杀生与饮食，那就是神话所要处理的重大奥秘。”狩猎变成一种牺牲的仪式，猎人反过来向动物的飘离身体的灵魂做出补偿，希望能够诱使它们再回来牺牲，供人类食用。野兽被看作是从另一个世界来的使节。而坎贝尔臆测，在猎人与猎物间逐渐滋生出一种神奇、美好的和谐，仿佛被锁在一个死亡、埋葬与再生的“神秘超时间”循环中。洞穴墙壁中的绘画艺术以及口传文学，便是我们今天称作“宗教冲动”的表现形式。

当原始人从狩猎转向以栽种为生，他们诠释生命奥秘的故事也改变了。种子成为无尽循环的神奇象征。植物死亡、被埋葬，但种子会再生。对各大宗教谈到永恒实相的表象时（即由死到生，或是所谓的“从牺牲到极乐”），大多使用此一象征的现象，坎贝尔都感到极度有趣。

他说，“耶稣有慧眼”“他在芥菜籽中看到了伟大的真实”。他从《约翰福音》中引用耶稣的话：“我实实在在地告诉你们：一粒麦子不落在地里死了，仍旧是一粒；若是死了，就结出许多子粒来。”接下来引用的则是《古兰经》，“你们还没有遭遇前人所遭遇的患难，就猜想自己得入乐园了吗？”① 他漫游于广博的心灵典籍中，甚至从梵文翻译印度教经典，持续不断收集最新的故事，以便附加诠释古老的智慧。他特别喜欢一个困惑的女人对话印度圣哲罗摩克里希纳（Ramakrishna）的故事。那个女人说道：“啊，大师，我不觉得我爱上帝。”

① 译文引自穆罕莫德：《古兰经》，马坚译，中国社会科学出版社，2003 年。——编者注

圣哲回问："那么你是不是任何事物都不爱？"女人回答说："我爱我的小侄女。"于是圣哲对她说："那就是你的爱，也是对上帝的服务，因为你爱那个小孩，也是在提供服务。"

坎贝尔说："这就是宗教的崇高信息，只要你在这当中至少为一个人做了事……"

他在各宗教信仰的文献中发现，人类精神层次的原则大同小异。但必须从部落优先的观念中解放出来，否则世界宗教便会停留在今天中东和北爱尔兰的状态，那是鄙视与侵略的来源。他说，上帝的意象有许多，可以把它们称作"永恒的面具"，因为它们同时掩盖也显露了"光荣上帝的面貌"。他想知道上帝为什么在不同的文化中拥有如此不同的名字，也想知道在这些迥异的传统里，许多类似的故事是如何被发现和比较的。例如创世纪、处女生子、轮回、死亡与复活、二度降临和最后审判日等故事。他喜欢印度教经典中的一个见解："真理只有一个，圣贤以许多不同的名字称呼它。"他说："为上帝赋予的所有名字与意象都只是指涉永恒的面具而已。终极真实本身的字义已说明，它超越一切语言与艺术。神话也是上帝的面具，是一个表示藏在可见世界背后的事物的隐喻。"他说："不论神秘主义的传统如何不同，都在呼唤我们对生命本身的深度觉醒。"在坎贝尔的书中，不能原谅的原罪乃是怠慢疏忽、不够警觉与不够清醒。

我从未见过比他更会说故事的人。听他谈原始社会，我有如置身在无际苍穹下的广阔草原上，或是在群树覆盖的浓荫森林中。我开始了解，如何从风雷里听到神的声音，从每一条山中溪涧里看到上帝之灵的流动，以及如何把地球看成是自神话想象圣地结出的果实。于是我不禁要问：既然现代人已经把大自然的神秘剥落殆尽，用索尔·贝娄（Saul Bellow）的话说，"已经把信仰完全清扫干净"，我们的想象力要如何得到滋养呢？难道要靠好莱坞和电视电影吗？

坎贝尔不是悲观主义者。他相信有个超越幻象冲突的智慧点，和一个能把生命重新放回原位的真理存在。找到它主要是时间的问题。在人生最后的岁月里，他试图要找出科学与心灵间新的融合。在宇航员登陆月球后，他写道："从地球中心说到太阳中心说，世界观的改变似乎把人类从中心移开，而中心是很重要的。然而从精神层次来说，中心就是观察的地方。站在高地便看到地平线，站在月亮上便看到整个地球的升起，即使你是从客厅的电视中看到的，效果也是一样。"其结果是史无前例地扩展了人类的视野。就好像古代神话为那个时代所作的贡献一样，这个新宇宙观也对我们的时代产生了相同功效。它把感觉之门清扫干净，以迎接那一度被认为是可怕、迷惑的宇宙惊奇景象及自己的奥秘。并不是科学造成非人性化或使我们脱离神性，相反，科学的新发现使我们与古人重新结合。因为它使我们认识到整个宇宙不过是我们内在心灵深处本性的放大反照而已。所以我们确实是它的耳朵、它的眼睛、它的思考、它的言语，或者以神学的语言来说，是上帝的耳朵、眼睛、思考与谕旨。我最后一次见到他时，问他是否仍然相信他曾写过的信条："此刻我们正完成一个最大的飞跃，一次由人类心灵到我们内心深处与外在自然的奥秘知识的飞跃。"

他想了一下，然后回答："从来没有像现在这样坚信过。"

当我听到他去世的消息，我拿起他给我的《千面英雄》（*The Hero with a Thousand Faces*）一书翻看了一会儿，我想起从书中第一次发现神话英雄世界的情形。那时，我漫步在孕育我成长的小镇上，在一家小图书馆里，随便翻看架上的书，并抽出一本令我对宇宙人类称奇的书；为了人类而从神处盗火的普罗米修斯、勇搏巨龙获得金羊毛的杰逊王子、追求圣杯的圆桌武士等，都记载其中。但一直到认识坎贝尔之后，我才了解到，在周六午后场上映的西部片如何肆意地借用了这些古代故事。而我们在主日学校学到的故事，与其他同样体验到灵魂崇高追求、以必朽生命追求上帝真实的不同文化间，有互相对照之处。他让我看到了其间的关联，了解各个片段怎样彼此连接，并让我对他所谓的“有活力的多文化未来”不仅不再那么惧怕，甚至欢迎它的到来。

当然，他也被批评为过度以心理学来诠释神话，以及把神话的当代角色过于局限在意识形态功能或疗愈的功能上。我没有资格论断这些评论，还是让别人来衡量吧。他似乎从来不为争议所困扰。他只是不断教书，启发别人以新的方式看待世界。

毕竟，是他那种真实的生活给予我们启发。当他说神话是我们最深心灵潜能的线索，能使我们欢乐、明觉，甚至狂喜时，他说得好像是正在邀请人们去他自己曾经去过的那些地方。

他的哪一点吸引了我呢？

智慧，是的，他非常聪明。

博学，他确实如此。对那些少有人知道的素材，他却能知晓千万变化之过去的全貌。

且还不止于此。

故事是要用讲的。他是个有成千故事的人，以下是他最喜欢的故事之一。在日本参加一次宗教国际会议时，坎贝尔听到另一位从纽约来的美国社会哲学家对一位日本神道教的神职人员说：“我们到目前为止观摩过许多典礼，也参观了许多神庙。但我不了解你们的意识形态，不了解你们的神学。”日本人停顿了一下，仿佛在深思，然后摇了摇头。“我想我们没有意识形态，”他说，“我们没有神学，我们跳舞。”

坎贝尔也是一样，在天籁伴奏下起舞。

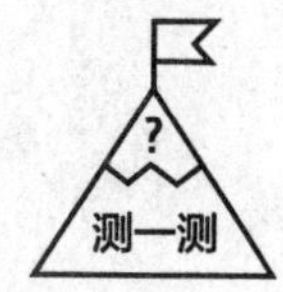

你了解如何在神话中发现自我吗？

扫码鉴别正版图书
获取您的专属福利

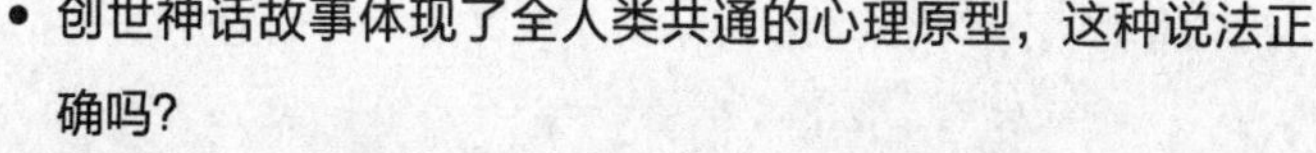

- 创世神话故事体现了全人类共通的心理原型，这种说法正确吗？

  A.对

  B.错

扫码获取全部测试题及答案，
一起探索坎贝尔的神话世界

- 东西方神话中，蛇都是一个重要的意象，但所指涉的意义却大不相同，这种说法正确吗？

  A.对

  B.错

- 坎贝尔认为，不管是佛陀、奥德修斯还是亚当和夏娃的传说，都在探讨人如何应对欲望和________。

  A.名利

  B.死亡

  C.恐惧

  D.美色

扫描左侧二维码查看本书更多测试题

目录

THE POWER OF MYTH

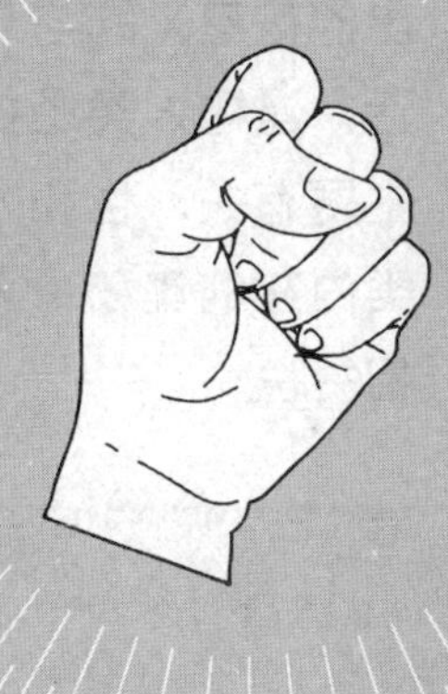

01

神话与现代生活

THE POWER OF MYTH

现代社会是一个解构神话的社会。你只要读读报纸，就知道这个社会一片混乱。在现在这个社会结构中，神话提供了生命的典范。古老神话传递出的信息，既与几千年来支撑人类生活、建构人类历史、提供宗教内容的主题有关，也和人类内心的问题、人类内在的奥秘、人类内在历程的枢纽相关联。

我们还需要神话吗

莫：什么是神话？我们为什么要了解神话？神话和我的生活有什么关系？

坎贝尔：对于这个问题，我的第一反应是，“没关系，继续过你现有的好日子，你不需要神话。”我和大多数人一样，不会因为别人说这件事很重要，就对它感兴趣。我之所以感兴趣，是因为这个主题吸引我。如果介绍得当，你会发现神话有吸引你的地方，接下来，你应该问，神话能为我做什么？

当今社会的问题之一是，人们对心灵的内涵并不熟悉。反而只对每天、每小时发生的事情感兴趣。过去，大学校园是一个隐秘的园地，日常生活的杂务不会干扰你对内心世界的追求，你能够潜心学习人类丰富的文化遗产，如柏拉图、孔子、佛陀、歌德等。这些丰富遗产所诉说的永恒价值，和今天人们所追求的生命重心有很大关系。当你年纪大了，物质需求不再是问题时，你便会转而追寻内在的生活。如果那时你不知道到哪里去追寻，或是不知道内在生活是什么，你会感到懊悔的。

希腊文学、拉丁文学和圣经文学都曾是国民教育的一部分。如今，这些都被丢在一边，西方神话教育的传统也消失了。从前，这些神话故事都是大家耳熟能详的，人们能将日常生活中发生的事情和神话故事连接起来。人们由此可以逐步预料到生命各阶段将发生的事。如今，人们对这些故事不再熟悉，便会迷惑，因为现代生活中并没有能与古代神话相提并论的文学作品可以代替。古老神话传递出的信息，既与几千年来支撑人类生活、建构人类历史、提供宗教内容的主题有关，也和人类内心的问题、人类内在的奥秘、人类内在历程的枢纽相关联，如果你不知道人生方向的指引就在人生路上，你就必须自己建立一套指标。但是一旦这些古老故事的主题和你相呼应，你便会对这些传统，这些深刻、丰富、活生生的信息产生奇妙的感觉，而再也舍不得放弃它们了。

莫：这么说来，人类记述故事是为了与世界协调，是为了让自己的生活与现实世界联结得更加和谐？

坎贝尔：没错。伟大的小说具有神奇的教育意义。在我二三十岁，甚至四十岁时，乔伊斯及托马斯·曼（Thomas Mann）都曾是我的老师，我读遍了他们的作品。他们两个人的作品都具有神话传统。以托马斯·曼的作品《托尼奥·克律格》（*Tonio Kröger*）中托尼奥的故事为例。托尼奥的父亲是一位成功的商人，在家乡很有影响力。小托尼奥却极具艺术家气质。他搬到慕尼黑和文艺圈子的一群人混在一起，这群人认为自己比那些只知道赚钱及只以家庭为重心的男人更优越。

托尼奥挣扎于两个极端之中，一边是他的父亲，一位好父亲，有担当且恪尽一切义务，但一生中从没有做过一件自己想做的事；另一边是一群像托尼奥这样的人，一群离开故乡且唾弃过去生活的人。托尼奥内心的矛盾在于，他发现自己其实是爱家乡人的。虽然他认为自己在学识上比家乡人出色，提起家乡人时也语带抨击但他的心是和他们在一块儿的。

在他离开家乡和那些放荡不羁的艺术家们一起生活时，他发现他们对平凡生活的唾弃让他无法忍受，以至于他实在无法和他们在一起。最后他离开了他们，并写了一封信给那一群人，信中说："我敬仰那些高傲的人们，他们冒险开拓伟大、具有魔鬼般美貌的道路，并且看不起平凡，但我并不嫉妒他们。对于一个爱好文学的人，任何东西都可以使他成为一个诗人。对我而言，我的故乡，那里的生活，还有那里一切平凡的事物，都是我创作的源泉。所有的温暖、善良和诙谐，都是由这份对故乡的爱而来的。真的，对我而言，一个人能真实描绘出这份爱，必定述说着凡人的方言，并天使的话语；缺乏这一份爱，他的创作便只是鸣的锣，响的钹"。

托尼奥接下去说："一个作者必须真诚地面对真实。"这是一个致命的观点，因为若要把人的真实描绘出来，就要描绘他的不完美。完美的人是无趣的——就像佛陀入涅槃后便不再回到世间来一样。**生命的不完美正是它的可爱之处。**一个作者一针见血地描绘出这个现实世界时，是有伤害性的，但带着爱心，就像托马斯·曼所说的"性欲的反讽"，用批判的眼光看待，正是一种爱的表现。

莫：我能体会这个意象，对故乡的爱，对故乡的感觉，不论离开故乡多久甚至不再回去，这种感觉都一直存在。故乡是你首先发掘人性的地方。但是，为什么你会因为人类的不完美而爱他们？

坎贝尔：小孩子的可爱之处不正因为他们老会跌倒，不正因为他们头大大的、身体小小的吗？华特·迪士尼创造了七个小矮人，不正因为他看到小孩子的可爱之处吗？这些大家喜爱、长相滑稽的小人物，他们之所以可爱就是因为他们并不完美。

莫：完美可能会很乏味，不是吗？

坎贝尔：完美是很乏味。完美缺少人情味。脐点、人性，以及人之所以为人，不是超自然的或不朽的特性，而是人类可爱的特质。这也是许多人无法爱上帝的缘故，因为上帝太完美了。你会崇敬上帝，但那不是真正的爱。只有十字架上的耶稣才是可爱的。

莫：你的意思是？

坎贝尔：受难。受难是不完美的，不是吗？

莫：人类受难、挣扎、生活着的故事——

坎贝尔：——还有年轻人在成长过程中逐渐了解自己，知道自己必须经历什么的故事。

莫：我从你的作品《众神的面具》（*The Masks of God*）和《千面英雄》中知道，读神话可以发现人类的共通处。神话是每个人在一生中，随着岁月流逝，不断追寻真理、人生意义和重要性的故事。我们都要将人类的故事流传下去，都要了解人类的故事。我们都必须了解死亡，也都必须和死亡打交道，在我们由生到死的过程中，都要靠神话的协助才能走完。我们需要神话来为自己的一生提供指引，需要借由神话来接触永恒，需要透过神话了解人生的奥秘之处，并进一步发现自己的本来面目。

坎贝尔：大家认为生命的意义就是人类所追求的一切。我并不这样认为。我认为人类真正追求的是一种存在的体验，因为这种体验，我们一生的生活经验才能和内心的存在感与现实感产生共鸣，我们才能真正体会到存在的喜悦。那就是生命，神话是帮助我们发现内在自我的线索。

莫：神话是线索？

坎贝尔：神话是找出人类精神潜能的线索。

莫：是我们能够在自己的内在了解及体验到的事物吗？

坎贝尔：没错。

莫：神话的定义是追寻人生的意义，你将它变成体验人生的意义。

坎贝尔：是体验生命。人们的心总是在追寻意义。一朵花的意义是什么呢？我知道一则关于禅宗缘起的故事，故事中提到佛陀拈花说法的情景。当时只有迦叶尊者报以微笑，表示了解佛陀的意思。佛陀本身又叫“如来”。事物本身是没有意义的。宇宙的意义是什么？跳蚤的意义又是什么？它就是在那里，如此而已。你的意义就是你的存在。**人类一直汲汲于追求外在价值，却忘了本来便存在的内在价值，这种内在价值就是存在本身的喜悦，也就是生命的意义。**

婚姻，人生中的一个神话体验

莫：一个人如何获得那种体验呢？

坎贝尔：读神话。神话指引你转向内在追寻，接下来你会开始接收到由神话中那些象征性符号所传达出的信息。在自己的宗教之外，也读读其他民族的神话，因为人们习惯依据事实来解释自己的宗教，如果你读过其他民族的神话，你便能够汲取到其中隐含的信息。神话帮助你将自己的心和实际体验联系起来。神话告诉你什么是体验。以婚姻为例，什么是婚姻？神话可以给你答案。婚姻是两个原本成对个体的再结合。这世界上原本只有一个你，现在则有了两个，去体验心灵上的契合才是婚姻的本质。**婚姻和恋爱不同，婚姻和恋爱毫无关系。**

婚姻是人生中的一个神话体验。如果结婚是为了永远恋爱下去，夫妻很快便会离婚，因为所有的恋曲都会以失望告终。婚姻应该是去体验一种心灵上的契合。

如果我们能过正常生活，如果我们对异性的心态健全的话，便可以找到合适的异性伴侣。相反的，如果我们只专注于感官上的吸引力，便会和不合适的对象结婚。我们能与合适的对象结婚，等于重新把具体化的上帝融入生活中，这就是婚姻。

莫：合适的人？如何找到合适的人？

坎贝尔：你的心一定会告诉你。

莫：你指的是你内在的存在状态吗？

坎贝尔：那是个难解的谜。

莫：你是指体验到另一个自己吗？

坎贝尔：这我不敢确定。但会出现灵光一现的情况，而你体内的某个东西会知道，就是这个人，没错。

莫：如果婚姻是自我与自我的重逢，是男女潜意识中的相聚，为什么婚姻在现代社会如此脆弱？

坎贝尔：因为人们没有正确看待婚姻。我认为如果你不把婚姻视为人生第一要务，那么结婚就等于没结婚。婚姻的意义是两个灵魂合二为一，两个个体变成一个。如果婚姻维持得够久，如果能渐渐认同婚姻本身，而不是将其视作自己个人的突发奇想的话，你会意识到那是真的——也就是两个个体真的只是一个。

莫：不只是肉体的而且是心灵上的结合。

坎贝尔：尤其是心灵上的结合。肉体上的结合是造成错误认同的诱因。

莫：那么婚姻的必要作用，也就是将自己投射在孩子身上，便不是一个主要功能了。

坎贝尔：不，那只是婚姻最基本的层面。婚姻生活有两个完全不同的阶段。第一个阶段是“青春期婚姻”，那是两性互动中，伴随着本能的美妙冲动而来的，主要是为了生孩子繁衍后代。但是小孩会长大，会离开家庭，会离开原先为制造小孩而结合的男女。我很讶异地发现许多朋友在他们四五十岁时都分开了。他们婚姻生活中有孩子时都过得很好，但他们认为结合是通过与孩子的关系而来的，而不是经由彼此的关系。

婚姻是一种人际关系，如果你曾经为婚姻牺牲了什么，你并不是为对方牺牲，而是为一种关系的结合而牺牲。中国道家的阴阳图，是黑暗与光明交互影响的意象——那就是阴和阳、男和女的关系，也就是婚姻，也就是结婚后必须面对的。结婚后你不再是单独一个人，而是在一种关系中认同自己。**婚姻不单只是谈恋爱，它是一种痛苦的体验，一种牺牲自我的痛苦体验，为的是维持两者合一的关系。**

莫：这么说来，婚姻不完全是我自己的事。

坎贝尔：婚姻不单纯只是我自己的事。它是我自己的事，没错。但是这个“自己”，并不只有你一个人，而是两个人合二为一之后的自己。那是一个全然的神话意象，意味着牺牲一个看得见的实体，以求得超越的善。这是在婚姻的第二阶段中，双方都要很美好地体会到的一点。就是我所谓的“炼金术婚姻”，也就是婚姻中的两个人共同体会到他们其实是一体的经验。如果两个人这时仍活在青春期婚姻中，当他们的孩子离开家时夫妻俩就会分开。这个爸爸便会爱上另一个更年轻貌美的女子，再结婚去了，妈妈则被迫单独留下来，面对一个空巢和空虚的心，不得不以自己的方式安排一个人的生活。

莫：那是因为我们不了解婚姻有两个阶段。

坎贝尔：那是因为人们并没有对婚姻有所承诺。

莫：我们自以为已做了承诺——对一个更好或更糟的未来有所承诺了。

坎贝尔：那只是仪式的残骸。

莫：仪式已经失去了它的威力。过去能够传递内在世界真相的仪式，现在只是徒有其表。这种情况可以用来解释社会的仪式，也可用来解释个人的婚姻与宗教仪式。

坎贝尔：现在还有多少人在结婚前能得到精神上的指引，告诉他们婚姻的意义呢？现在只需要 10 分钟，便可以在法官面前完成公证结婚。而在印度结婚仪式要举行三天，这三天，新娘和新郎要形影不离。

莫：你是说婚姻不只是一种社会的安排，也是一种精神层面的学习。

坎贝尔：婚姻主要是一种精神层面的学习，社会应该帮助个人意识到婚姻的这一层面。不应该由个人来配合社会，相反，社会应该服务于个人。如果由个人来迎合社会，社会就会变成一个怪物，这也是目前威胁世界稳定的因素。

莫：如果社会不再拥有震撼力的神话，会变成什么样呢？

坎贝尔：就是像我们今天所见的情况。如果要了解什么是没有仪式的社会，只要读读《纽约时报》就好了。

莫：在《纽约时报》中你看到了什么？

坎贝尔：就是每天发生的新闻，包括年轻人的破坏举动和暴力行为，因为他们不知道如何在一个文明社会中举止合宜。

莫：年轻人要借着仪式成为部落的一员，成为社区的一员，但现代社会并没有发挥这一功能。所有儿童都必须二度出生，学习如何理性地在现代社会中度过童年。我想到《哥林多前书》中的一段：“我作孩子的时候，话语像孩子，心思像孩子，意念像孩子；既成了人，就把孩子的事丢弃了。”

坎贝尔：就是那样。这就是成人仪式的重要性。原始社会的成人礼包括打落牙齿、奉献祭品、割礼及各式各样的典礼。典礼要在成人之前完成。借此你可以脱去小孩子的躯壳，变成一个完全不同的大人。

当我是小男孩的时候，大家都穿着及膝的短裤。当你换上长裤时，那是一个伟大的时刻。现在的小男孩不会再经历这种过程，我甚至看过五岁的小男孩穿着长裤跑来跑去。没有经过这些，他们如何知道自己已经长大成人，不能再有孩子气的行为了呢?

神话在混乱的社会中提供生命的典范

莫：以今天一个在纽约市 125 街和百老汇大道附近长大的男孩为例，他们要去哪里找寻神话呢?

坎贝尔：他们只有自己去创造了。这就是城市涂鸦的由来。这些青少年组成自己的帮派，创造自己的入会仪式及道德标准，他们极尽所能创造了自己的神话。但是这样做是很危险的，因为他们自己的法律与社会公认的不同，也没有被纳入社会中。

莫：罗洛·梅（Rollo May）[①]指出，当今美国社会充斥暴力的原因在于，可以帮助年轻人和这个世界联结的伟大神话已不复存在，也没有神话帮助他们去了解表象之外的世界。

① 1909—1994 年，美国心理学家，是以存在主义哲学思想为基础的人本主义心理学家，也是存在心理治疗的代表。——译者注

坎贝尔：这没错，但造成美国社会充斥暴力的另一个原因在于美国缺乏社会规范。

莫：请解释。

坎贝尔：以美式足球为例，它的游戏规则严格而复杂。如果你去英格兰，你会发现那里橄榄球的规则没有那么严格。在20世纪20年代，我还是学生时，同校的两位同学是美式足球比赛时向前传球的一对绝佳搭档。毕业之后二人都拿到奖学金到英国留学，并在那里加入了英式橄榄球队，有一天他们想把向前进攻的玩法介绍给英国人，英国球员说，"我们没有针对这种玩法的规则，请不要这么做，我们不是这样玩的。"

在一个已经达到一致性的文化中，存在着身在其中的人们共同接受的不成文规定，这就是一种社会规范，一种风格，一种对"我们不这样做"的共同理解。

莫：一种神话。

坎贝尔：你可以说这是一种没有明文定义的神话。比方说，我们就是这样使用刀叉，我们就是这样和别人打交道等。这些都没有明文规定。然而美国人民拥有不同的文化背景，聚集在同一片土地上，因此，法律在这个国家就变得非常重要。律师和法律是凝聚美国国民的要素，但是美国并没有社会规范。你明白我的意思吗？

莫：我明白。这就是为什么160年前德·托克维尔（De Tocqueville）[①]来到美洲大陆时，说自己发现了一种混乱的无政府状态。

① 1805—1859年，法国政治思想家和历史学家。——译者注

坎贝尔：**现代社会是一个解构神话的社会。**因此，我教过的学生都很喜欢神话，因为神话带给他们信息。现在我不知道神话研究带给今天的年轻人什么信息，但我知道神话带给了我什么，也可以确定神话会影响年轻人。不论我到哪一所大学演讲，每次都是大爆满。学院安排给我的教室总是有点小——比实际需要的小，因为他们不知道神话在听讲的学生中会造成多大震撼。

莫：你认为年轻学生从你这里所听到的神话故事，对他们究竟有什么用?

坎贝尔：神话是关于生命智慧的故事，真的是，而且是我们在学校里学不到的。在学校里我们只能学习科技知识而已。教导学生如何在学习中找出生命的价值，本是老师的工作，但学校和老师对此总有一种奇怪的抗拒感。今天的科学教育——包括人类学、语言学、宗教研究等，都有训练专家的倾向。专家型的学者必须懂得非常多，才能成为具竞争力的专家，因此更强化了学校训练专家的倾向。以佛学研究为例，你必须懂得所有种类的欧洲语言，因为讨论东方哲学的论著都是以欧洲语言写成的，尤其是法文、德文、英文及意大利文，同时你也要懂得梵文、中文、日文、藏文及其他多种语言。这是一项不可思议的浩大工程，拥有如此成就的专家不可能再去思索易洛魁人（Iroquois）[①]和阿冈昆人（Algonquin）[②]之间的不同。

同时专家倾向于将问题局限在他们关心的范围内。只有像我这种通才才会向不同的专家学习东西，才可以看到专家看不到的地方，因为问题不会局限在一个范围内，问题会同时发生在许多专业领域里。通才虽然一直以来被学术领域贬低，其实是更加关注人的问题，而不仅仅局限于某个具体文化。

① 北美印第安部落。——译者注

② 北美印第安部落，分布范围由加拿大东北南下到北卡罗来纳州，西边则达落基山脉。——译者注

莫：还有记者，我们获得特许去解释我们不了解的事情。

坎贝尔：那不只是职业赋予的特权，更是加在他身上的义务——也就是说，记者有义务在大众面前教育自己。我记得年轻时候去听过海因里希·齐默尔（Heinrich Zimmer）的演讲。据我所知，他率先提出神话中含有对生命有用之信息的观点。他认为神话不只是学者拿来混一混的有趣东西。透过他的观点，我进一步确认自己在童年时代对神话产生的一种感觉。

莫：你还记得第一次发掘神话的感觉吗？还记得神话故事第一次在你心中活跃起来的情形吗？

坎贝尔：我是在一个天主教家庭长大的。在天主教家庭长大的最大优点就是，父母会教你必须严肃地面对神话，要让神话在你的生活中运作起来，要依据神话的主旨来生活。我成长的环境不断地与宗教发生季节性的关联。那是耶稣降临世界、在这世界教导众人、死亡、复活、回到天堂的循环。时间变化中的永恒核心，便通过一年中的各种天主教仪式让你铭记在心。但原罪则和那种原有的平和失去联结。

接下来我对美州印第安人产生了极大兴趣，原因是“水牛比尔”经常到纽约麦迪逊广场花园表演他那神奇的“西部荒野秀”。因此，我想多了解美国印第安人。我的父母也尽力找来当时写给小孩的印第安人故事书给我看。从此我开始读美洲印第安人的神话，很快我就在这些故事中发现了和天主教相同的神话动机。

莫：创造？

坎贝尔：创造、死亡、复活、升天、处女生子，我当时不知道那是什么，但却能认得那一个接着一个出现的词语。

莫：接下来呢？

坎贝尔：我兴奋极了。从那时候开始，我就对比较神话学产生了兴趣。

莫：你是不是开始怀疑，“为什么神话里这么说，而《圣经》里又是那么说的？”

坎贝尔：没有，我在许多年以后才开始做比较性的分析。

莫：什么样的印第安人故事会引起你的共鸣？

坎贝尔：在我小时候，仍然流传着美州印第安人的传说，印第安人仍会在你四周出现。虽然接触过世界不同地区的各种传说，直到现在我仍然认为美州印第安人的故事很丰富，也发展得很完整。

小时候，我家常去树林中度假，那里曾经住过特拉华印第安人，易洛魁人也常去进攻打仗。那里有一个凸出的岩架，我们曾在那里挖出过箭头等东西。而在印第安人故事中描述的动物，也会出现在那个树林里。那片树林是小时候引领我进入印第安人神话世界的地方。

莫：那些故事有没有和你的天主教信仰发生冲突？

坎贝尔：那时候没有。和我的信仰产生冲突是后来接触到科学研究方法的时候。稍后我又对印度教感兴趣，并在印度教中发现了和印第安人神话类似的故事。

我在研究所的研究主题是中世纪亚瑟王的素材，也是和印第安人类似的故事。所以我根本不相信它们是不同的故事。我一辈子都在和这些故事打交道。

莫：这些故事来自不同的文化，但都叙述着同一个不朽的主题。

坎贝尔：主题是不朽的，故事则随着不同的文化而变化。

莫：所以说，故事可能采用同样、普遍的主题，但在应用时依据不同的民族性稍做调整？

坎贝尔：没错。如果对主题不留心的话，你可能会认为它们是完全不同的故事，但实际上是统一的。

莫：你在莎拉·劳伦斯学院教了38年的神话学，学生都来自中产阶级，都是具有正统宗教背景的年轻女孩，你如何使她们对神话感兴趣？

坎贝尔：这些年轻人就是能够汲取这些东西。神话告诉你在文学及艺术背后的东西，神话教导你认识自己的生活，神话是一个伟大的、令人兴奋的、丰富人类生命的主题。神话和一个人生命中的各个阶段都密切相关，是你由儿童期进入成人期，由单身状态变成已婚状态的启蒙仪式。**所有这些生活上的行为都是神话的仪式，和你对自己一生中所必须扮演的各种角色的认同也有很大关系。**也是你抛弃旧有的自己，以一个全新的个体出现，并扮演一个负责任的新角色的历程。

法官一走进法庭，每个人都会自动站起来。你并不是向法官个人致敬，你是向他身上穿的这件法袍、他所扮演的这个角色致敬。为什么他能够穿上这件法袍呢？因为他代表了这个角色背后的意义。他是诚实的，不带个人偏见的。所以你站起来是对一个神话的角色致敬。

某位统治者可能是你所碰到最愚蠢、荒唐、平庸的人，他们可能只对马匹及女人感兴趣，但是你不需要对他们个人做出反应，你响应的是他们所扮演的神话角色。某人在成为法官或美国总统之后，他便不再是他自己，他代表那间一直存在的办公室，他必须牺牲个人的欲望，甚至生命来维护他所扮演的角色。

莫：这么说来，神话仪式是在我们社会中发生作用的。结婚典礼是一种，总统或法官的就职典礼是另外一种，还有哪些仪式在当今社会中扮演重要角色？

坎贝尔：入伍参军、穿上军服是另一种。你放弃个人生活而接受由社会决定的生活方式，这是服务社会的行为，而你是其中的一分子。正因为如此，我认为根据民法来裁断人们在战争中的表现是卑鄙的，因为他们不是以个人身份在行动，他们只是一个媒介，代表他们之上的某个东西，某个他们宣誓效忠的东西。因此视军人为个体并加以评断是完全不合适的。

莫：你看到由于白人文明的入侵，原始社会变得不安定，他们变得四分五裂、分崩离析，甚至病态。在神话逐渐消失后，同样的事情是不是也发生在今天的白人社会？

坎贝尔：绝对已经发生了。

莫：这是保守派宗教组织一直呼吁要回到旧社会信仰的原因吗？

坎贝尔：没错，但是他们犯了一个严重的错误，他们想要回到一个退化、无法适应当今社会需求的东西上。

莫：它曾经满足了人类的需要。

坎贝尔：它从前确实有这种功能。

莫：我了解保守派的渴求。我年轻的时候，天上有属于我的星星，它们的永恒存在能够抚慰我，它们提供给我一个熟悉的世界，使我相信有一个慈爱、和蔼、正直的天父，在天上守护着我，准备要接纳我，随时想到我的需要。索尔·贝娄说，科学已经把信仰完全清扫干净。但是这些信仰有价值，今天的我就是这些信仰造就的。我在想我们的下一代怎么办？他们没有自己的星星，没有熟悉的世界，没有神话。

坎贝尔：就像我说的，你只要读读报纸，就知道这个社会一片混乱。**在现在这个社会结构中，神话提供了生命的典范。**这些典范必须适合你生活的时代背景才行，而我们的时代变得太快，50 年前合适的东西现在已经不合时宜了。过去的美德是今日的罪恶。过去被认为是邪恶的东西，今日反而成为必需品。道德秩序必须配合现实生活的需要才行。这些都是需要做却没有做到的。

旧社会的宗教属于另一个年代、另一群人、另一套人类价值、另一个世界。回到过去是逆历史而行。我们的下一代对宗教失去信心，他们因而走入自己的内心世界。

莫：经常是借着药物的协助才能做到。

坎贝尔：目前社会上存在的就是这种机械感应的神秘体验。我参加过几个心理学的年会，主题都是在探讨神秘体验和精神崩溃之间的不同。它们的差异在于：精神崩溃是湮没在一片浮动着神秘体验的大海中，身在其中者必须要有心理准备才行。

莫：你说的是迷幻药文化。这种文化是印第安人在失去水牛及早期生活方式后，逐渐发展出来且慢慢变成主流的。

坎贝尔：没错，观察原始民族和现代社会的关系就会发现，当前社会的情形是历史上最糟糕的。原始民族不被视为人，美国政府在统计投票人口时，他们甚至没有被列入计算。历史上只在美国独立战争之后一段很短的时间里，有几位杰出的印第安人参与到美国政府及其生活方式中。华盛顿总统曾经说过，印第安人应该被纳为美国文化的一个成员。但是他们却成为历史的遗迹。19 世纪时，美国东南部的印第安人全部被装上货车，并在军队的武装戒备下，送到当时叫作印第安人领土的地方，原本这些区域就是属于印第安人的，但在几年后又通通被夺走了。

最近，考古人类学家研究了一群居住在墨西哥西北部的印第安人，发现他们居住的地方和一个野生仙人掌的主要生长区只有几公里的距离。这些印第安人视仙人掌为动物，他们将仙人掌和鹿联想在一起。而且他们认为自己肩负着特别的使命，必须四处去搜寻仙人掌回来。

这是一趟神秘的旅程，具备典型神秘旅程的一切特质。首先，参与者必须和俗世的生活隔绝。每一个参与远征的人，都必须在大众面前，坦白交代自己最近在生活上所犯的全部错误。否则，魔力便不会发生作用。在旅程中，他们会用一种特别的否定式语言交谈。例如，他们用“不”而非“是”来表示肯定。他们不说“我们走了”，而说“我们来了”，他们生活在另一个世界。

接下来他们来到历险旅程的入口，往后的一路上都以各种不同的神龛，代表不同阶段的心理转化。最后是采集仙人掌这项重大工程。仙人掌被当作鹿般杀掉，印第安人偷偷走向仙人掌，对它射出一支细细的箭，然后上演采集仙人掌的仪式。

这一过程是某种体验的完整重现，而这种体验和一个人的内心旅程相关联。这个内心旅程发生在一个人离开外在世界进入心灵领域的时候。印第安人将每一阶段视为不同的心灵转化。从头到尾他们都身处在一个神圣之地。

莫：为什么他们要用这么复杂的方法，来采集仙人掌呢？

坎贝尔：因为他们认为仙人掌不只具有生物性、机械性、化学性等外表，更包含转化心灵的功能。如果你对自己的心灵转化完全没有心理准备，则将无法衡量这个变化在你身上产生的结果。你的经历将是一趟可怕的旅程，就像吃下迷幻药一样。如果你知道旅程的目的地在哪里，行程就不恐怖了。

莫：这就是为什么溺水的人，会同时经历心理上的危机。

坎贝尔：因为你必须会游泳才跳到水里，但溺水的人却是没有心理准备的。总之，同样的情况也可以应用在一个人的精神生活上。一个人意识状态的转化是很可怕的体验。

莫：你一直提到意识状态。

坎贝尔：是的。

莫：到底什么是意识状态呢？

坎贝尔：笛卡尔式的思考模式认为，意识状态和人脑有特别的关联，人脑是产生意识的器官这是错误的。人脑这个器官会将我们的意识状态推往一个特定的方向或目的。但是我们体内原本就存在意识状态。整个生物界是由身体的意识状态向其传递信息的。

我总觉得意识状态和能量实际上是一回事。你觉得有生命能量存在的地方，就有意识状态的存在。因此植物世界当然是有意识的。如果你生活在树林中，就像我童年曾生活在树林中，我可以感觉到不同的意识状态，植物的、动物的，而人类则分享了这两种不同的事物。我们吃下特定食物后，胆汁便知道到哪里分泌这些吃下的食物。这一过程是有意识的，想以简单的技术性名词来解释它是行不通的。

莫：我们如何转化自己的意识状态呢？

坎贝尔：这牵涉到你想要怎么去想它。此时冥想就发生功效了。**整个生命本身就是一场冥想，其大部分过程都是非意志性的。**大多数人花费一大半的人生思考如何赚钱，如何花钱。如果你需要抚养一个家庭，你所关心的就是这个家庭如何如何，这当然是很重要的事情，但大部分物质状况有关。但是如果你没有精神生活了，你如何在心灵的意识层面和你的下一代沟通呢？你如何获得精神生活呢？神话的功能便是将我们带入一种心灵层面的意识状态。

随便举个例子：我从曼哈顿第五大道和第51街的交叉口出发，向南走过几条街到洛克菲勒中心对面的圣帕特里克大教堂。我走出一个非常繁忙，而且是全球最物质化的世界，进入一间大教堂，周遭的每一样东西都在诉说着灵性的奥秘。十字架，代表什么？而彩色玻璃窗，更带来了一种神秘气氛。我的意识状态因此被提升到另一个层次，我现在是在一个与平时不同的层面上。当我走出来，我又再度回到街道的层次。

我能一直停留在大教堂时的意识状态吗？某些特定的祈祷和冥想，是用来协助你将意识状态停留在精神层次的。最后你体会到，现实世界只不过是高阶意识状态的一个较低层次。在圣帕特里克大教堂中呈现的神秘气氛，也会同样发生在你的物质世界中。所有的金钱都是聚合的能量。我想这就是如何转化意识状态的线索。

莫：当你思考这些神话故事时，你不会觉得自己是沉溺在别人的梦中吗？

坎贝尔：我不去听别人的梦。

莫：但是所有的神话都是众人的梦。

坎贝尔：不是，**神话是这个世界的梦。**它们是梦的原型，且与人类的重大问题有关。每当我面临人生的关键时刻，我都能清楚地意识到，因为神话已经告诉我、指引我如何对某些危机作出适当的反应，这包含了沮丧、愉快、失败或成功。神话让我清楚地知道我处在人生的哪个阶段。

莫：如果一个人变成了传奇，他会发生什么变化？比如说，你认为约翰·韦恩（John Wayne）成为一个神话了吗？

坎贝尔：当一个人成为其他人生活中的偶像时，他便被视为神话。

莫：这种情形经常发生在电影演员身上，在电影中我们可以找到很多自己的偶像。

坎贝尔：小时候道格拉斯·范朋克（Douglas Fairbanks）是我的偶像，阿道夫·门吉欧（Adolphe Menjou）是我哥哥的偶像。演员都扮演着神话性的角色，他们是我们认识生命的教育家。

莫：再也没有一个电影角色比沙恩（Shane）更让我着迷了，你看过《原野奇侠》（*Shane*）这部电影吗？

坎贝尔：我没看过。

莫：这是一部经典之作，故事讲的是一个过客途经小镇，行善后便离开了，他没有留下来等待回报。为什么电影对我们的影响这么深？

坎贝尔：电影有一种魔力。电影中的角色同时也存在于这个世界上，那是一种类似神存在的状况。如果一个电影演员走进电影院，大家的眼光一定集中在他身上。这时候他是真正的偶像。他并不真正存在于这个世界上。他是个以多重姿态出现的"神"。

你在银幕上看到的，并不是这个演员本身，然而，被电影塑造出来的"他"却会出现在现实生活中。演员透过多重角色的扮演，在现实生活中便被塑造成一个类似神的角色。

莫：电影塑造出银幕偶像，电视只能塑造名人。这些名人顶多是被流言围绕的主题，而无法成为他人的模范。

坎贝尔：这大概是因为我们在家里看电视，而不是到一个特定的庙堂，像是电影院这样的地方。

莫：我昨天才看到一张兰博（Rambo）的照片，他是来自好莱坞的最新偶像。兰博是一位参加过越南战争的退伍军人，他在战后又回到越南去拯救成为战俘的同僚，并通过一系列暴力的杀戮与破坏将旧日伙伴救回美国。这是在贝鲁特最卖座的电影。那照片上是一个新型的兰博玩偶。生产椰菜娃娃的公司现在也设计并销售兰博玩偶。照片的前景是一个可爱、甜美的椰菜娃娃，在她背后则是残暴的兰博。

坎贝尔：这是两个神话人物。现在出现在我心中的影像是毕加索的《米诺托之战》。这是一幅版画，上面有一只巨大的公牛扑过来，哲学家因为害怕，爬上楼梯想要逃走。斗牛场上躺着一匹马，它已经死了，死马上面躺着一位女斗牛士，也已经死了，画面上唯一面对这只可怕大公牛的，是一个手里拿着一束花的小女孩。这幅画中正好有你刚刚谈到的两种人物——单纯、无知、像孩子般的那个象征，以及恐怖的胁迫力量，你可以在这里看出当代的问题。

莫：诗人叶芝认为我们是活在基督教大周期的最后一个循环。他在诗作《再度降临》中说，“盘旋盘旋在渐宽的螺旋中，猎鹰听不见驯鹰人的呼声；万物崩散；中心难维系；世界上散布着一派狼籍，血污的潮水到处泛滥，把纯真礼仪淹没吞噬；”[①]你认为懒懒 走向伯利恒去投胎降生”[②]的另一个文明是什么？

坎贝尔：我不知道什么会到来，至少不会比叶芝知道得更多，但是旧时代结束新时代开始的转接点，都是充满巨大痛苦及动乱的时期。今天我们每个人都

①② 译文引自［爱尔兰］威廉·巴特勒、叶芝：《叶芝诗集（增订本）》，傅浩译，上海译文出版社，2018年——编者注

感到威胁，而且每个人都感到这是一个哈米吉多顿（Armageddon）[①]要来临的信号。

莫：奥本海默（Oppenheimer）[②]在看到第一颗原子弹爆炸时说，“我现在成了死神，世界的毁灭者。”你不会认为那就是世界末日吧？

坎贝尔：它不会结束的。它可能会是这个星球上生命的结束，但不会是这个宇宙的末日。这只是宇宙各个恒星间不断发生的许多爆炸中的一个，宇宙是由一堆不断爆炸的原子熔炉组成，太阳是其中的一个。原子弹爆炸只不过是这整个大工程的小小仿造品。

莫：你能想象外太空中有其他生物，像我们一样坐在这里，像我们一样用神话和伟大的故事为短暂的人生之旅赋予意义吗？

坎贝尔：我无法想象。如果气温上升50摄氏度或下降100摄氏度并保持这样一个状态，那么生命就无法在地球上存活了，当你意识到地球上的生态平衡是多么微妙、水的储量是多么重要时，当你想到生命是由所有这些偶然促成的时候，你就不会认为有人类已知的生命会存在于宇宙的其他微尘之上了，尽管有数不胜数的卫星围绕着它们运转。

---

① 出自《圣经·新约》启示录16章16节，哈米吉多顿是世界末日善恶决战的战场。——译者注

② 1904—1967年，美国核能物理学家。——译者注

当代社会的新神话

莫：人类脆弱的生命总是在恐惧，在可能会灭种的严峻考验下存活着。当我们透过神话了解到生命的意义，我们就不再觉得椰菜娃娃和凶残的兰博摆在一起不那么协调了吗？

坎贝尔：是的，不会觉得不协调了。

莫：你发现现代媒体中发展出什么可以代表旧宇宙真理的新隐喻了吗？

坎贝尔：有这个可能，但我还不认为它们可以成为神话的隐喻。

莫：你认为将机器纳入新世界的神话会是怎样的神话？

坎贝尔：自动化机器已经成为神话的一部分，也已经成为梦的一部分。飞机就已经满足了人类的许多想象。以飞机的飞行为例，它代表了人类从地球解放出去的幻想。这和鸟儿所象征的意义是相同的。鸟儿是人类心灵从大地的束缚中释放出去的象征，就像蛇是大地的束缚的象征。飞机只是代替鸟的角色。

莫：还有没有其他的？

坎贝尔：武器是一种。我在往返加州与夏威夷的飞机上看到的每一部电影中，都会有人带着一把左轮手枪，那是携带着武器的死亡之神。各种新式武器代替了早期旧式武器所扮演的角色，仅此而已。

莫：这么说来，新的神话仍可套入老故事中。我看《星球大战》时，想到使徒保罗说的一句话，“我与自然法则和权力争战。”那是2 000多年前《圣经》所记载的，在石器时代早期狩猎民族居住的洞穴中，也刻有与自然法则和权力争战的景象。而在当代科技神话中，人类仍然和这两种势力抗争。

坎贝尔：人类不应顺服外来的权势而应该控制它，但如何做到却是个问题。

莫：我问过我最小的儿子，“为什么你连续看了十二三次《星球大战》?”他回答我说，“就像你不断地读《圣经·旧约》一样。”他看的是一种当代社会的新神话。

坎贝尔：当然就神话观点而言，《星球大战》是有其价值的。这部电影用一部机器的面貌来呈现一个国家，并提出一个问题：“这部机器将会摧毁人性还是配合人性的需要?”人性必须是发自于心的，而不是由机器出产的。在我看来，《星球大战》这部电影中呈现的问题和歌德在《浮士德》中提出的问题是相同的。《浮士德》里的梅非斯特就好像一个万能的机器人，能供给人类各种财富。以此类推，它应该是最能决定生活目标的人。另一方面，浮士德因为被救赎，便可以摆脱机器的指令，自己决定生活方向。在《星球大战》一片中，卢克揭露了自己父亲，象征着揭露一位父亲所扮演的社会角色。片中他的父亲身穿制服，那就是权威，也就是一个国家扮演的角色。

莫：机器协助我们实践理想世界，并且以我们认为它应有的样子来呈现。

坎贝尔：没错。但也会有机器指使你的时候。比如我买了一部电脑，因为我是一个神话的权威，我会把这部机器看成是一位《圣经·旧约》里的神，这个神制定了许多规则，但一点慈悲心都没有。

莫：有一则关于艾森豪威尔总统和电脑的故事。

坎贝尔：艾森豪威尔走入一间摆满电脑的房间。他对一部电脑说，“上帝存在吗?”房间里的所有电脑都启动起来，所有灯都闪了起来，轮子也转动起来，隔了一会儿有一个声音说，“现在有了。”

莫：一位酋长说过，万事万物都是造物者的化身，这种精神可不可能在电脑中展现出来？如果电脑不是一个特殊、有特权的意外之物，那么无所不在的上帝也一定存在于它所创造的电脑中。

坎贝尔：的确如此。呈现在电脑屏幕上的一切，真是奇迹。电脑内部究竟发生了什么，你有没有想过要探究一下?

莫：没，想都没想过。

坎贝尔：真不敢相信，电脑真的是一组天使的集合——所有东西都在几片小铁片上，还有那些小管子，这真是奇迹。我从电脑中得到了和神话有关的启示。那就是你买了软件，就可以得到一些符号，这些符号带领你达成你的目标。如果你下达的是不属于这套软件的指令，电脑便无法运作。

同样的，在神话的领域里，如果用父亲来比喻神话里的谜，那么用母亲来隐喻神话中的智慧及奥秘时，你便需要另一组不同的信号。父亲和母亲是两个非常好的隐喻，而不是事实。这就好像说，宇宙是我的父亲，或宇宙是我的母亲一样。耶稣说，“若不藉着我，没人能到父那里去。”这里所指的父就是圣经中的父亲。

有些人确实只能通过耶稣来接近上帝，有些人则要通过母亲接近上帝，那你可能比较偏好迦梨（Kali）[①]，及赞颂女神之类的方式，那只是探究神秘生命的另一途径。你必须了解每一种宗教都是一种不同的软件，它们都有自己的符号和功能。

如果一个人从小就一直接近某种宗教，并已据此建立起一套生活方式，那么他最好一直使用这套已经熟悉的软件。像我这种喜欢玩不同软件的家伙，我可以到处奔走，但不可能经历圣徒的体验。

莫：一个真正伟大的圣人，可以从任何地方汲取他想要的，综合起来组成一套自己的软件。

坎贝尔：这样一来，就可以发展出另一派宗教了。你可以在《圣经》里得到印证。起初，上帝只是诸神中最具威力的一位。它只是一个地方部落的神明，到了6世纪犹太人定居巴比伦时，人们已经认定上帝是人类的救主，出自《圣经》的神格概念也重新进入一个新纪元。

保存旧传统的唯一途径是依据新环境而不断将其翻新。在《圣经·旧约》时期，这个世界就像一小块三层蛋糕，涵盖近东附近数百公里的范围。那时没有人听说过阿兹特克人（Aztecs）[②]，更没人知道中国人了。现在世界变了，宗教也必须随着改变。

莫：我以为这就是人类目前努力的方向。

---

① 印度教中死亡的三大代表之一，她是时间的人格化，又被称为超越三夜或苍天之力。——译者注

② 印第安人的一支，他们在墨西哥建立了王国，在1519年被西班牙人所征服。——译者注

坎贝尔：这“最好”是我们目前努力的方向。我所谓真实恐怖的概念就是目前在贝鲁特的情况。犹太教、基督教和伊斯兰教三大最具影响力的西方宗教汇集在那里，三大西方宗教给了《圣经》中的神三个不同的名字，因此，三大宗教无法和平相处。他们都困死在自己的隐喻中，无法了解这个隐喻的真正意旨，他们不肯将自己宗教的圈子向外打开，而是将它变成一个封闭的圈圈。每一个宗教团体都说：“我们才是上帝选择的子民，我们的神才是真正的神。”

再看看爱尔兰的情况，一群新教徒在克伦威尔的带领下，于17世纪来到爱尔兰。从那时起，他们便生活在自己的圈子里，从不接受当地的天主教徒。爱尔兰的天主教和新教代表的是两个完全不同的社会体系，两种完全不同的理念。

莫：他们都各自需要一个新的神话。

坎贝尔：他们一直都需要自己的神话。爱你的敌人，开放自己，不要评判别人，万事万物皆为十方诸佛，这个概念早已存在于神话中。

莫：你讲过一个丛林土著的故事。这个土著告诉一个传教士说，“你们的神自己一个人关在一间小屋子里，又老又虚弱，我们的神生活在丛林田野内，生活在山上，下雨时也不例外。”我觉得那很可能是真的。

坎贝尔：没错，你知道吗？这就是在《圣经·旧约》列王纪和撒母耳记中透露出来的问题。那里面记载了好几个希伯来君王，在山顶上被当作祭品奉献掉了。从耶和华的眼光来看，他们做错事了。耶和华崇拜在当时希伯来人中是一个很重要的运动，最后终于大获全胜。耶和华崇拜破除了当时原本盛行各地的自然崇拜，人们转而崇拜某个供奉在庙里的神。从此以后，这种只局限于自己文化圈内的帝国式侵略，便在西方世界盛行下去。现在是必须对外开放接受大自然事物的时候了，如果能够开放，就等于开放了各种可能性。

莫：没错，现代人已经和自然的启发及自然本身割裂开来了。我想到关于一个小男孩在树林中发现一只鸟，并将它带回家的神话。这只鸟会唱非常美妙的歌。

坎贝尔：小男孩要求爸爸给鸟喂食，但爸爸不愿喂一只无用的鸟，所以杀了它。结果，男人不但杀了小鸟，也毁掉了那首歌，因此也谋杀了自己。他杀了小鸟后，自己也倒地死了，再也没有站起来。

莫：这则故事讲的不正是人类在毁掉生态环境、毁掉自己的世界毁掉自然与自然的启发后得到的报应吗？

坎贝尔：人类也谋杀了自己的本性，因为他们谋杀了那首歌。

莫：这首歌的故事不就是一个神话吗？

坎贝尔：神话就是歌本身。神话是一首富含想象力的歌，由身体的能量所激发出来的歌。从前有一位禅师，在弟子面前正要张口布道的时候，却听到鸟儿清脆的叫声，于是他说，自然已经为我们讲道了。

莫：我正想说人类在创造新的神话，你却说不是，我们今天所讲的每一个神话都可以在过去找到一个源头。

坎贝尔：神话不论新旧，其主要动机都是一样的，永远都不会改变。要找出属于自己的神话，关键在于将神话与什么样的社会联结。每一个神话都是自某个特定的社会领域发展起来的。它们会相互冲突、发展出新关系，并合并成更复杂的神话。但是在今天，过去的界限已不存在，唯一有意义的神话，是这个星球的神话。然而这样的神话尚未诞生。我所知道的最相似的神话就是佛教，佛教认为万物皆有佛性，唯一的问题是如何觉察到这一点。我们不需要做任何事，唯一要做的是了解什么是佛性，且以大慈大悲的心情和万事万物融合共存。

莫：大慈大悲？

坎贝尔：没错。但我知道在许多神话中，这种胸怀只适用于一个局限的社区内。侵略和攻击都瞄准外界。

举例来说，《十诫》里说："不可杀人。"下一章又说："进攻迦南地，杀死在那里的每一个人。"那便是一个局限的空间。这一类共享的、爱的神话只适用于自己的族群，所有非自己族群的人都是外人。这就是"外邦人"这个字的意味——和我不在同一团体的人。

莫：除非你和我是同一装束，否则我们便不是血亲。

坎贝尔：没错。什么是神话？字典内的定义是关于神的故事。因此下一个问题是：什么是神？神是一种引发动机的力量或一套价值系统的人格化表现，这两者会同时在人类生活及宇宙中起作用——表现出来就是你体内的力量和大自然的力量。神话不仅隐喻着人类心灵层面的潜力，同时也是赋予人类生命活力的力量，赋予宇宙万事万物活力的力量。此外，某些神话和特定社会有关，某些神明代表某个特定社会的守护神。换句话说，神话世界分为两套完全不同的秩序。有的神话将人和自己的本性、和大自然相联结。人类是大自然的一部分。有的神话完全属于社会学的解释范畴，人类只和特定的社会团体发生关系，你不只是一个自然状态的人，你是特定族群的一分子。

在欧洲神话历史中，这两套神话系统相互影响着对方。通常游牧民族的神话具有社会人群的倾向，因为他们总是四处移动，个人必须在与他人的互动中找到自己的生命中心。农业民族的神话则是大自然倾向的神话。

圣经的传统便是一种社群倾向的神话。大自然是受到贬抑谴责的。19世纪的学者认为神话和仪式，都是人类为控制大自然而努力的结果。然而那应该是奇迹，而非神话或宗教。自然倾向的宗教不是要操纵大自然，而是要帮助人类和自然保持和谐。当人类视大自然为罪恶的事物时，就不会想和自然和谐相处，才会想去控制它。人们因此会紧张焦虑，会铲除树林、消灭原住民。这种要控制自然的意图，终会造成人类和自然的分离。

莫：这就是我们这么想控制、征服自然的原因吗？因为我们蔑视大自然，认为大自然是供人类所使用的。

坎贝尔：我认为是。

我在日本的一次体验让我永生难忘。在日本，堕落的伊甸园这些概念是不存在的。日本神道教的一部经典说，大自然的进程是不可能有罪的。自然的脉动无须任何修饰，要做的只是升华它、美化它。日式花园中，处处表现出对自然之美以及与自然保持和谐的崇高兴致。因此，身处在某些日式花园中，你根本分不清自然跟艺术的界限——这是一种奇妙的体验。

莫：但是，今天的东京因为排斥这个理想而恶名昭彰，东京是个完全感受不到大自然的城市，只有在一些小花园内，自然才被保留下来，并且只被部分人所珍惜。

坎贝尔：在日本有一种说法是，随着波浪而摆动。按照拳击比赛的说法是，随着打过来的拳而转动。马休·佩里（Matthew Perry）强迫日本开放也不过是125年前的事。那时候，日本人在自己文化中加入了成堆的人工素材，但是我在日本观察到的实况是，日本人在思想上抗拒将新事物融入日本文化。即使建筑物外观上看起来像纽约的建筑，走进去你会发现你又回到了日本。

莫："在思想上抗拒。"这很有意思，因为四周城市不断兴起，在日本人心中，也就是在他们的内在自我中，他们与大自然是和谐一致的。

坎贝尔：但是在《圣经》里，永恒撤退下来了，大自然是腐化的，自然已经堕落了。根据《圣经》的思考模式，人类活在自我放逐之中。

莫：我们坐在这里谈话的同时，贝鲁特的伊斯兰教徒又炸毁了基督教徒的座驾，而基督教徒也炸掉伊斯兰教组织的车。马歇尔·麦克卢汉（Marshall McLuhan）[①]曾指出，电视把世界变成一个地球村，我非常震撼于这种说法。他在说这话时，并不知道地球村会是贝鲁特。这对你而言有什么意义？

坎贝尔：我认为这些人不知道如何将自己的宗教理想应用到当代生活中，应用到不同的宗教团体身上。贝鲁特的例子是宗教团体适应当代社会的错误示范。这三个宗教神话想要以武力得到结论，他们已经否定了自己的未来展望了。

莫：我们需要什么样的新神话呢？

坎贝尔：我们需要的神话不是只认同个人或自己小族群的神话，而是个人认同

① 1911—1980年，加拿大文化历史学家兼传播理论学家。——译者注

大自然的神话。美国就是一个典范，因为美国创国的13个州，能够基于互惠因素而共同行动，同时不忽略掉每一个州的个别利益。

莫：美国国玺是有含义的。

坎贝尔：那就是国玺的作用。我身上的一美元上面就有美国国玺的图案。国玺就是美国立国理想的宣言。国玺的左边是一座金字塔，这座金字塔有四条边，周围有四个角指引方向。每一个角上站着一个人，当你站在金字塔的底部时，你可能是在四条边的任何一边，但是当你爬到金字塔的顶端时，四个角都集中于此，而上帝之眼也在此张开了。

莫：它就是理性之神。

坎贝尔：没错。美国是世界上第一个以理性为立国基础的国家。这和其他以战争为立国基础的国家不同，美国的这些立国之君都是18世纪的神明。他们在国玺上写着："我们信仰上帝。"这里的上帝不是圣经里的上帝。这些立国之君并不相信圣经中关于人类堕落的说法，他们不认为人心和上帝是切断的。他们的心已清除掉短暂与不重要的关怀，而保留着明镜所反照出的光辉。那光辉就是拥有理性关怀的上帝。是理性连接了人类与上帝。因而，对理性的人而言，上帝的特别天启并不存在，人类也不需要。人类的心除去了这层错误的障碍，而具备了有关上帝的知识。任何人都有这种能力，因为任何人都有理性思考的能力。这也是民主的基本原则，因为人心具备了了解真实知识的能力。因此，人们不需要一个权威人士，或者一个特别的启示，来为他们指出事情的原貌。

莫：然而这些象征都来自神话中。

坎贝尔：是的。但是是来自某种特质的神话，而不是提供启示的神话。以印度教为例，他们不相信特别启示这回事，印度教把这种现象描述成人敞开心扉聆听宇宙之声的状态，这时所谓的第三只眼已经打开，并接收到上帝的心灵之光，这就是自然神教的基本概念。只要拒绝接受人类自伊甸园堕落的观念，人类与其生命之源便不会被斩断。

再回到国玺上面，如果算一算金字塔的层数，你会发现共有13层，金字塔的底部有一行罗马数字1776，那就是美国建国的那一年。再把1、7、7、6这4个数字加起来，得到的答案是21，那是一个人拥有理性思考的年龄。在1776年共有13个州宣告独立。13这个数字代表转型与再生。13出现在耶稣的最后晚餐中，当时共有12个使徒加上耶稣。那是耶稣要被钉在十字架上，然后再重生之前最后的晚餐。因此13是表示要从12的限制中解脱出来，并且超越的数字。因此才有黄道12宫及太阳。美国建国之君刻意选择13这个数字来代表复活、重生及新生，他们从一开始就安排好了。

莫：但是实际看来，当时只有13个州啊。

坎贝尔：没错。那不更具有象征性意义吗？这并不是单纯的巧合，这13个州以它们自身的意义象征着它们自己。

莫：那就能够进一步来解释另一行字“Novus Ordo Seclorum”的意义了。

坎贝尔：“世界新秩序。”这行字上面所刻的“Annuit Coeptis”意思是“他微笑地看着我们的成就”。

莫：他？

坎贝尔：他，就是第三只眼，第三只眼代表的就是理性。在拉丁文中，“牠”可以是“它”“她”或“他”。而在这里“牠”代表神授的力量微笑地看着我们的行为。可以说美国是依据上帝创造世界的方式而建立的。对上帝创世的反思，也就是理性，促成了美国。纸币上金字塔的后面是一片沙漠，金字塔前面长着植物。沙漠代表当时欧洲的混乱局面：战争接连不断。美国从欧洲抽身，以理性之名而非权力之名，创建了一个新国家。寓意生命自理性中开花结果。到这里为止是金字塔这个部分的内涵。

现在再来看看一美元纸币的右边。那是一只老鹰，也就是代表天神宙斯的鸟。老鹰代表神明坠落到这个受时间限制的世界。而鸟是神明的具体化身。在一美元纸币上面的是一只秃鹰，是美国的国鸟，它对美国的象征意义等同于最高神明宙斯。

老鹰降临到一个充满二元对立的世界，一个行动的世界。行动的表现形式之一是战争，另一个形式则是和平。老鹰一只脚抓着 13 支箭，代表着战争，另一只脚抓着有 13 片叶子的桂冠树枝，代表着和平交谈的原则。老鹰的眼睛望向桂冠树枝的那一边，这代表了创建美国的理想家期望未来子民能够仰望的方向。幸好老鹰的另一只脚抓着一把箭，预备在和平方式失灵时，可以动用武力。

老鹰代表什么呢？它代表着在它头上闪闪发光的那个标志。记得我有一次到华盛顿美国国务院外交讲习所（Foreign Service Institute）做了一次关于印度神话学、社会学及政治学的演讲。印度谈论政治的书中指出，统治者必须一手握着战争的武器，也就是一根大棍子；一手握着和平的武器，也就是联合行动之歌。当时为了示范，我站到讲桌前面，两手伸长垂下做出手上握着东西的动作，所有人登时哄堂大笑起来。我没明白怎么回事。一转身，才看到墙上挂着一张美国之鹰的图片，它的两只爪子抓着箭和桂冠的样子，和我的姿势一模一样。我同时也注意到老鹰的尾巴上有 9 根羽毛。9 是代表圣灵的力量降落到这个世界的数字。在敲响奉告祈祷钟时，是要敲 9 响的。

而在老鹰头上，是 13 颗以大卫之星的形式排列开来的星星。

莫：过去它叫“所罗门之印”。

坎贝尔：没错，你知道为什么叫“所罗门之印”吗？

莫：不知道。

坎贝尔：所罗门王将怪兽、巨人和一些物件关入大罐子内，你记得《天方夜谭》的故事吧？每次罐子一打开，就有魔仆跑出来。我注意到这里的所罗门之印是由 13 颗星星排成的，并且里面的每一个三角形都是一个“毕达哥拉斯‘圣十’”（Pythagorean tetrakys）。

莫：圣十？

坎贝尔：这是以 10 个点组成的一个三角形，最中间的一点是三角形的重心，加上每一边有四个点，三条边加起来便是 9 个点，这是象征毕氏哲学的最主要符号，9 是融合了互相关联的神话学、宇宙论、心理学及社会学之分析所组成的一个数字。最中间的一个点为顶点，代表产生宇宙及所有事物的创造中心。

莫：那么，这是一个能量中心？

坎贝尔：是的，是促使整个世界凝聚在一起的最初原声（基督徒认为是原创的神），也就是大爆裂。超越的能量涌出来，扩散到整个受时间限制的世界。一旦它进入这个世界，便分裂成对立的两个。有三种方式可以配对成两个，第一种方式，是一个控制另一个；第二种方式，换过来控制；第三种方式是两者保持平衡。最后，从这三种方式中衍生出东、西、南、北四方空间里的所有事物。

老子《道德经》中有这样一段陈述："道生一，一生二，二生三，三生万物。"因此，在认出美国国玺中有这两个具象征性意义的交叉三角形后，我突然体会到13代表着领导独立革命的13个州，而进一步细看则至少有6个顶点，一个在上面，一个在下面，四个在两边。对我而言，这里面的意义可能是，不论从上或下或罗盘中的任何一点，言论广开，这恰是民主的命题。民主赋予这个国家的每一个人发言权，而且是能够说出真理的发言权，因为人民的信仰并没有与真理分开。人民所必须做到的，就是要不受热情左右，把他的想法清楚地说出来。

一美元纸币上的老鹰，代表了超越的神现身在这俗世上的美妙方式，这就是美国建国的基石。要将国家治理好的话，就要由三角形的顶端，也就是立在世界顶端的法眼，开始着手。

记得小时候，我们要读华盛顿总统的告别演说，并列出大纲及摘要其中的每一项声明都与其他声明相关联。我清楚记得华盛顿总统在演讲中提到，"独立革命使美国脱离欧洲的混乱局面"。他最后警告美国不要再与其他国家结盟。美国一直谨守华盛顿总统的警示，一直到第一次世界大战时才打破。

当时我们破坏自己在《独立宣言》中的誓约，再度加入英国征服地球的行动中。这样一来，金字塔所代表的平衡感就消失了。我们因此站在金字塔的一边，而不再是中心了，美国由一变为二了。不论在政治上、历史上，美国在一场论战中已经选择了某个立场，不再代表那高高在上之法眼所呈现的原则了。美国今日所关心的主题不是政治就是经济，和理性之声无关了。

莫：理性的声音——这些神话的象征性符号以一种哲学方式衍生的意义，不就是这个吗？

坎贝尔：这就对了。公元前500年时，人类历史上发生过一项重大的转变。那是佛陀、毕达哥拉斯、孔子及老子的时代如果老子存在的话。这是人类理性觉醒的时代。人类从此不再听从原始的冲动，也不再受其控制了。人们不再受地球轨迹的引导，而是受理性的指引。

莫：什么是理性之道呢？

坎贝尔：就是人类之道，而毁掉理性的当然是激情。在政治中，最主要的冲动便是贪婪，也就是人类堕落的动力，也就是使得美国偏到金字塔的一边，不能保持在金字塔顶端的原因。

莫：这就是为什么美国建国之君反对宗教上的偏狭。

坎贝尔：那已经完全不存在了，那也是为什么他们反对《圣经》中提到的“人类的堕落”这一概念。每个人都有直接了解上帝的能力，不需要特别给予启示。

莫：透过多年来的学术研究，加上长期浸染在这些神话的符号中，你会以上述方式解读美国国玺，这我能接受。但是，就像你提过的，大部分美国开国之君都是自然神论者，他们如何在努力建国之余，还去找出背后的神话意涵呢？

坎贝尔：那么，他们为什么用这些图案呢？

莫：有很多符号本来不就是共济会[①]使用的吗？

坎贝尔：是共济会的符号，而毕达哥拉斯的“圣十”的意义几世纪以来早已为人所熟知。这些信息一定是在杰斐逊的图书室里找出来的。这些开国人士都是一些学识渊博的人，18 世纪启蒙时代正是充满渊博之士的年代。政治圈已经好久没有出现这样有学问的人了。美国能够由这些博学之士建国是很幸运的，因为他们拥有政治权力，并对时事发挥影响力。

莫：如何解释这些符号和共济会之间的关联呢？为什么多位美国建国之君属于共济会？难道共济会的须知、信条便是一种神话思考的表达方式吗？

坎贝尔：我想是的。这是一种重建新秩序的学术性的努力，并终可获得灵性启示。这些属于共济会的开国领导人，很可能研究了古埃及的传说。在埃及，金字塔代表远古时代留下来的小丘。在每年尼罗河泛滥开始消退时，第一个浮出水面的小丘便是世界重生的象征，也就是国玺所代表的意义。

莫：有时候你内在信仰系统所呈现出的冲突让我感到困惑。你一方面赞颂这些美国建国功臣，因为他们是启蒙者，是理性时代的产物。另一方面你又对类似电影《星球大战》中卢克这样的人物肃然起敬，因为他说，“关掉你的电脑，相信你的直觉。”你如何调和扮演科学角色的理性，以及扮演信仰这个角色的宗教？

坎贝尔：你完全搞错了，你必须要区分理性和思考这两件事。

① 以互助友爱为名的秘密结社，由中世纪的石匠结社蜕变而来。——译者注

莫：要区分这两件事？当我在思考时，我的目的难道不是把事情推理出来吗？

坎贝尔：没错，理性是思考的一种。但是**把事情想透彻并不完全等于推理。试图想办法穿过一面墙并不是理性思考。**老鼠在撞到墙壁几次之后，就明白要绕到另一边去才行。这是把事情想清楚但并不是理性的推理。理性和找出存在的基础有关，和建立宇宙次序的基础架构也有关。

莫：这么说来，这些理性之士在谈到上帝的理性之眼时，他们的意思是说，作为人类存在基础的社会、文化与民族，都是由宇宙的基本特质衍生出来的，是吗？

坎贝尔：这就是第一座金字塔所表达的意义。这是世界的金字塔，也是人类社会的金字塔，他们都代表同样的理性次序。这是上帝的创造物，也是人类的社会。

莫：有的神话适合那些以动物为基础的社会。有的神话适合以大地为基础——也就是多产、创造性及大地之母的社会。有的神话有天国光辉，是适合天堂的。在当代社会，我们已经超越了依靠动物本能来生存的社会，也超越了靠大地来生存的农业社会，我们对天上的星星不再感兴趣，顶多只是出于好奇，把它们当成太空旅行的领域而已。适合当代人类生活方式的神话在哪里呢？

坎贝尔：人类没办法保有一个历久不衰的神话。形势不断地在变，而且变得太快了，以至于没办法成为神话。

每一个人都必须生活在神话中

莫：没有了神话，我们该如何生活下去呢？

坎贝尔：每一个人都必须在神话中找到和自己生活相关的一个层面。神话有四个基本功能。第一个功能是神秘性——这是我从一开始就提到的。借由神话的这个功能，你能觉察到宇宙的奇妙。你自己就是一个奇迹，你会在这种奥秘面前体会到敬畏感。

神话为人类开启了广阔的奥秘世界，让人类察觉到潜藏在万事万物之下的奥秘。如果神话的奥秘是透过各种事物显现出来的，那么宇宙就是一张圣图。你总是可以经由现实世界的条件，直接追求超越的宇宙奥秘。

神话的第二个功能是物理宇宙观。这是科学所关心的层面，神话告诉人类宇宙的形状，但其表达的方式仍能透露出宇宙的奥秘。在现代社会，我们有一种将科学视为万能的倾向。但伟大的先知告诉我们："不，并不是任何事情都有答案，你可以知道它是如何发生作用的，但它究竟是什么呢？"你点燃一根火柴，那就是火吗？科学家能够用氧化作用来解释，但这对我来说没有任何意义。

神话的第三个功能是社会性，也就是成为一个特定社会秩序的支柱及根据，这也就是各个地方的神话差异极大的原因。一夫多妻制的社会有一种神话，一夫一妻制的社会有另一种神话。个别神话适用于不同的社会，长久以来神话一直控制着人类社会——然而这个功能又已经落伍了。

莫：你的意思是？

坎贝尔：伦理。也就是一个健全社会应该有的生活法律。就像在公元前1000年之内，上千页的耶和华训示告诉我们该如何穿衣、如何举止等。

最后，神话还有一个功能，也是和大家现在最相关的一个功能——教育功能。这个功能教导人们该如何适应环境变化，而持续过着人性的生活，神话在这方面可以指导你。

莫：你是说，这些古老的故事，这些传了几代的老故事，并不具备这项功能，而具备这项功能的新神话还没诞生吗？

坎贝尔：在西方广为传播、为我们所熟知的故事，主要是依据圣经而来，它是根据公元前1000年时的宇宙观写成的。它和人类的宇宙观，和人性尊严的观点并不一致。它属于一个完全不同的世界。

今天我们必须学习和大自然的智慧相协调，学习去觉察不论动物、河流或海洋都是我们的兄弟。泛神论认为上帝创造了这个世界以及所有的生物。然而泛神论这个词会引起误解。因为泛神论引申说有一个人格化的神明住在这个世界上，而这是错误的。正确的应该是一种超越神学意义的概念，它属于一种无法定义、无法言传的奥秘，应该被当作一种力量。这种力量是所有生命及生物的源头、终点与支撑。

莫：你难道不认为当代美国人之所以完全不接受"神圣大自然"这个古老的看法，是因为这使得我们无法控制大自然吗？然而，人类砍掉大树、把大地挖得千疮百孔、将河流变成工地的同时，不也是在谋杀上帝吗？

坎贝尔：没错，这不只是当代美国人的特色，这个特色来自我们自己的宗教，因为将大自然定罪是《圣经》的一种责难方式，也是美国人当初从英国带过来的。上帝是与自然分离的，而自然应该被上帝谴责。《圣经·旧约》的《创世记》中写得很明白，我们要做这个世界的主人。

如果人类认为自己是来自大地，而不是不得已被丢到地球上的，人类便能认同自己是大地，也就是自身即是大地的意识状态。所有的一切都是大地的双眼，也是大地的心声。

莫：科学家已开始公开谈论大地之母的原理了。

坎贝尔：就是这样，把整个星球看成一个有机体。

莫：大地之母，会不会由这个意象创造出新的神话来？

坎贝尔：可能会有一些。神话的变化发展是无法预测的，就像你无法预测今晚会做什么梦一样。神话和梦都来自同一个地方，它们的产生是因为人类有某种自觉，而后去寻求象征的形式来表达这种自觉。在不久的将来为全人类需要且值得我们深思的是一个综合所有民族、整个地球的神话，而不是单一城市、单一个人的神话。这是我在思考神话未来发展方向时的一个重点。

一个新神话所处理的问题和其他神话并没有不同，都是个人的成熟发展，也就是从依赖期、成人期、人格成熟期到死亡；另外就是个人如何和这个社会发生关联，社会如何和自然界及宇宙发生关联。这就是过去所有神话所谈论的，也是这个新发展的神话必须要去探讨的。然而新神话所关心的社会，又必须是在这个地球上的社会，除非大家都有这层认识，否则就不可能有什么结果。

莫：你是建议说，我们这个时代的神话可以从地球的神话开始发展吗？

坎贝尔：没错，这就是神话未来发展的基础。事实上，这样的神话已经存在了，理性之眼，而非国族之眼；理性之眼，而非个人宗教社群之眼；理性之眼，而非个人语系社会之眼。你看得出来吗？这会是整个地球的哲学观，而不是这个团体或那个团体的。

如果你在月球上看地球，你看到的并不是依据国家区分的不同区域。一个完整的地球全貌真的会成为新的神话象征。整个地球就是全人类要去珍惜的单一国家，全人类都是一家。

莫：在我看来，你所收藏的作品——西雅图酋长，就是这个伦理的最佳表现。

坎贝尔：酋长西雅图是旧石器时代道德秩序的最后发言人之一。在大约1852年的时候，美国政府去函询问西雅图酋长，要求购买印第安部落的土地，以供美国的新移民移居之用，而西雅图酋长的回函写得棒极了。他的信表达了我们上述对话中的所有寓意。

“美国总统写信给我，他想买我们的土地。但是，你怎么能买卖天空，买卖大地呢？这种概念对我们而言是很陌生的。我们并不拥有空气的清新，也不拥有流水的亮丽。因此，你怎么能买卖它们呢？

“地球的每一寸土地对我们的人民而言，都是神圣的，每一根灿亮的松针，每一片海滩，森林中的薄雾，每一片草地，每一只嗡嗡作响的昆虫，所有的这些生物，在我们人民的记忆与体验中都是圣洁的。

“我们可以感受到树干里流动的汁液，就像感受到体内流动的血液一样。地球和我们都是对方身体中的一部分。每一朵充满香味的鲜花都是我们的姐妹。熊、鹿、鹰都是我们的兄弟，岩石的尖峰、青草的汁液、小马的体温，都和人类属于同一个家庭。

“小溪和大河里川流不息的流水，那不只是水而已，那是祖先的血液。如果我们把土地卖给你，希望你不要忘了它们都是神圣的。清澈湖泊上朦胧的倒影，映照出我们民族生活中的每一桩事件及回忆。潺潺的流水正是我们祖先的话语。

“所有的河流都是我们的兄弟，它们滋润了我们。河流承载着我们的独木舟，河流喂养了我们的子孙。你必须善待它，如同善待自己的兄弟一样。

“如果我们将土地卖给你，勿忘空气是我们的珍宝，空气与人类分享了它的灵魂。我们的祖先从生到死都是由风照顾的，我们子孙的生命精髓也是风给予的。因此，在土地卖给你们之后，你必须保留它的独立和圣洁。将它视为人们可以去品尝那沾满花香与和风的地方。

“我们曾经教给我们子孙的一切，你愿意继续告诉你的子孙吗？你会告诉他们大地就是我们的母亲，会降临到大地上的一切，也会发生在它的子孙身上吗？

“我们知道，人类并不拥有大地，人类属于大地。就像我们体内都流着鲜血，所有的生物都是密不可分的。人类并不自己编织生命之网，人类只是碰巧搁浅在生命之网内，人类试图去改变生命的所有行为，都会在自己身上得到报应。

“我们还知道，我们的神和你们的神是同一个。大地对神而言是很珍贵的。对大地伤害越多，表示你越轻视造物主。

“你们的目的对我们而言是一个谜，世界会变成什么样子呢？如果所有的水牛都被杀，所有的野马都被驯服，当森林中所有秘密的角落都被人类侵入，所有果实累累的山丘都插满了电线杆时，世界会变成什么样子呢？灌木丛该长到哪儿呢？老鹰会去哪里呢？如果生活中没有了飞奔的小马及狩猎，会变成什么情况？那将不再是生活而只是求生存。

“如果最后一个北美印第安人消失了，如果人类对过去的记忆只是一片飘过草地的云带来的阴影，这时河岸和森林还存在吗？这时我的子民还能保有祖先的精神吗？

“我们看待这片大地的心情，如同新生儿敬爱母亲的心情。如果我们将大地卖给你，请和我们一样爱这片大地，像我们一样地照顾它。要在你心中常保有对大地的记忆，在你心中常存大地原貌，并将大地的原貌保留下来给你的子孙，并像神爱护我们一样的爱护大地。

“你和我们一样，是这片大地的一部分。这片大地对你我都是珍贵的。我们很清楚地知道一件事，上帝只有一人，人类只有一种。不论印第安人或白人都不应被区分。我们终归是兄弟。”

THE POWER OF MYTH

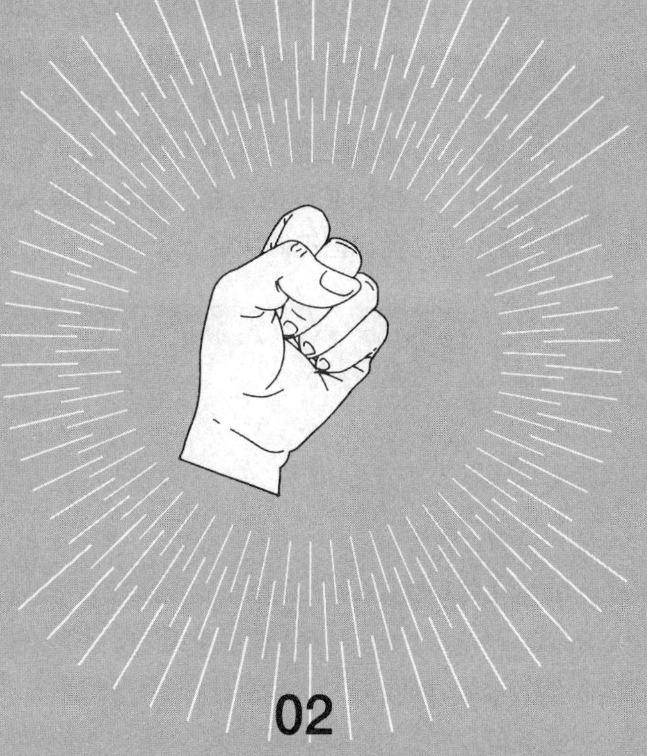

02

神话与内在的旅程

“我能不能通过考试?”“我应不应该和这个女孩子结婚?”就算是这种非常个人化的梦境，其中也包含基本的神话主题。从某方面而言，每个人都是因陀罗的一生，出世还是入世，全凭你自己做决定。

神话是众人的梦，梦是个人的神话

莫：有人问我，“为什么这些神话吸引你？你从与约瑟夫·坎贝尔的对话中得到了什么？”我的回答是，“神话抓得住我，因为它表达出我已知的内在真实世界。”为什么呢？是不是因为这些故事来自我的存在基础？来自我与生俱来的无意识状态？

坎贝尔：没错。因为你和3万年前旧石器时代克鲁马努人有着同样的躯体、器官及身体能量。不论生活在纽约还是生活在洞穴中，人生历程都是一样的，都要经历童年、青春期及性成熟期。由小时候的依赖期转变为成人的自我承担期，走入婚姻期，最后你的躯体衰退，逐渐失去体力而死去。

你和几百万年前的人有同样的躯体，同样的身体体验，因此你们对同样的意象会有反应。

比如说，鹰和蛇之间的对立就是一个经常出现的意象。蛇属于大地的领域，而鹰代表心灵的飞翔。这不就是我们每个人都会经历的内心冲突吗？

在蛇与鹰合并之后，原先的意象变成一条神奇的龙，一条有翅膀的蛇。这是世界上任何人都认识的意象。不论是波利尼西亚人的神话、易洛魁人的神话，还是埃及神话，里面所提到的意象都是相同的，探讨的问题也都是一样的。

莫：同样的神话，只是在不同时代有着不同的外貌？

坎贝尔：没错。就像是同样的一出戏在不同的时空上演时，会穿上不同的戏服。

莫：这些同样的神话意象由各民族世代相传下去，好像是无意识的。

坎贝尔：那绝对具有吸引力。因为神话谈论的是个人及所有其他事物的深层奥秘。它是一个谜，巧妙而恐怖，因为它改变了你对事物的既定看法。然而它又非常吸引人，因为它是你的本性。在你开始思考这些内在的奥秘、内在的生命及永恒的生命时，并没有太多意象可供选择。你靠自己就可勾勒出一些已经呈现在其他思想体系中的意象来。

莫：中世纪时代，人们解读这个世界，就好像世界会带给你信息一般。

坎贝尔：这是当然的。神话协助你了解各种信息，神话为你指点出可能性。

莫：请给我一个例子。

坎贝尔：比如说，**神话告诉我们，救赎的声音来自深渊的底层，黑暗时刻传来的真正信息是，转化即将到来。最晦暗不明的那一刻，也就是光明到来之时。**

莫：就像西奥多·罗特克（Theodore Roethke）[1]的诗中所写的，“在黑暗的时刻，慧眼开始发生作用。”你是说神话让你领略到这一点。

坎贝尔：我和神话生活在一起很久了，神话教给我的一直是这些概念。这个问题跟认同内在基督有异曲同工之处。你心中的基督没有死。你心中的基督经历了死亡及复活。另外，你可以视自己与湿婆（Shiva）[2]为一体。我就是湿婆——也就是喜马拉雅山中所有瑜伽修行者最伟大的冥想。

莫：还有，大多数人渴求的目标——天堂，也在我们心中。

坎贝尔：天堂和地狱都在我们心中，所有的神都在我们心中。这就是公元前9世纪古印度《奥义书》（*Upanishads*）[3]中的重要理解。所有的神、所有的天堂、所有的世界都在我们心中。他们是放大的梦，**所有的梦都是相互冲突的身体能量通过意象表现出来的形式。**这就是神话。神话是象征、隐喻意象的显现，是由身体器官能量相互冲突所产生的。这个器官需要这个意象，那个器官需要那个意象，头脑也是其中之一。

莫：我们在做梦时，是在一片满是神话的汪洋大海中钓鱼，这片神话大海——

坎贝尔：——这片神话大海非常、非常、非常深，你会被那些复杂的意象搞混了。但就像一则波利尼西亚谚语所说的，你“站在大鱼上，钓小鱼”。我们好像站在一只大鲸鱼背上，鲸鱼的背便是我们自己的存在。当我们转身向外时，我们看到这一点、那一点的小问题，但是一旦转而向内自观，才知道自己是造

① 1908—1963年，美国诗人。——译者注

② 又名大自在天，印度教中主司破坏及拯救的神。——译者注

③ 印度三大经典之一，记录及表达对知识、理解和悟性的追求。——译者注

成这些问题的源头。

莫：你谈到神话是存在于此时此刻的梦境，什么是梦境时间？

坎贝尔：就是在你睡觉时，你梦到自己心理的永恒状态，与目前生活的现实世界发生联系。

莫：请再解释一下。

坎贝尔：比如说，你最近一直在担心能不能通过某个考试，你便会梦到某种失败的状况，这个失败和你生活中许多其他失败现象有关。他们层层相叠在一起。弗洛伊德指出，就算是经过详细分析的梦，也不可能完全阐释清楚。梦境涉及一个人精神层面的资料来源，而且永远不会枯竭。

“我能不能通过考试？”“我应不应该和这个女孩子结婚？”这个层次的梦看起来反映的纯粹是个人问题，然而从另一个层次来看，能否通过考试并不单纯是个人问题，每个人的一生中都必须跨过某些门槛，因此这是一种原型的梦。就算是非常个人化的梦境，其中也包含基本的神话主题。梦（神话）的两个不同层面——个人的层面和以个人问题为例子的一般性问题，普遍存在于各个文化中。比如说，每个人都有面对死亡的问题，这是一个标准的人生谜题。

莫：我们从自己的梦可以学到什么？

坎贝尔：你可以认识自己。

莫：我们应该怎样解读自己的梦？

坎贝尔：首先，你要记住梦的内容，并且记录下来。然后截取梦里的小片段，比如一两个意象或概念，并找出它们的关联性。一次次写下你心中的意象，你就会发现梦境的基础是人生经验，这些经验在你生命中不但很重要，而且会一直影响着你，只是你不知道而已。很快你会再做梦，你对梦的解释也会更深入。

莫：我认识的一个人告诉我，他一直到退休后，才发现自己睡觉时会做梦。退休后因为他的身体能量无处释放，便开始不停地做梦。你同意在当代社会中，人们容易忽视梦的重要性这个说法吗？

坎贝尔：自从弗洛伊德《梦的解析》出版后，大家便开始承认梦的重要性。但在那之前，其实已经有不少分析梦境的研究了。人们对梦有一些迷信的认识，比如说，“可能会发生什么事，因为我梦到有事情要发生。”

莫：为什么神话和梦不一样？

坎贝尔：因为梦是我们对支撑自己的意识，那个深沉、隐秘、无意识基础的个人体验。而神话是社会集体的梦。**神话是众人的梦，梦是个人的神话。**如果你的梦，碰巧和社会的梦一样，你和你的生活及社会便可以达到和谐，如果两者不同，你就好像独自在黑暗的森林中冒险一样。

莫：所以说，如果个人的梦和公共的神话达到和谐，我在这个社会中便可以活得比较健全。如果我的梦脱离了社会的步调会怎么样？

坎贝尔：那你就有麻烦了。如果又被迫一直生活在这种情况下，你就会变成一个神经病。

莫：许多梦想家、领袖和英雄不都接近神经质的边缘吗？

坎贝尔：没错，他们是处于这种状况。

莫：你如何解释呢？

坎贝尔：这些人已经脱离原本可以保护他们的社会，而进入黑暗的森林，进入了原始经验的炼火世界。原始经验是没有人可以为你解释的，你必须靠自己理出头绪。你只有能承担或不能承担两种选择。一个人脱离已被解释的道路没多久，便会发现自己处于困境中。这种面对试炼的勇气，为其他人在已知经验中带入新的勇气，便是一种英雄行为。

莫：你提到梦来自心灵？

坎贝尔：我不知道它还有什么其他来源。梦来自想象，不是吗？构成想象的基础是身体器官所产生的能量，这适用于所有人。想象来自相同的生物基础，它受限于特定的主题。梦就是梦，不论做梦的人是谁，梦的特色是有限的。

莫：我以为梦是私人的，而神话是公开的。

坎贝尔：在某些层次上，私人的梦境和真正神话的题材会碰到一起，而且有时候神话是梦的唯一解释。荣格讨论过两种梦，一种是个人的梦，另一种是原型的梦，也就是神话层次的梦。你可以通过联想来解释自己的梦，也就是找出梦在个人生活中的意义，或者和私人问题的关系。但人生中偶尔会出现纯神话的梦，即这个梦涵盖神话的主题，比如，它来自个人内心的基督。

莫：来自我们内在的原型，我们的原型自我。

创世神话就是人类心理的原型

坎贝尔：没错。梦境时间的更深层意义就是，那是一段没有时间存在的时间。那是一种延续的存在状态。印度尼西亚的一个神话讲到神话的年代及其终结。这个故事讲到，人类的祖先最初并没有两性区别。那时没有出生，也没有死亡。

后来在一个盛大的舞蹈庆祝活动中，有人被踏死，并且被撕成碎片、埋掉。在死亡的那一刻，性别就被区分出来了，从此，生死因为彼此的存在而得到平衡。破碎的尸体埋下去的地方长出了可食的植物。时间因为维持生命而从无到有，死亡、诞生、宰杀与食用其他生命也随之而来。神话时代，这段超时间的时期已经因为集体罪行、蓄意谋杀或蓄意牺牲而终结了。因此，神话处理的主要问题之一便是，将心与杀生调和一致。你不会以吃素来自欺欺人，因为植物也是有生命的。生命的真谛便是吃掉生命本身！生命依靠生命而生存。所以人类对这一基本事实的感受与自己心灵的调和，正是某些残酷仪式的重要功能之一。

这类仪式的主要部分是杀生——以一种模仿的方式来表达，如何从这种原始的罪行中产生我们每个人都参与其中的世俗社会。将心灵与生活条件调和一致的主题是所有创世故事的基础。在这个层面上，不同文化中开天辟地的故事都是相似的。

莫：以《创世记》的创世故事为例，它和其他创世故事有何相同之处？

坎贝尔：那么，你读一段《创世记》，我读一段其他文化的创世故事，看看有什么相似之处？

莫：《创世记》第一章，“起初，神创造天地。地是空虚混沌。渊面黑暗。”

坎贝尔：这是出自《世界之歌》，是亚利桑那州皮马印第安人（Pima）的传奇，“最初，世界到处是黑夜——夜和水。在一些地方夜变得混浊，聚集在一起后分开，聚集然后分开……”

莫：《创世记》第一章，“神的灵运行在水面上。神说，‘要有光’，就有了光。”

坎贝尔：这段是来自印度教的《奥义书》，时间大约是公元前 8 世纪，“在最初，只有以人的形体反照出来的大我，因为是反照产生的，除了自我外别无他物，因此它的第一句话是，‘这是我。’”

莫：《创世记》第一章，“神就照着自己的形像造人，乃是照着他的形像造男造女。神就赐福给他们。又对他们说，‘要生养众多，遍满地面’。”

坎贝尔：下面这段出自西非巴萨里人（Bassari）的传奇，“乌男波特神（Unumbotte）造了一个人，他的名字是男人，乌男波特神接着又造了一只羚羊，它的名字就叫羚羊，然后，乌男波特神造了一条蛇，它的名字就叫蛇，接着乌男波特神问他们，‘大地尚未被捣碎，你们必须将地面打成平滑。’乌男波特神给他们不同的种子，并且说，‘去种下这些种子。’”

莫：《创世记》第二章，“天地万物都造齐了。到第七日，神造物的工作已经完毕……”

坎贝尔：这又是出自皮马印第安人的传奇，“我造了世界，看啊，世界已经造齐了。因此，我造了世界，看啊！世界造齐了。”

莫：回到《创世记》第一章，“神看着一切所造的都甚好。”

坎贝尔：回到《奥义书》中，“他自觉到，我真的就是创造本身，因为它出自我的内在。因此，他变成了这个创造本身。事实上，知道创造变化的人本身就是创造者。”

那是关键所在。如果你知道这一点，你就把创造的原则，看成神在这世上的力量，也就存在于你心中。这很美。

莫：然而《创世记》接着说，“‘莫非你吃了我吩咐你不可吃的那树上的果子吗’？那人说，‘你所赐给我、与我同居的女人，她把那树上的果子给我，我就吃了。’耶和华神对女人说，‘你作的是什么事呢？’女人说，‘那蛇引诱我，我就吃了。’”你谈到推诿责任，其实它很早就有了。

坎贝尔：没错，对蛇的态度一直是很严厉的。巴萨里人的传说也有雷同之处。“有一天蛇说，‘我们也应该吃水果，为什么我们要饿肚子？’羚羊说，‘但是，我们对这些水果一无所知。’男人和他的妻子摘了一些水果吃掉了。乌男波特神由天上下来，并且问，‘谁吃掉了水果？’他们一起回答说，‘我们吃的。’乌男波特神问，‘谁让你们吃的？’他们一起回答，‘蛇。’”这差不多是同样的故事。

莫：这两个故事中的主角都指责别人是堕落的元凶，你从这当中得到了什么？

坎贝尔：没错，而刚好都是蛇。在这两个故事中，蛇象征着抛弃过去的生命并且继续生活下去。

莫：为什么？

坎贝尔：生命的力量使蛇蜕皮，就像月亮投下阴影一样。蛇蜕下原来的皮是为了重生，就像月亮抛下阴影是为了再生出新月。它们是同等的象征性符号。有时候蛇的形象是咬着自己的尾巴形成一个圆圈。那是生命的形象。生命世代接续散发光芒，为了不断地再生。

蛇代表永恒的能量，代表不断出现生死的意识状态。如果以这种方式来看生命，那是极其恐怖的。因此在**蛇身上同时存在生命的迷人之处和恐怖之处**。

进一步来看，蛇代表生命的主要功能，也就是饮食的功能。生命是由不断吃掉其他生命而构成的。在你做了一顿美味大餐后，你不会想太多，但是你所吃下去的，是没多久前还活生生的生命啊。你观赏大自然之美时，会看到鸟儿到处啄来啄去，它们吃下去的是其他生命。你又看到奶牛在吃草，它们也是在吞食生命。蛇代表一条四处蠕动的消化道。它带给你震撼的感觉，一种呈现生命原始特质的意味。你无须和它争辩。

生命靠杀生及吃掉其他生命来维持，靠摆脱死亡再重生来延续，就像月亮一样。这就是这些象征性、反讽性的物体试图呈现的人生奥秘之一。

大部分神话中，蛇都被赋予了正面意义，在印度，就算是最毒的眼镜蛇也是神圣的动物。而神话中蛇王的地位仅次于佛陀。蛇代表时间中的生命力与死亡，却又永生不死。这个世界只是它投下的阴影——脱落的蛇皮。

蛇在美州印第安人的传统中，也是备受尊崇的。印第安人认为蛇是人类应该结交的重要力量。举例来说，你可以去印第安人聚居的部落里参观一下霍皮族人（Hopi）[1]跳的蛇舞，他们会将蛇放在口中，以示和蛇交朋友，然后将蛇放回山上。

这个动作的意义，是要让蛇将人类的信息带回蛇的世界去，就像蛇把信息从山上带给人类一样。人和大自然的互动就在人与蛇的关系中展现出来。蛇的行动像水一样柔软无力，但是它的舌头又可以吐出火花，因此蛇的身上展现了成双的对立。

莫：在基督教的故事中，蛇是一个诱惑者。

坎贝尔：这是在拒绝肯定生命。我们继承的基督教传统中认为生命是堕落的，每一种原始的冲动都是罪恶的，除非行过割礼或受过洗礼。蛇是将原罪带给这个世界的元凶，而女人将代表原罪的苹果给了男人。这种将女人视为原罪者，将蛇视为原罪者，将生命视为原罪者的扭曲解释，充斥在圣经神话的每一个故事中，也充斥在人类堕落的教诲中。

莫：将女人视为原罪者的概念，也出现在其他神话中吗？

坎贝尔：不，我没有在其他地方看过。和这个概念最接近的，可能是潘多拉盒子中的潘多拉。但那不是原罪，那只是麻烦。圣经传统中堕落的概念认为，人类所知的大自然是堕落的，性本身是堕落的，女性是堕落者，因为她是性的缩影。为什么亚当和夏娃被禁止分辨善恶？不分善恶，人类就是一群生活在伊甸园中的无知小婴儿，无法参与生命。

女人将生命带到这世界上。夏娃便是这个有限俗世的母亲。人类曾在伊甸

① 居住于美国亚利桑那州东北部的印第安人。——译者注

园中拥有过一个梦境中的乐园，没有时间、没有生、没有死，也没有生命。死而复生，蜕皮又重生的蛇是集合了时间和永恒的轴心树之神。其实，蛇才是伊甸园中主要的神。

耶和华在一个清凉的黄昏来到伊甸园，他不过是个造访者。伊甸园是蛇的地盘，这是一个很老很老的故事了。公元前 3500 年，苏美尔人的封印中便刻有蛇、苹果树及女神，而女神正把生命的果实递给来访的男客，那正是关于女神的古老神话。多年前我看过一部奇妙的电影，是关于一个缅甸的女祭司为她的子民祈雨的故事。这位女祭司走到山上，呼唤出一只眼镜蛇王，吻了三次蛇的鼻子，这电影中，眼镜蛇是生命的赐予者，是雨水的赐予者，是一个神圣、正面的角色。

莫：这个蛇和《创世记》中蛇的形象有什么不同？

坎贝尔：希伯来人来到迦南并征服迦南人的故事提供了历史的解释。迦南人眼中最主要的神明是女神，蛇是和女神在一起的，这象征了生命的奥秘。以男性神为主的宗教团体，拒绝接受这一概念，可以说，伊甸园的故事影射了排斥女神的历史背景。

莫：伊甸园的故事对女性真是一大伤害，因为它把夏娃塑造成必须为人类堕落负责的角色。为什么女人要为人类的堕落负责呢？

坎贝尔：女人代表生命，不经由女人，男人无法获得生命，而女人也带给世界二元的对立和痛苦。

莫：关于二元对立这点，亚当和夏娃的故事里是怎么说的？它有什么意义？

坎贝尔：故事要由原罪开始讲起。那是搬离天堂乐园，没有时间、没有男女差异的梦境地带。那时候，男人与女人都只是生命而已。上帝和人没什么区别。上帝在一个清凉的黄昏来到伊甸园，接着亚当和夏娃吃下禁果，也就是代表对立的知识。

而在发现他们的不同之处后，亚当和夏娃将他们的私处遮了起来。你看，他们原先并没有想到彼此是对立的，他们只是一双对照，另一双对照是人和上帝，善和恶则是第三双对照，伊甸园中最主要的对照是性别的对照，以及人与上帝的对照，接着世界上才出现善恶的概念。只因为他们承认了二元性，亚当和夏娃才被抛出超越时间的和谐乐园。要活在这个世界上，人必须依照对立来行动。

印度教有个意象是代表女神的三角形。三角形的中心一点代表这个世界的超能量。接下来从代表女神的三角形中跑出一对对的三角形，向四面八方散去，由一变二，这世界上的所有东西都是成双的对立。这是一种意识状态的转移，由视为一体的意识状态转移到二元论的意识状态。接着你便进入到受时间限制的这个世界了。

莫：这个故事指出，在伊甸园发生这一切毁灭人类的事件之前，生命的和谐曾存在过？

坎贝尔：这是意识层次的问题，和实际发生什么无关。在这空间内，你仍可以认同超越对立的事物。

莫：那是什么？

坎贝尔：不可名状的。它是超越所有名相的。

莫：那就是上帝了？

坎贝尔：在西方的语言中，“上帝”是一个暧昧的字眼，因为它好像是在暗示已知的事物。但是超越的事物是不可知且不可辨识的。最后上帝超越了任何东西，包括“上帝”这个名号。上帝超越了所有的名号和形式。埃克哈特大师（Meister Eckhart）[①]说，“终极的、最高的超越就是为了神而抛弃神，抛开你原有对神的概念，追寻一种超越所有概念的经验。”

生命的神秘之处在于超越所有人类可以掌握的概念，人类所已知的都不会超过存在与不存在、多数及单一、真实与不真实的概念范围。人类经常以对立的概念来思考。然而上帝，也就是终极的真实，是超越二元对立范围的，所有的二元存在都指向终极真实。

莫：为什么我们会以对立的概念来思考？

坎贝尔：因为我们无法以其他的方式思考。

莫：那是人类世界的真实本质。

坎贝尔：那是人类所“经历到”的事情原貌。

莫：男和女，生与死，好与坏等。

坎贝尔：还有你我，这个和那个，真与假。他们中的每一个都有对立面存在。然而神话告诉我们二元对立之外仍有单一，对立只是一个不真实的影子。就像

① 1260—1327年，德国神学家和神秘主义者。——译者注

诗人威廉·布莱克（William Blak）说的，“永恒寓于爱之中，带着时间的成果。”①

莫：“永恒寓于爱之中，带着时间的成果。”，这是什么意思？

坎贝尔：俗世生命的来源是永恒，永恒回到俗世，就像神明献身变成众生之一，这就是一个神话的概念。在印度，人内在的神叫作身体的“住民”。去认同自己神圣、不朽的一面，便是视自己与神性为一体。

永恒超越了所有思考的范畴。这是所有东方宗教的一个重要观点。而我们却要思考上帝。上帝是一种思考，是一个名字、一个概念，然而它超越了所有思考的事物。存在的终极奥秘是超越所有思考范畴的。就像康德说的，事物本身并不是东西。它超越有形，超过任何思考所及的事物。**最好的事物是不能说的，因为它超越了所有思考。第二好的事物是被误解的，因为它隐含了那些无法被思考的事物。第三好的事物是人类在谈论的东西。而神话是指那些绝对超越的事物。**

莫：也就是说，只能用人类肤浅的语言来涵盖那不可辨识也不可命名的奥秘。

坎贝尔：在英文中，神是形容超越一切的终极词汇。如此一来，你就被限制在概念中了。你将神看成了父亲。而在一个把神或造物者视为母亲的宗教里，整个世界就是妈妈的身体，再也没有其他世界。男神往往存在于另一个世界。其实两性不过是同一本源的两个面向。很久之后生命才按照性别来区分，从生理上看，阿米巴变形虫并没有男女之分，早期的细胞只是细胞而已。它们是借由

① 译文引自［英］威廉·布莱克：《布莱克诗集》，张炽恒译，上海社会科学院出版社，2017年——编者注

无性生殖而由一变二的。我不清楚具体在哪个阶段出现了性别，但那是很久以后的事了。因此，不论认为上帝是男是女都是很荒谬的事。神的力量先于性别的区分。

莫：但是，只有在语言上区分上帝为他或她，人类才能试着摸索出神这个巨大概念的意涵，不是吗？

坎贝尔：没错，但是如果给上帝定义出性别，你就无法真正了解神。性别是带你超越一切的跳板，而超越一切的真实意思是去超越二元论。在时间及空间的范围内，任何事物都是二元对立的。肉身不是以男性就是以女性的形态出现，而我们每个人都是神的肉身。你可以说，每个人都只是真正形而上二元性的其中一面，出生在这个物质世界，这个概念呈现在宗教的奥秘中。在宗教体验里，一个人会经历一连串的启发，而被引领至不断深入的自我，在到达一个阶段之后，便能了解人类是会死也会永生的，人类是男也是女。

莫：你认为有伊甸园这样的地方存在吗？

坎贝尔：当然不存在。伊甸园是一种不知道时间、也不知道对立的无知状态的比喻方式。这种无知是一种意识状态，开始觉察到事物变化的中心。

莫：伊甸园里的无知概念发生了什么变化？它被惧怕所动摇、控制或污染吗？

坎贝尔：就是那样。有一个关于自我这个神明的故事很有意思。自我说，“我是。”一旦它说了“我是”便表示它害怕。

莫：为什么？

坎贝尔：因为它当下是时间里的一个实体。接着它想，“我有什么好怕的，我是唯一的。”一旦它这么说，它便感到孤独，它就希望有另一个它，于是就有了欲望，它开始膨胀起来，开始一分为二，变成男女，然后到了这个世界。

子宫内的胎儿首先经历的就是恐惧。一位住在加州，叫格罗夫（Stanislav Grof）的捷克籍精神科医生，多年来一直给病人开具LSD迷幻药的处方。他发现有一些病人再次经历了出生的体验。在第一阶段中，子宫内的胎儿并没有任何“我”或“存在”的感觉。接着在出生前没多久，随着子宫的阵痛，恐惧感便出现了。

这时恐惧首先出现，接下来就是“我”。接着是极度恐惧的出生这个阶段，在穿过产道这个艰难的过程后，便是——上帝，光！你能想象吗？这不正重复了神话中自我说“我是”之后，便立刻感觉到恐惧的故事吗？当自我知道自己是单一的，它便有渴求另一个或变成两个的欲望。这就是将光和二元对立的因素带入世界。

莫：在这么多不同的故事中都包含了禁果、女人等类似的特质，这是为了显示人类的共通处吗？比如说，在这些开天辟地的神话故事中，都有一个“你不应该”的概念。男人和女人因为做了不被允许的事，才被赶出伊甸园，在读了这些故事多年以后，我仍无法想象这些南辕北辙的文化中的共同点。

坎贝尔：民间故事共同的动机便是被禁止的事。

记得蓝胡子的故事吧！他对他妻子说，“别打开衣柜。”被禁止的人总是不愿意服从命令。在《圣经·旧约》中，上帝指出禁止人类做的那件事，而上帝当然知道人类会去吃禁果。也正因为人类不服从上帝的禁令，才能开始自己的新生活。生命真正的开端便是不服从行为。

莫：你如何解释这些相似之处？

坎贝尔：这有两种解释，第一是全人类的心理都是一样的，也就是人类身体的内在体验是相同的。所有人的肉体都一样，有同样的器官、同样的本能、同样的冲动、同样的冲突及同样的恐惧。在这个共同基础上便呈现荣格所谓的原型，也就是所有神话共通的概念。

莫：什么是原型？

坎贝尔：原型是最基本的概念，也可以被称作“底层”（ground）概念。荣格认为这些概念是无意识状态的原型。原型是较合适的名词，因为最基本的概念引申有脑力劳动的含义。无意识状态的原型表示那来自意识的底层。

荣格学派的无意识状态之原型和弗洛伊德学派的情结之间的差异在于，无意识状态的原型是一种身体器官及其力量的释放现象。原型是有生物基础的，而弗洛伊德的无意识状态来自一个人一生中所有被压抑、受伤的经验集合，弗洛伊德的无意识状态是一种传记式的个人状态。而荣格无意识状态的原型是生物的，传记式的意识状态则是次要的。

在不同时空下的人类历史里，原型，也就是最基本的概念，会被套上不同的服装。这是不同的环境和历史状况所造成的结果，也是人类学家最想去识别、去对比的地方。

另外，也可用另一种分散理论来说明不同神话的相似之处。比如说，随着耕种技术的发展，关于灌溉施肥和植物种植的神话也因此出现。类似这种发展模式的神话，诸如杀掉一个神明，将它剁成碎片，埋在地下以提供植物养分等都是。这种形态的神话是伴随农业或栽种传统而来的，不会出现在狩猎文化的传统中，因此在探讨神话相似性问题时，会出现历史和心理两个层面的因素。

莫：人们愿意接受这种创世神话故事，你认为他们希望从中得到什么？

坎贝尔：我认为人们在寻找体验这个世界的途径，这种体验引领人们到达启发生活的超越境界。这就是人们所要的，也是灵魂所渴求的。

莫：你的意思是，人们在寻找一种与万物之根达到和谐的方式？也就是你所谓全人类共享的广阔沉默？

坎贝尔：没错。但不只是发掘它，而是要在我们现存的环境与今日世界中，以正确的方式认同它。并因此使人类有能力体验到神性的存在。

莫：不只存在于这世界上，也存在于我们每个人身上。

坎贝尔：印度有一种很美的打招呼的手式，即双手合十，向对方鞠躬。你知道它的含义吗？

莫：不知道。

坎贝尔：我们祷告时双手合掌，在印度这是一种表示你体内的神和另一个人体内的神合为一体的致意方式。印度人认识到万物都有神性的存在。你到印度人家中做客时，他们接待你就像接待一位降临人间的神明。

莫：这些人接受创世故事，把故事流传下去，并且以故事内容为生活准则，他们难道没有疑问吗？谁创造了世界？为什么创造世界？这些问题难道不是神话所要回答的吗?

坎贝尔:不是这样的,反而是通过故事所提供的答案,人们了解到造物者无所不在。《奥义书》中的神明说,“我知道我就是这个宇宙。”当你了解到神就是宇宙,而你自己是宇宙中的生物时,你便意识到神就在你体内,也在日常生活中的男男女女身上,这是对圣体一体两面的觉知。神话的基本动机是,所有生物本来都是一体,到后来才分出天、地、男、女等,人类是怎么和这个调和的宇宙失去联系的呢?其中一个解释是,这是某个人的错,有人吃了不该吃的果子,有人对上帝说了不该说的话,以至于上帝大怒,并且弃人类于不顾。因此永恒离人类远远的,人类不得不想办法再和它连上线。

另外一种神话主题则是,人类不是由天上掉下来的,而是来自大地之母的子宫。在这种故事中,人类都顺着梯子或绳子向上爬,最后一个爬上来的一定是大胖子,他抓住绳子往上蹿时,绳子“啪”的一声断了,人类从此和自己的源头分离。在某种意义上,这是因为人类自己的心才断的,接下来的问题便是如何缝合破裂的心。

莫:有时候我会想人类流传这些故事的目的是为了娱乐自己。

坎贝尔:不,那并不是用来娱乐自己的故事。因为那是只有在某个特殊节日及场合下,才会拿出来说的故事。

神话有两种。一种是大型神话,例如,圣经的神话是庙堂的神话,是为了解释伟大、神圣的仪式而存在的。根据这些仪式而选择的生活方式,使得人类能够和自己、和他人及大自然和谐相处。以寓言来理解这些神话是很平常的方式。

莫：你认为最开始流传创世故事的人，意识到这些故事中的寓言色彩了吗？

坎贝尔：是的。他们流传的方法就是寓言故事的风格。他们以事情仿佛就是如此的方式来说这些故事。凡是认为人创造了世界，便是一种人为主义（artificialism）。这是种孩童式的思考方式，桌子在这里，就是人做出来的；这个世界存在，一定也是人创造了它。

另一种思考方式则是不以拟人化的方式来看待自然变化的过程。声音加速了空气的形成，接下来是火、水及地球的形成，它们共同造就了这个世界。整个宇宙包含在最初的声音、最初的波动中，在宇宙的作用下，万事万物都落入时间的片段中。由这个观点看来，并不是有人在外面说，“让它发生吧。”

大多数文化中都有两三种不同的创世故事，而非只有一种。《圣经》中就有两种版本，虽然大家认为它们是相同的。

记得伊甸园故事的第二章吧？亚当是上帝创造出来照顾伊甸园的园丁，上帝试图讨好亚当，使亚当接受这个工作，这是非常古老的故事了，是套用古代苏美尔的传说。诸神需要有人照顾他们的花园，栽种神所需的食物，所以才创造了人类，这便是《创世记》第二、三章的神话背景。

然而神的园丁过得很无聊，上帝便为他发明玩具，因此上帝创造了动物。但是亚当能够自娱自乐的只是给这些动物起名字。上帝才又有了从亚当的躯体中创造出女人灵魂的伟大构想，这和《创世记》第一章中，神依照自己的形象创造了男人与女人的故事版本有很大的出入。

在《创世记》第一章中，上帝本身就是雌雄同体的。第二章是源于公元前8世纪左右的较早期故事，第一章反而是来自公元前4世纪或者更后来的一种传教用的经文。在前面提过的印度教故事中，自我感到恐惧，然后有了欲望，最后一分为二的故事，是和《创世记》第二章对应的故事，在《创世记》中是人而不是神一分为二。

在希腊传说中，阿里斯托芬在柏拉图的《对话录》(*Symposium*)中谈到的也是类似的故事。阿里斯托芬说，最早期的生物是由现在看来的两个人组成的。他们有三种不同的组成方式，男人/女人、男人/男人和女人/女人，神把他们都撕开成两个。**人类被分成两个后，却一直想要拥抱原来的一半再回到原始的状态。因此我们一生中一直在做的，便是去寻找并拥抱我们的另一半。**

莫：你说神话是研究所有人类共通的故事。这个共通的故事是什么？

坎贝尔：大家都是出自同一存在基础的时空产物。我们所在的世界就像是永恒领域上的阴影地带。你就在这个阴影地带上活动，你尽你所能地扮演好自己的角色。你知道你的敌人就是你的另一部分，如果你能从中立的观点来看的话。

莫：因此，人类共通的故事，就是在人生的舞台上找寻自己的位置喽？

坎贝尔：每个人要和世界这个大交响乐章取得和谐，就必须和交响乐的旋律调和一致。

莫：在我读这些故事的时候，不论什么文化背景或其源头是哪里，我觉得人类为了了解自己的存在，并在短暂的人生历程中尝试超越物质世界的可能性而产生的壮观想象力真是不可思议。你有过这样的体验吗？

坎贝尔：我将神话视为九位缪斯女神[①]的故乡，它可以激发艺术、诗词的灵感，

① 希腊神话中掌管诗、音乐及其他艺术的女神。——译者注

将人生视为一首诗，而个体是诗中的一个角色，这就是神话教给人类的。

莫：一首诗?

坎贝尔:对，一首诗。但是不以文字形态出现，而是展现行动和历险形态的诗。字义相当于某种超越当下行动本身的事物。人类因而永远和宇宙的存在保持协调。

神话指引我们的精神

莫：当我读神话故事时，我只是因为感受到其中的奥秘而觉得敬畏。我们可以猜测，但永远无法穿透其中的奥秘。

坎贝尔：这就是重点。一个人如果认为自己可以找到终极真理，他就错了。梵文中有一段经常被引用的文字，也出现在老子《道德经》当中，“知不知，尚矣；不知知，病也。”说的是，知道自己有所不知，是高明的；不知道却自以为知道，就会招致困难。

莫：我读了你有关神话的著作，不但没有动摇我的信仰，反而帮我把陷在文化牢狱中的信仰解放了出来。

坎贝尔：神话同样也解放了我的思想，任何人只要能接收到神话传递的信息，都可以感受到神话的力量。

莫：有些神话是不是多少比其他神话更真实一点儿？

坎贝尔：在不同理解层次上，所有神话都是真实的。针对特定时期的特定文化，每一个神话都和生命的智慧有关。神话帮助个人和社会融合，帮助社会与自然融合。**神话将个人的本性与自然结合在一起，它是一个调和的力量。**以西方神话为例，它是基于二元论概念的神话——善与恶，天堂和地狱。因此西方的宗教便充满伦理色彩。原罪和赎罪，对与错。

莫：一种对立的张力——爱与恨，死亡与生命。

坎贝尔：罗摩克里希那曾说过，如果你满脑子想的都是自己的原罪，那么你便会成为一个罪人。我读到这里时，想到了自己小时候，每个星期六都会去祷告，回想我过去一周内犯下的每一条小罪行。我认为一个人去祷告时应该说，“祝福我吧，天父，因为我一直做得不错，这些是我过去一星期内做的好事。”人要通过对自己的正面想法而不是负面想法来认同自己。

宗教类似人类的第二个子宫，它的作用是要将极度复杂的事物，比如人类，带领至自发、自我行动的成熟阶段，然而原罪的概念使得人一生中都处于奴性状态。

莫：但那并不是基督教关于创造及堕落的概念。

坎贝尔：我曾经听过伟大的禅学家铃木大拙的一场演讲。他站在那里，并用双手慢慢摩挲着身体两侧说，“上帝对抗人类，人尖对抗上帝，人类对抗自然，自然对抗人类，自然对抗上帝，上帝对抗自然。真是有趣的宗教啊！”

莫：我常常想，北美大平原狩猎部落的印第安人，如果看到米开朗琪罗的作品时，心里会想到什么呢？

坎贝尔：米开朗基罗笔下的上帝自然不会是其他传统的神。在其他神话中，自我是和这个掺杂了善与恶的世界协调一致的。在近东的宗教系统中，人们认同善而对抗恶。犹太教、基督教和伊斯兰教圣经传统都是要毁掉所谓的自然宗教。

因为西方传统已由自然宗教转变为社会宗教，因此我们很难再回头去诉求大自然。但是如果你肯以心理学及宇宙观的角度来解析我们文化中的象征性符号，那也会很合适的。

宗教就某个角度来看，没有不真实的，如果你能了解它的隐喻性意义，它就是真实的，如果宗教卡死在自己的隐喻当中，并且把隐喻解释为事实，那人类就有麻烦了。

莫：什么是隐喻？

坎贝尔：隐喻就是隐含其他意思的意象。比如说，我骂一个人，“你神经病啊。”（You are a nut.）我不是说这个人是一颗坚果（nut）。“坚果”只是比喻。宗教传统中的隐喻是指超越的事物，而不是真的存在。如果你认为隐喻本身就是所指的事物，就好像你到餐厅去，拿起菜单，便吃起上面写的“牛排”二字一样。

举个例子，《圣经》上说耶稣升去了天堂，意思好像是某个人升天了。那个句子在字面上确实是那么说的。如果这段话的意思真的是那样，那么我们读到这里时，应该直接跳过这段话。因为天堂并不存在，因此耶稣不可能升天堂。就算是以光速升空，耶稣还是在银河系内。天文学家及物理学家都能轻易地排除掉天堂存在的可能性。

但是如果你以其隐含的意思来读“耶稣升天”这句话，便可以了解耶稣是去向他自己的内在，而不是走向外太空，他是向内走入了所有的源头，走入所有事物源起的意识状态，走入内在天堂的王国。意象是往外去的，但是意象的反射是向内的。重点是我们通过去向自己的内在，而和耶稣一起升上天堂了。耶稣升天是个回到起源的隐喻。从头到尾都是这个意思，它暗示抛开躯体的偏执，进入躯体的动力来源。

莫：你这不是削弱了基督教信仰中最伟大的传统教条之一，即耶稣的埋葬与复活预示了人类的死而再生吗？

坎贝尔：这样便误读了这个象征。这是依散文方式而非诗歌方式来读这些文字，是依表面意思而非内涵意义来读这些隐喻。

莫：**诗可以指涉看不见的真实。**

坎贝尔：那个真实甚至是超越真实这个概念，超越所有思想的。神话总是让你置身于这样的情境中，然后给你连接谜样般内在自己的线索。

莎士比亚说：艺术是反映自然的一面镜子，这就是艺术的本质。**大自然就是你的本质，而神话中这些诗一般的奇妙意象，所指的对象便是你内心的东西。**若你被那些意象困住，不能反过来以此了解自己，你便误读了意象。内在世界乃是你的需求、能量、结构与可能性，和外在世界相会的世界。外在世界则是你的肉身世界，那是你的所在。你必须使两者并进。诚如诺瓦利斯（Novalis）所说：“灵魂的位置是在内部世界与外部世界的交接处。”[①]

① 译文引自［德］诺瓦利斯：《夜颂》，林克译，四川人民出版社，2018 年。——编者注

莫：所以耶稣升天的故事，便是漂流瓶中的纸条，代表曾有人来此造访。

坎贝尔：是的，耶稣是如此。依据惯常的方式理解基督教，人类不能与耶稣一致，我们必须模仿耶稣。如果我们像耶稣一样说“我与父原为一”（《约翰福音》10：30），那便是亵渎。然而依据大约40年前在埃及出土的《多马福音》，耶稣说：“凡是从我口中饮水者将变成我，而我也将是他。”这完全是佛教的讲法。我们都是佛性的显现，或者说是基督的知觉，只是人类自己不知道罢了。“佛陀”这个词的意思是“觉醒者”。我们都要朝这个方向努力——觉察到内在的基督精神或佛性。这在正统基督教思考模式中是亵渎，但却是基督教诺斯替教派（Gnosticism）与《多马福音》的精神。

莫：轮回是否也是个隐喻？

坎贝尔：当然是。当人们问我，“你相信轮回吗？”我只能说，“轮回就像天堂一样是个隐喻。”基督教中与轮回对应的隐喻便是灵魂的净化。如果一个人死的时候，不能脱离对尘世的眷恋，灵魂便不能去向极乐世界，那么他就必须要经历灵魂的净化，必须洗净他的局限。这些局限就是所谓的原罪。原罪是限制你的意识，并把意识固定在某种不恰当条件上的因素。

在东方的隐喻中，一旦你死去，你会再回到这个世界来经历更多体验，直到你能清除或从这些执着中解放出来。这个不断再生的灵魂，乃是东方神话中的主要英雄人物。一个灵魂可以有不同的性格，一生接着一生。轮回的概念并不是指你我现在性格的再生。性格是灵魂所抛弃的。然后这个灵魂附上另一个身体，是男是女，则要看消除执着所需的经验而定。

莫：轮回有什么意义？

坎贝尔：轮回的意义在于，你不只是你所想象的你。你的存在，以及意识的潜力，有某些面向并无法包括在你的自我概念中。**你的生命比你能想象到的要深得多，也广得多。你现在活着的生命，不过是你的内在真我以及赋予你生命广度与深度的那个东西的片段罢了。**但是，你可以选择在那样的深度而活，当你体验到它时，你便会突然觉察到所有宗教说的都是它。

莫：这是不是自古以来所有神话故事的主旨？

坎贝尔：不是。**把生命看成苦难，通过苦难，把自己从生命的桎梏中解放出来，这是较高层次的宗教。**我不认为原始民族的神话中有类似的主旨。

莫：它来自哪里？

坎贝尔：我不知道。它可能是来自拥有精神力量和深度的人们。他们在生命中体验到所欠缺的精神层面。

莫：你是说精英创造了神话，巫师、艺术家和其他到过未知领域然后再回来的人，也创造了神话。那么老百姓呢？他们不是创造了类似保罗·班扬（Paul Bunyan）朝圣的故事吗？

坎贝尔：是的，但那不是神话。它还没达到神话的层次。先知以及印度所谓的仙人（rishis）被认为是“听”到神谕的人。现在任何人都可能竖起耳朵，但不是每个人都能真的听到神谕。

莫：“有耳可听的，就应当听！”

坎贝尔：必须要经过训练，你的耳朵才能听到隐喻之声，而非具象之声。弗洛伊德与荣格都觉得神话是以无意识为基础的。

任何从事创作的人都知道，你必须敞开自己、付出自己，你的作品才会与你对话并建构它自己。从某种程度上说，你须变成所谓的缪斯女神或《圣经》中的上帝，或某种使命的承载者。这不是幻想，而是事实。**因为灵感来自无意识，而且在任何社会，人们心中的无意识都有许多相同之处，所以巫师或先知所提出的，便是个人内心想要表达的。**

所以一个人听到先知的故事便会反应道，"啊！这是我的故事。这是我一直想说但是说不出来的。"预言家与社群之间必然会有对话和互动。若先知预见的是社群中人们不愿听到的事，则不会有效果。某些时候人们会把这样的先知除掉。

莫：所以我们讨论的民间传说，不是神话，而是某些能娱乐一般老百姓，或者能表达比追求精神层次低一些的、关于存在阶段的故事。

坎贝尔：是的。**民间传说是为了娱乐之用，而神话是为了精神指引之用。**关于民间传说概念与基本概念这两种神话层次，在印度有种很好的说法。民间传说的层次叫作德西（desi），意思是"地区性的"，与你的社会有关。那是为年轻人而设的。这些民间传说，引领年轻人进入社会，教导他们如何外出杀死魔鬼。

但是也有基本概念的层次。梵文对此称作玛迦（Marga），意思是"道路"，指的是返回你自性之路。神话由想象而来，并可引导回到它自己。社会告诉你什么是神话，它又将你与神话的关系断开，所以你可以在静坐冥想时遵循你内在的道路。

文明是以神话为基础的。中世纪文明的神话基础是伊甸园堕落、十字架救赎，以及透过圣礼将恩典带给人类等。

教堂是圣礼的中心，城堡则是保护教堂的中心。这是两个形式的政府。一个是精神的政府，另一个是物质生命的政府。两者皆与钉在十字架上的恩典这一唯一的生命来源和谐一致。

莫：但人们极少在这两个范畴内谈论精灵与女巫的故事。

坎贝尔：在中世纪里大约有三种神话与民间传说的创造中心。第一个中心是教堂，所有的故事都是与修道院与隐居生活有关。第二个中心是城堡。第三个中心是村落，也就是老百姓所在之处。教堂、城堡与村落——你到任何一个高度文明的地区，都会看到一样的景观，即寺庙、王宫与城镇。它们是不同的创造中心，但只要属于同一文明，它们便在同一个象征领域里运作。

莫：同一个象征领域?

坎贝尔：象征领域的基础是特定社群的人民，在某一特定时空下所有的体验。神话密切地受限于文化、时间和空间，所以，除非象征符号或隐喻能透过艺术的不断创造而加以保存，否则生命便会从它们中流逝。

莫：现代有谁以隐喻来表达?

坎贝尔：诗人。**诗是一种隐喻的语言。**

莫：隐喻藏有潜能。

坎贝尔：是的，但它也代表了隐藏在现存世界背后的真实。隐喻是上帝的面具，透过它便可体验到永恒。

莫：你提到诗人与艺术家。那么神职人员呢？

坎贝尔：我认为我们的神职人员并未善尽他们的职责。他们并未探究隐喻背后的意义，而是被善恶的伦理捆绑住了。

莫：为什么牧师不能成为美国社会的巫师呢？

坎贝尔：**牧师与巫师间的区别在于，牧师是功能性的角色，而巫师则是有神秘体验的人。**在我们的传统中修道士是在寻求体验，而牧师则是服务社区的人。

我有个朋友参加了在曼谷举行的罗马天主教徒国际会议。他告诉我天主教徒能够毫无障碍地理解佛教的出家人，反而是这两个宗教的传教人员无法理解对方。

拥有神秘体验的人会知道，所有对此体验的象征性表达方式都是错的。象征符号不能解释体验，它们只能提示这个体验。假如你尚未拥有此体验，你怎么可能知道它是什么？试着解释滑雪的乐趣给居住在热带从未见过雪的人，是不可能的。**必须得先拥有某种体验，才能了解其中的信息，否则你就没有听到真正的内容。**

莫：拥有神秘体验的人必须使用意象，以最好的方式把它投射出来。我们的社会似乎已经失去用意象表达思想的艺术。

坎贝尔：确实如此。我们的思想大体上是议论的、文字的、线性的。意象所含的真实比文字要来得多。

莫：你是否曾想过，正因为我们社会中缺少宗教的喜悦体验，以及否定超越的精神，而使得许多年轻人转而使用药物？

坎贝尔：绝对是这样的，这是一种方式。

莫：一种方式？

坎贝尔：进入神秘体验的一种方式。

莫：宗教不能为你做到的，艺术也不能为你做到吗？

坎贝尔：过去可以，但是现在艺术不发挥功效了。宗教目前谈的是社会问题与伦理，而不是神秘体验。

莫：所以你认为宗教最大的吸引力是神秘体验吗？

坎贝尔：天主教仪式中一项奇妙的仪式就是领圣餐。在仪式中你被告知这是救世主的身体与血液。你把它吃下去，于是你转向内在，基督与你同在。这是一种启发你体验内在灵性的冥想方式。你可以看到参与过领圣餐仪式的人，回来后都转向内心，他们真的是如此。

在印度，我曾经看过一个红戒指绕挂在石头上，这个石头就成为神秘的化身。通常人类以一种特定的方式看待事物，也可以从神秘的角度看待任何事物。比如，这是一只手表，但它同时也是一个存在的事物。你可以摘下手表，画一个圈围住它，并在那个层面上看待它。这就是所谓的祝圣。

莫：这是什么意思？你可以对你手上的表赋予什么意义？它显现出怎样的神秘呢？

坎贝尔：它是个物体，不是吗？

莫：是的。

坎贝尔：你真的知道什么是物体吗？是什么支持了它？它是某种时空中的物体。想想看，每件物体都应该是非常神秘的。于是表成为冥想的中心，成为可以辨识的存在奥秘中心，这类东西是无所不在的。现在这个表变成了宇宙的中心。它是不停转动的世界中不动的一点。

莫：这种冥想能把你带往何处？

坎贝尔：那就看你的天赋了。

莫：你谈到“超越”。什么是超越？一旦超越了，人会怎样？

坎贝尔：“超越”是一个技术性、哲学性的词汇，可以用两种不同的方式诠释。在基督教神学里，它指的是在自然领域之外的上帝。这是以物质观点来谈论超越的方式，因为将上帝想成是存在某处的精神事实。黑格尔曾说人类把神拟人化成为气态的脊椎动物，许多基督徒对上帝所持的概念便是如此。或者将上帝想成一个脾气很坏、留着胡子的老头。但是“超越”真正的意义是指超出一切概念的真实。康德告诉我们，我们所有的体验都受到时空的限制。它们在空间里发生，在时间的轨道上发生。

时空形成的感觉限制了我们的体验。我们的知觉被时空的范畴包裹住，而我们的心则被思想观念形成的架构所限制。但是我们追求的终极真实（别无一物）却不受限于此。当我们试图想它时，便把它限制住了。

超越的事物超越了所有思想观念的范畴。存在与不存在都是思想观念的范畴。“上帝”这个字眼真正的意义是指超越了所有思考的真实，但是“上帝”这个字眼本身是被思考的对象。你可以通过许多方式将上帝人格化。只有一个神？还是有许多神？这些只是思想的分类。你所谈的以及你试图思考的，超越这一切。

正如传统基督教诺斯替派经典惯有的谈法，耶和华的问题乃是忘了自己是个隐喻。他认为自己是个事实。而当他说“我是上帝”时，马上有个声音说：“你错了，萨麦尔（Samael）。”“萨麦尔”的意思是“盲眼的上帝”，也就是不知道自己只是无限宇宙光之下的局部历史产物。这是我们所谓的对耶和华的亵渎——他认为他是上帝。

莫：你的意思是，上帝不可知。

坎贝尔：我的意思是，不论终极真实为何，它都是超越有或无这个概念范畴的。是还是非呢？就像记载中佛陀所说的一样：“它既是是，也是非；既非是，也非非。”上帝作为存在的终极奥秘是超越思考层次的。

在《奥义书》中有一则有关因陀罗神的奇妙故事。故事是这样的，一只大怪兽把地球所有的水都围堵起来，带来一场可怕的旱灾，整个世界陷入非常糟糕的状况。因陀罗想了很久才想到他有一个雷盒，只要打一粒雷在那怪兽身上，就可以把它炸碎。因陀罗成功了，水又流出，世界再度得到滋润。于是因陀罗说，“我多么伟大啊！”

因陀罗一边想，一边升到世界的中心须弥山，并且决定在那里盖一座能配得上他的伟大宫殿。于是，木匠之神在很短的时间里便把宫殿搭好了。但是因陀罗每次巡视，对宫殿应该造得如何金碧辉煌、如何伟大的想法都越来越膨胀。最后木匠之神说，“我的天，我俩都是不朽的神明，你的欲望永无止尽，我便永远被困住了。”因此他决定到创造神梵天那里去告状。梵天坐在象征神明的能量与恩典的莲花上。莲花是从梦想宇宙的睡神毗湿奴（Vishnu）[1]的肚脐中长出来的。木匠之神走到宇宙的大莲花池畔，把这个故事告诉了梵天。梵天说，“你回去吧，我会把事情处理好的。”梵天从莲花中起来，蹲下告诉熟睡的毗湿奴。毗湿奴只是动了动，并说，“听着，小家伙，有事情要发生了。”

第二天早上，在建造中的宫殿门口出现了一个蓝黑相间的男孩，身边围了一群小孩在欣羡他的美貌。门口的脚夫赶紧去报告因陀罗，因陀罗说，“把男孩带进来。”男孩被带进来后，坐在王座上的因陀罗问他，“年轻人，欢迎你，你为什么来到我的王宫？”

“嗯，”这个男孩以晴天霹雳之声说，“我听说你正在盖一座比从前任何一位因陀罗所建的都要大的宫殿。”

因陀罗说，“从前的因陀罗？年轻人，你在说什么？”

男孩说，“在你之前有多位因陀罗，我看过他们来来去去，现在都不见了。你想想看，毗湿奴神睡在宇宙大海中，宇宙的莲花从他的肚脐中长出。莲花上坐的是创造者梵天。梵天张开他的眼睛，世界便因此诞生，由因陀罗治理。梵天闭上他的眼睛，世界不复存在。梵天的寿命是 432 000 年。当他死时，莲花便缩回去，另一朵莲花会形成，另一个梵天会生成。想象那无尽宇宙中星系之外的星系，每一朵莲花上都有个梵天坐在那里，张开他的眼睛，再闭上他的眼

① 印度教三大主要神明之一，代表多种功能。——译者注

睛。而因陀罗呢？你的庭园中也许有智者还愿意算一下大海中的水滴或海滩上的沙粒有多少，但没有人会去算有多少个梵天，更不要说因陀罗了。”

男孩在说话时，有一队蚂蚁穿过地板。男孩看到这个情景便大笑起来。因陀罗的头发立刻竖起来，对男孩说，“你笑什么？”

男孩回答，“除非你想被伤害，不然别问。”

因陀罗说，“我要问，你就指教吧！”（这里附带提到东方的一种美德——除非他人问，否则不能施教。**你不能强迫他人硬吞下你个人的使命感。**）

男孩便指着蚂蚁说，“以前所有的因陀罗，经过多生多劫，从最低的条件爬升到最高的明觉状态。他们对怪兽投下一粒雷弹后，自以为自己是多伟大的人，于是他们又下坠到从头开始。”

男孩说话时，有个奇怪的老瑜伽修行者，顶着一把香蕉叶的阳伞来到宫殿。他除了一个缠腰带之外全身赤裸，他的胸上是状似小圆盘的头发，头顶中央一半的头发都掉光了。

男孩欢迎他的到来，并在因陀罗要问话之前抢先问他，“老者，你叫什么名字？你从哪里来？你的家在哪里？你的房子在哪里？你胸上怪异的一团头发，有什么意义吗？”

“哦，”老者说话了，“我的名字叫多毛。我没有房子。生命如此短暂，何须住处呢？我只有这把阳伞。我没有家。我只是冥想毗湿奴神的脚，思考永恒以及时光如何逝去。你知道，每次因陀罗死去，一个世界便消失了，这些事物就那样一闪即逝。每次因陀罗一死，一根头发便从我胸前的圆圈掉出来，一半的头发都掉了，很快就要掉光了。生命如此短暂，为什么要盖房子呢？”

接着男孩和老人都消失了。男孩是守护神毗湿奴，而老瑜伽修行者是创造与毁灭世界的湿婆。他们来这里教导因陀罗，让他知道自己只不过是历史上的一个过客，但他却认为自己是宇宙的全部。

因陀罗坐在他的王座上，整个人觉醒过来，惊吓不已。他叫木匠之神过来说，“我不再盖这座宫殿了，你可以走了。”木匠终于如愿以偿，不用再继续工作了。

因陀罗决定离去成为一个瑜伽修行者，冥想毗湿奴神的莲花脚。他有一位美丽的王后叫做金脂（Indrani）。金脂听到因陀罗的计划后，跑去告诉神的祭司说，“现在他想成为一个瑜伽行者。”

祭司说，“亲爱的，让我们坐下，我会把这事处理好。”

于是他们在王座前坐下。祭司说，“听着，许多年前我为你写了一本有关政治的艺术的书。你现在是众神之王，你是梵天奥秘在时间领域内的显现，这是很高的荣耀。你要感激生命、尊重生命，并且以自己就是梵天真我的态度来面对生命。我现在要为你写一本有关爱的艺术的书，使你和你的妻子了解，你们两人奇妙的差别其实是一体的，梵天的光辉就在眼前。”

经过这一番教导，因陀罗放弃了离去成为瑜伽修行者的念头，并且发现自己在生活中便可以代表永恒。你可以说因陀罗就是梵天的象征。

所以从某方面而言，每个人都是因陀罗的一生。你可以做个决定，要么就放下一切到深山里冥想，要么就待在这个世界，好好做你的工作，过你的生活，用心和你的爱人、你的家庭、你们爱的生活在一起。我认为这是个非常好的神话。

莫：它说出了许多现代科学发现的事实，时间是无尽的。

坎贝尔：时间里有无尽的星系、被我们人格化的上帝、上帝的儿子以及这些神秘，这些都只占了极短的时间。

莫：但是文化总是影响着人类对终极真实的想法。

坎贝尔：文化也可以教我们超越它本身的概念，也就是我们所知道的成人礼。**真正的成人礼发生在宗教导师告诉你"世界上没有圣诞老人"的时候。**圣诞老人是亲子关系的隐喻性表示。这层关系确实存在，所以可以被体验，但是圣诞老人是不存在的。圣诞老人只不过是促使小孩珍惜这层关系的一个线索罢了。

生命的本质与特性就是个糟糕的神秘，因为生存必须要靠杀生与吞噬来维系。但如果因为这些苦难我们就对生命说"不"，或是认为这些情形不该发生，则是一种幼稚的行为。

莫：左巴（Zorba）说，"麻烦？生命就是个麻烦。"

生命实苦，但是一场好戏

坎贝尔：只有死才不麻烦。人们问我，"你对这个世界乐观吗？"我说，"是的，自然便是伟大。你不可能改变它，没有人能把世界变得更好，它不可能变得更好。这就是它，要不要随你。你不可能改变它。"

莫：这样的想法不会导致人们在面对邪恶时太过被动吗？

坎贝尔：你自己就是邪恶的一部分，否则你就不存在了。不论你做了什么，对某些人来说总是邪恶的。这是整个创世的反讽之一。

莫：那些在神话中提到的善与恶，以及把生命看成光明力量和黑暗力量冲突的观点，又是怎么一回事呢？

坎贝尔：那是拜火教的观念，同样的观点后来也被犹太教与基督教接纳。在其他传统中，善恶是相对于你的立场而定的。对某人来说是善，对其他人可能就是恶。你扮演着自己的角色，即使在你了解它有多可怕后也不退缩，而能把它看成是神秘的、超凡而美妙的惊奇世界之前奏。

“生命一切皆苦”是佛陀四圣谛中的第一谛，生命就是如此。没有了时间逝去带来的痛苦，就不会有生命。你必须肯定生命，而且认为它是伟大的，因为这就是上帝所希望的方式。

莫：你真的这么相信吗？

坎贝尔：顺其自然本身就是喜悦。我不相信有人意欲如此，但生命就是如此。**乔伊斯有句值得记诵的话，“历史是我企图觉醒的噩梦。”**从中醒来的方式是不要恐惧，并且认识到所有的这一切都只是恐惧创造力量的自然表现。事情的终结总是痛苦的。但只要世界存在，痛苦就是其中的一部分。

莫：如果你接受这些道理是终极的结论，你就不会想要设立法律，或发动战争了，对吗？

坎贝尔：我没这样说。

莫：这难道不是顺其自然必然得出的结论吗？

坎贝尔：这不是“必然”的结论。你也可以说，“我将参与到生命中去，我将参军，我将奔赴战场”，诸如此类。

莫：“我将竭尽所能。”

坎贝尔：**“我将参与这场游戏。它是一出好戏，只是会受伤而已。”**

肯定是不容易的。我们总是有条件的肯定。当世界是在朝着圣诞老人告诉我的方向发展时，我才肯定这个世界。但要如实地肯定现实是很困难的事，那就是宗教仪式所要克服的。宗教仪式是团体以最不忍卒睹的方式共同参与生命的方式，也就是说，**生命本身就是杀生及吞噬其他生命的行为。**我们是共犯，这就是生命之道。英雄是以自然的方式，而非个人仇恨、失望、报复的方式，勇敢而优雅地参与生命的人。

英雄行动的范畴不是超世俗的，而是在此时此地的俗世，在善恶与二元对立的领域内行动。一旦离开超越的领域，你便进入了二元对立的世界。人已吃下了知识的树，那不仅是善与恶的知识，还是男与女、对与错、此与彼、光与暗的知识。受时间限制的每件事物都是二元的——过去与未来，死亡与生存，有与无。但想象中的终极二元对立是男与女。男性富有侵略性而女性倾向接受，男性是战士，女性则是做梦者。这里有爱的世界，也有战争的世界，正是弗洛伊德所说的青春之神厄洛斯（Eros）及死神塔那托斯（Thanatos）。

赫拉克利特说，对上帝而言，一切皆善、皆义、皆对。但对人而言，某些是对的，其他则是错的。只要你是人，你便存在于受时间与决定限制的领域中。人生的问题之一是，必须同时了解以下说法才能生存，“我知道中心所在，我知道善与恶只是时间里的偏差现象，但对上帝而言，二者并无不同。”

莫：《奥义书》中有个概念，“不是女性，不是男性，也非中性。不论身体的性别为何，它都会透过身体而显现。”

坎贝尔：对的。所以耶稣说，“你们不要论断人，免得你们被论断。”换言之，要把自己放回到你尚未以善恶来思考的天堂阶段。很少有牧师会这么说。**但生命中最大的挑战之一，便是肯定你心里最讨厌的人或事。**

莫：最讨厌的？

坎贝尔：这种事有两个层面。一个是你在行动领域内的判断，另一个是你以形而上观察者的角度判断。你不能说不应该有毒蛇，因为那是生命的本来面目。但在行动的领域中，假如你看到一只毒蛇正要咬人，你会杀了它。那并不是否定蛇，而是对那个情境说“不”。《梨俱吠陀》中有段美妙的文字，“在树上。”那是生命之树，你的生命之树。有两只鸟是忠实的好朋友。其中一只鸟吃了树上的果子，另一只不吃，只是看。吃果子的鸟是在杀果子的生命。生命必须靠吃其他生命才能维系，这是生命的本来面目。印度有个关于舞蹈之神湿婆的小神话。他的妻子是山王的女儿雪山女神（Parvathi）。一个怪兽走过来对湿婆说，“我要你的老婆当我的情妇。”湿婆大怒而打开他的第三眼，用闪电雷鸣袭击地球，于是产生了烟雾和火光。待烟雾散开后，有一只瘦伶伶的怪兽，它的毛像狮子的毛一样向四方飞起。要抢雪山女神的怪兽眼见瘦怪兽就要消灭自己。在这种情况下，你会怎么做？传统的建议是，投降并要求神明慈悲的宽恕。所以那怪兽说，“湿婆，我恳求你的慈悲。”这个游戏中的一条规则，就是当对方求饶时，你便宽恕他。

所以湿婆说，“我宽恕你。瘦怪兽，别吃它。”

这个瘦怪兽说，“那我怎么办？我饿了。是你让我饿的，我才来吃这家伙的。”湿婆说，“那么，吃你自己吧！”

这个瘦怪兽便吃起自己的脚来，一直咬上来，这是个生命吃生命的象征意象。最后这个瘦怪兽吃得全身只剩下一张脸。湿婆看着它的脸说：“我从来没见过比这更伟大的生命验证，我给你取名克尔提姆哈（Kirtimukha）——光荣之脸。”你可以在湿婆的神庙以及佛寺的正门口，看到那张光荣之脸的面具。湿婆对着那张脸说，“凡是不向你鞠躬致敬的人，都不值得见我。”你必须肯定生命本来的奇迹，而不是要求生命配合你的规则和条件。否则，你将永远无法通过这层形而上的试炼。

我在印度时，一度想要参见一位主要宗教的领袖和导师。我终于见到一位著名的导师克里希那·穆纳（Sri Krishna Menon）。他问我的第一句话是，“你有什么问题吗？”

在印度传统里，老师总是在回答问题的，他不会主动告诉你任何你未发问的事。所以我说，“是的，我有个问题。既然印度传统把万事万物都看成是神灵自身的显现，我们对世上的一切如何能说‘不’呢？我们如何能对残暴、愚蠢、粗俗、轻率说‘不’呢？”

他回答说：“对你我而言，要说‘是’。”

接着我们对肯定一切这个主题，有一段很精彩的对谈。这段谈话肯定了我原有的想法，我们是什么人，怎能轻易评判他人呢？我认为这也是耶稣的伟大教诲之一。

莫：在传统的基督教教义里，物质世界是被鄙视的，生命要在死后的天堂里才能获得救赎与补偿。但假如我们肯定了自己沮丧之事，便肯定了永恒世界在此刻的化现。

坎贝尔：是的，那就是我所说的。**永恒不在将来，永恒甚至不是一段恒长的时间。永恒与时间无关。永恒的面向是摒除所有依据时间概念来思考的当下一刻。假如你不能在此刻拥有永恒，你也不可能在别处找到。**天堂的问题是，因为人在那里太快乐了，以至于想不到永恒，你只会沉浸在无尽的上帝喜悦中。但是此时此地在一切事物中体验到的永恒，不论是善恶，都是生命功能的展现。

莫：这就是永恒。

坎贝尔：这就是永恒。

THE POWER OF MYTH

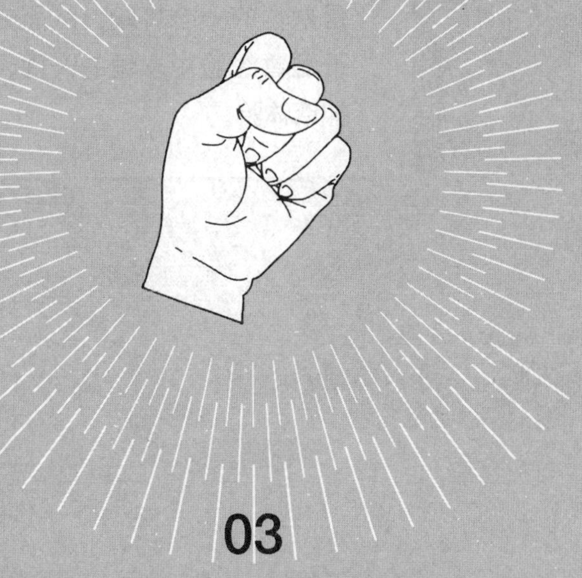

03

人生就是一场神话体验

THE POWER

● 从狩猎民族时代开始，人类开始感受到神话想象力的震荡。对死亡和坟墓的思考，展现出短暂人生相对于永恒力量的关系。能意识到你的生命是永恒的一个片段，从而去体验存在于短暂经验中永恒的一面，就是一种神话体验。

OF MYTH

死亡意象是神话的开端

莫：诗人威廉·华兹华斯（William Wordsworth）在他的诗中写道，

“我们的出生不过是沉睡，是忘却：

随我们而升起的灵魂，生命的星，

曾在别处沉落，

它经过了迢迢路程。”[①]

你同意他所说的吗？

坎贝尔：我同意。我们体内的神经系统携带着记忆，不会全然忘掉，这些记忆会依据特定的环境及有机组织的要求，来塑造人类神经系统的组织。

① 译方引自［英］华兹华斯：《我孤独地漫游，如一朵云》，秦立彦译，人民文学出版社，2021年。——编者注

莫：我们的灵魂受到古老神话怎样的正面影响呢？

坎贝尔：古老神话是用来平衡身心的。心会乱跑并且妄想一些身体不需要的东西，神话和传统仪式都会帮助将心抓回来，使其和身体保持和谐一致，同时也使我们的生活符合自然之道。

莫：这么说来这些古老的故事是活在我们心里的吗？

坎贝尔：确实是。今天人类发展的各个阶段和古时候完全一样。小时候你的成长环境要求你要有规律，要服从，而且你依赖他人。当你长大后，这些都必须要超越。你不再依赖别人生活，你的生命基础是一种自己对自己负责任的主体。如果你无法跨越这个门槛，你就会积攒起神经病的病根。在长大有了自己的世界之后，你会进一步面临将过去解散、与过去脱离关系的危机。

莫：最后是面对死亡的危机。

坎贝尔：没错，最终极的危机是要面对死亡。这是终极的脱离。**神话必须要能担负这两层目标，首先是引导年轻人进入自己的内心世界，那就是民间传说的功能，然后要将自己与过去脱离。**民间传说是将基础概念的外壳敲开，而这个基础概念将引导你进入你的内心世界。

莫：经由神话我知道，人是如何走过他们成长的路径的，我也因此能够走过我自己的历程。

坎贝尔：正是如此，而且神话也能为你指出人生道路上的美妙之处。在我迈入人生最后几年时，我更能感受到这一点。神话协助我度过晚年。

莫：是哪一种神话？可否举一个确确实实帮助过你的例子。

坎贝尔：以印度传统为例，在你由人生的一个阶段迈进另一个阶段时，神话帮你改变了你的穿衣方式，甚至改变了你的名字。在我退休后，我知道我必须创造另一种生活方式，并且改变对生活的思考模式，我很清楚自己这么做是因为我了解到自己应该离开成就的领域，进入享受和领会的领域，并且完全放松，去体会后者的奇妙之处。

莫：接下来是通往黑暗大门的最终道路。

坎贝尔：那完全不是问题。一个人中年时期的身体状况已经过了顶峰并开始走下坡路，这时人生的问题不是认同你的身体，因为这个身体已经逐渐衰退，你需要意识到身体只不过是一个工具而已。这就是我从神话中学习到的，也就是"我是谁"的问题。我应该是一个发光的灯泡呢？还是光亮本身呢？而灯泡只充当我的工具。

人变老之后的心理问题之一是恐惧死亡。人们害怕通往死亡的那扇门。然而，这个身体只是意识状态的工具，如果能够认同自己的意识状态，你便能看到这具身体像一部旧车一样慢慢变旧，先是挡泥板脱落了，接着是轮胎，一样接着一样，但是这些都是可以预期的。逐渐地，整个身体不再工作了，当身体的意识状态再度加入心理的意识状态，你的身体便离开这个世界了。

莫：这么说来，神话和年龄的增长有关了？但许多神话故事谈论的都是美貌健硕的年轻人。

坎贝尔：没错，希腊神话是以年轻人的主题为主的。一般人提到神话，通常是指希腊神话或是圣经神话。这两种文化倾向于把神话素材人性化，因此，神话里有很浓烈的人的色彩。尤其是在希腊神话中，特别彰显人性及颂扬青春之美。

但这两种神话也认同年龄增长的优点。有智慧的老人会在希腊神话的世界中出现，而且圣人也是一个备受尊重的角色。

莫：在其他文化中呢？

坎贝尔：其他文化并不那么强调青春之美。

莫：你说过死亡这个意象是神话的开端，你指的是什么？

坎贝尔：神话思考的最早证据都是和坟墓有关的。

莫：这些神话中先是提示人看到了生命，接下来又看不到了，因此他们怀疑那是什么？

坎贝尔：神话的发展必定是这样的。你只要想象自己死后会怎样便可以了。坟墓将人类武器及陪葬者埋在一起，以确保生命的延续。这同时也表示在你之前，这里曾经有一个温热的、活生生的人，虽然他现在已经冷冰冰地躺在这里，并且开始腐烂了。有个东西过去在这里，而现在不在了，那它到哪里去了呢？

莫：你认为人类什么时候开始觉知到有死亡这件事？

坎贝尔：人类一存在便有死亡，因为人类会死去。动物有目睹它们伴侣死去的经验，但据研究所知，动物并没有进一步思考这个问题。人类也是一直到旧石器时代尼安德特人才开始以严肃的态度面对死亡，因为那时的葬礼，人们已经开始拿武器及动物来陪葬。

莫：陪葬的东西代表什么？

坎贝尔：我不知道。

莫：猜猜看！

坎贝尔：我尽量不去猜测，人类已经拥有大量关于死亡的资料，但这些资料只有有限的参考价值罢了。因此，除非你拿到记录完整的资料，否则便无法知道来龙去脉。我们得到的只是一些遗留下来的蛛丝马迹，你可以自己加入其他资料来推算，但这么做很危险。可以确定的是，埋葬这个行为包含以下概念：第一，在有形的生命之外还有一个无形的生命；第二，在有形的层面背后，还有一个无形存有的层面，并且是有形层面的支柱。我敢说那就是所有神话的基本主题，即有一个无形层面支撑着有形层面。

莫：我们所不知的支持着已知的。

坎贝尔：没错。这个无形支柱的概念，和一个人生活的社会是有关联的。这个社会在你出生之前便已经存在，在你死后仍会继续存在，而你只是其中的一分子，部落神话就是将个人和族群连接在一起的神话，它告诉人们，个人是有机体中的一个器官。社会本身是另一个更大有机体的小器官，这个更大的有机体就是一个部落活动的空间和世界。所有仪式的主题都是在联结个人与一个较大的形态结构，更甚于联结个人与自己有形的躯体。

人类靠杀生生存下去，随着杀生而来的是一种罪恶感。埋葬一个人所隐含的意思是，我的朋友已经死了，他会在另一个世界继续生存。我所杀掉的动物也必定生存在另一个世界。早期的狩猎民族一直有动物神性的说法，学术性的名词是“动物头目”，也就是身为首领的动物。这只动物头目送来一群动物供猎人所杀。

最基本的狩猎神话是关于动物世界与人类世界之间的盟约。动物愿意付出它们生命的基本假设是，它具有超越物质的实体，在通过某些复活仪式后，它们会回归到土地或母亲那里。而这种复活仪式和一个民族主要猎杀的动物有关。对美洲大平原的印第安人而言，他们最主要的动物便是美洲水牛。而在美国西北海岸，所有重大节庆都和鲑鱼的移动有关。在南非，外表庄严华丽的南非大羚羊则是最主要的动物。

莫：最主要的动物是什么意思？

坎贝尔：就是食物的最主要来源。

狩猎神话：动物与人类之间的盟约

莫：这么说来，在早期的狩猎社会里，人类与动物之间存在一种密切的关系。这种关系要求其中一方必须被另一方所吞噬。

坎贝尔：那是生命的本质。人类是一个狩猎者，而猎人是一种肉食动物。在神话中，肉食动物和被捕杀的动物分别扮演两个很重要的角色。他们代表生命的两个层面，一个是生命积极、宰杀、征服和创造的层面，另一个则是物质层面，或者称之为臣属的物质。

莫：这就是生命本身。那么，在猎人与被猎杀者的关系上，又有怎样的变化呢？

坎贝尔：从非洲南部布须曼人（Bushmen）的一生，以及美国原住民与美洲水牛的关系上可以得知，这是一种相互崇敬尊重的关系。

举例来说，布须曼人一辈子生活在沙漠里，这是一种非常艰苦的生活，在这种环境内狩猎是非常困难的，沙漠里几乎没有树木可用来制造大量的有力的弓箭。因此，布须曼人用一种很小的弓，搭配使用的箭只能射出不到27米远。这种箭的穿透力很弱，顶多只能射破动物的皮肤，但是布须曼人将一种剧毒毒药涂在箭头上，被射到的美丽动物——南非大羚羊会在一天半之后中毒死去。被射中的动物因剧毒在痛苦中死去后，猎人必须通过一种神秘的仪式，来完成某些必须做的事情或避免某些禁忌。

换言之，动物死去了，这些死去的动物已经变成猎杀者的食物，而且它们的死是猎人带来的。仪式中包含一种视为一体的认同感，也就是一种神话上的认同。杀生不仅仅是杀戮，它是一种仪式，就像吃的仪式一样，你在餐前先祈求恩典。一个仪式是为了使你意识到自己的依赖性，在这里，你依赖于主动献出自己生命的动物而得到食物。狩猎本身就是一个仪式。

莫：仪式表现出一种精神层面的真实。

坎贝尔：它表现出与自然一致的行为，而不仅仅是个人的冲动。

有人告诉我，布须曼人述说动物的故事时，会模仿不同动物的口型，发出动物的声音。他们知道有关这些动物的详细知识，并且与它们保持友善和睦的关系。

接下来他们会杀掉一些动物来吃。有些经营牧场的人会在牧场所养动物之外，特别养一头母牛当宠物。他们绝不吃这头母牛，因为吃朋友的肉是一种残忍的行为。但是土著人一直有吃朋友的肉的传统，因此他们需要某种心理的补偿行为，神话可以在此提供协助。

莫：如何做到呢？

坎贝尔：早期的神话协助你在精神上参与生活中必要的行为而免除罪恶感或恐惧。

莫：而这些伟大的故事持续提到这种生命的动力，即狩猎、猎人、被猎杀的动物、作为朋友的动物和作为上帝使者的动物。

坎贝尔：是的。一般而言，被捕食的动物成为代表圣灵使者的动物。

莫：而人类成为杀掉使者的猎人。

坎贝尔：是杀掉神的猎人。

莫：这会带来内疚吗？

坎贝尔：不，**神话要消除的便是内疚**，杀掉动物不是个人行为，你是在完成大自然的工作。

莫：神话是要消除人类的内疚。

坎贝尔：没错。

莫：一个人在杀生时，一定觉得有抗拒感，但你不是真的想要杀掉那只动物。

坎贝尔：动物是父亲。弗洛伊德学说认为，**男人的第一个敌人是他的父亲。在小孩子的心中，每个可能的敌人都和父亲这一形象有关联。**

莫：你是说，动物变成以父亲形象出现的神？

坎贝尔：没错。在宗教上，对待动物是一种崇敬且尊重的态度，更进一步说，应该遵从动物带来的启示。真的应该如此，因为动物为人类带来了太多礼物——烟草、神秘的烟斗还有其他许多东西。

莫：你认为杀掉代表神明的动物，或是杀掉代表上帝使者的动物，会给早期人类带来困扰吗？

坎贝尔：绝对会，所以才有仪式。

莫：哪种仪式？

坎贝尔：安抚并感谢动物的仪式。比如说，在熊被杀死之后会首先有一个仪式，喂那只死熊一块它自己身上的肉。接下来会有另一个小小的仪式，在仪式中将熊的毛皮挂在一个架子上，让它保持站立的姿态，看起来好像自己端出自己的肉献给人类当晚餐。同时，有一把燃烧的火代表女神。接下来山神，也就是那只熊，和火的女神之间有一段对话。

莫：它们说些什么？

坎贝尔：没有人知道，也没有人会听到，确实会有一小段社交性的对话。

莫：如果不安抚穴居的熊，动物们便不会再出现，原始的猎人便会饿死，于是他们领悟到一种赖以生存的力量，一种超越人类的力量。

坎贝尔：没错，动物头目的力量使得动物自愿参与这个游戏。你在全世界不同的狩猎民族身上，会发现他们与主食动物之间的关系都非常亲密，而且他们都非常感激主食动物。在我们坐下来用餐之前，我们感谢上帝赐予我们食物，而狩猎民族则感谢动物。

莫：借着礼遇动物的仪式来安抚动物，这就好像在市场里贿赂屠夫一样。

坎贝尔：我一点也不觉得这是贿赂。这是感谢一个朋友，因为他愿意在一项互惠关系中与你合作。如果你不感谢它，这个物种就会不高兴。

捕杀动物也遵循着特定的仪式。在猎人出发猎捕动物之前，他会到山顶上画一幅他要捕杀的动物图像。猎人画图的那片山顶，必须是清晨第一道阳光照到的地方。当太阳升起时，猎人和他的同伴早已等在那里准备举行仪式。当第一道阳光照到动物的画像时，猎人会射出一支箭，穿透阳光，插在动物的画像上，这时旁边的一个女人会举起手来大声呼啸。接着猎人便出发去打猎了。他最终射在动物身上的部位，一定要和他射在动物画像上的部位完全一致。第二天太阳再度升起时，猎人要擦掉动物的画像。这整个过程都是为了遵循大自然的秩序，而非出于猎人个人的意图。

还有一段来自完全不同社会的故事。这是一个有关日本武士的故事。日本武士的使命是去向谋杀他主人的凶手报仇。他逮到凶手，并打算用武士刀杀死这个凶手。这时凶手已经被逼到墙角，恐惧万分，情急之下，他向武士脸上吐了一口痰。这时，武士竟然将刀插回刀鞘中转身走开了。

莫：这是为什么呢?

坎贝尔：因为他被激怒了。此时他会因愤怒而杀人，这便成为一种个人行为了，不再是为主人报仇，而他的本意并不是为了个人的私欲而杀人。

莫：你认为这种非个人行为的态度，在大草原猎人的精神中是否占有一定分量呢?

坎贝尔：绝对是的。杀掉一个人并且将他吃掉，这难道不是一个道德问题吗?你要知道猎人对动物的看法和我们对动物的看法不一样。我们认为动物是次于我们的物种，在他们眼中，动物和人类至少是平等的，有时候甚至在人类之上。

动物拥有人类所没有的力量。举例来说，巫师经常会有一只和他很亲近的动物。也就是说，某些动物是巫师的支撑力量及精神导师。

莫：如果人类能想象，并且看到和动物关系之中的美妙之处，且能从其中创造出妙处来，那么他们是否就优于动物了呢?

坎贝尔：我认为猎人要求的是平等，而不是高动物一等。人类向动物寻求忠告，因此动物成为人类生活的典范。在这种情况下，动物是高人类一等的。有时候动物是仪式中的施予者，就像在有关水牛来源的传奇中一样。比如说，黑脚部落的古老传奇便显示出这种平等关系。这是一个关于水牛舞仪式的原始传奇，在这个仪式中，黑脚部落祈愿和动物有这种合作关系。

莫：那是怎样的关系呢?

坎贝尔：这个故事起源于如何为一个庞大的部落找寻食物的问题。为漫长的冬季取得肉食的方法之一，便是引导一群水牛穿过一片石头峭壁，水牛因此跌倒在地，印第安人便能轻而易举地杀死水牛。这就是大家熟知的水牛的灭亡。

这个有关黑脚部落的故事流传了很久。黑脚部落的人一直无法让水牛走下悬崖，水牛总是走到悬崖边就转身回去。看来黑脚部落今年没有足够的肉过冬了。

部落中有个叫明尼荷花的女孩，有天起个大早去取水，准备给全家人用。她凑巧抬起头看向悬崖，上面有许多水牛，她便对它们说："如果你们愿意走下来，我就嫁给你们中的一个。"

出乎她的意料，水牛开始往下走。更令人惊讶的是，一只充当巫师的老水牛向她走来说，"好了，姑娘，我们走吧。"

"不，我不要。"女孩说。

"你别无选择，"老水牛说，"你已经承诺了。我们水牛在这桩交易中遵守了我们的承诺，你看我的同伴，都死了。我们走吧。"

女孩的家人起床后，发现明尼荷花不见了，她的父亲向四周看了看，由于印第安人有分析脚印的本领，于是他说，"她和一头水牛跑了，我要去把她找回来。"

他穿上鞋，带着他的弓和箭出发穿过了平原。在他感到疲倦、觉得最好坐下来休息一下时，才发觉自己已经走了很长的一段路。他坐下来休息，同时考虑下一步该怎么办。这时飞来了一只喜鹊，这是最聪明且能预知未来的一种鸟。

莫：魔法般的特质。

坎贝尔：没错。因此印第安人问它，“啊！美丽的鸟儿，我的女儿是不是和一头水牛私奔了？你看到她了吗？你愿不愿意帮我在四处找一找，看看能不能在大草原上找到她？”

喜鹊说，“是的，我看到一个可爱的女孩和一只大水牛在一起，就在前面不远处。”

“好的，”明尼荷花的父亲说，“你可不可以去告诉她，她爸爸在水牛打滚的泥地里等她？”

喜鹊向前飞去，找到了女孩，她正和一群水牛待在一起，那些水牛都睡着了，而女孩正随手编织着什么。喜鹊飞过去对女孩说，“你爸爸在那片水牛打滚的泥地里等着你呢。”

“啊，”她说，“这太可怕了，那里很危险，这些水牛会杀死我们的，你让他等一等，我会努力到那里去见他。”

她的水牛丈夫正好在她背后，它醒过来并且将头上的角取下来，递给女孩说，“到那泥地去，帮我取些水来喝。”

于是，她拿着水牛角走了过去，看到她爸爸果然在那里，父亲一把抓住女孩的手臂说，“快跟我来！”

女孩却说，“不，不，不！这太危险了，整群水牛都会追过来的。我必须想个办法，现在先让我回去。”

她拿了一些水，回到水牛那里去。水牛哞哞地说，“我闻到一个印第安人的鲜血味。”女孩说，“不，没有的事。”水牛说，“不会错，肯定有！”然后他大吼一声，接着所有的水牛都醒过来了，接着它们一起跳起舞来，一种很慢的水牛舞，跳舞时，水牛的尾巴竖起来，接下来他们走到泥地那里，把那个可怜的男人踩死了，一直踩到男人的尸体完全无迹可寻为止。他完全被踩成了碎片，完全看不到了，女孩一直哭，她的水牛丈夫说，“你哭了。”

“当然，”她说，“那是我爸爸。”

水牛说，“那我们该怎么办？在峭壁底下死去的都是我们的孩子、我们的妻子、我们的父母，而你才死了一个爸爸就哭成这样。”话虽这样说，但是，这头水牛心怀慈悲，他说，“好吧，如果你能让你爸爸活过来，我就放你走。”

女孩对那只喜鹊说，“你在附近转一转，看看能不能找到一丁点我爸爸的残骸。”那只喜鹊照做了，它最后带回来一块脊椎骨，就只有一小块骨头，女孩说，“这就够了。”她将骨头放在地上，用毛毯盖了起来，唱起一首让死者复活的歌，这是一首有伟大力量的魔法歌谣。紧接着，毛毯底下躺着一个男人，她看了一下，“没错，那是我爸爸！”但是还没有呼吸，她继续唱了几节，男人站起来了。水牛很讶异，它们说，“很好，你何不把死去的水牛都救活？我们教你跳水牛舞，将来如果有人杀死我们的家人，你便跳水牛舞，唱这首歌，我们就全都活过来了。”这就是其基本概念，**即透过仪式达到一个超越无常的层面。生命出自这个层面，再回到它来的地方。**

莫：100 多年前白人来到北美洲，并且屠杀了水牛这种神圣的动物，那时的事情是怎么发生的？

坎贝尔：那是违反圣礼的行为。19 世纪早期，乔治·卡特林（George Catlin）[①]画的许多关于美国西部大草原的作品中，都有水牛，证明在卡特林的时代，确实有成千上万的美洲水牛分布在这片大平原上。但在接下来的半个世纪内，拓荒者带着来复枪，屠杀掉整个水牛族群，剥下水牛皮去卖，任由尸体

① 1796—1872 年，美国民族学家兼艺术家。——译者注

腐烂。这是亵渎的行为。

莫：他们的行为将人类对水牛的称呼由“你”——

坎贝尔：——由“你”改为“它”。

莫：印第安人称呼水牛时用“你”，这是他们崇敬水牛的表现。

坎贝尔：印第安人对所有生命都以“你”相称，包括树、石头和每一样东西。一旦你用“你”称呼任何东西，你就能感觉到心理状态的转变。一个看到“你”的自我和一个看到“它”的自我是不一样的。一个国家和另一个国家打仗时，媒体所犯的错误常常是称呼敌对国家的人民为“它”。

莫：这样的情况，不也发生在婚姻和孩子身上吗？

坎贝尔：有时候将“你”转换成“它”，你便无法明白这是个怎样的关系。印第安人和动物的关系，和我们美国人与动物的关系大不相同，美国人视动物为次一等的生命形态。圣经告诉我们人类是世界的主人。然而就像我说过的，对狩猎民族而言，动物在许多方面优于人类。一位波尼族（Pawnee）印第安人[①]说过：“**在所有事物的开始，智慧和知识与动物同在。**因为提拉氏天神从不与人类直接交谈。他派特定的动物下来告诉人类，他通过四只脚的动物将自己现身在人类面前。而人类应该向动物、星星、太阳和月亮学习。”

莫：这么说来，从狩猎民族时代开始，人类开始感受到神话想象力的震荡，也

① 原居住于美国堪萨斯州与内布拉斯加州的印第安人。——译者注

就是事物奥秘的震荡。

坎贝尔：没错，那是伟大艺术的涌现，神话想象展现出的形式都可一览无遗。

莫：眼睛看着原始艺术作品，心中想到的不是艺术本身，而是创造这些艺术的男女。你有过这样的体会吗？我自己曾经猜想，他或她是谁？

坎贝尔：这就是在走入古代洞穴时震撼你的想法。他们在创造这些形象时在想什么？他们是怎么爬进洞里的？他们在洞里怎么能看得清？他们的唯一光源只是一支闪烁摇曳的小火炬。

关于美这个问题，这种美是刻意造成的吗？还是某个东西很自然地表现出美丽的灵魂？鸟儿的歌声之美是故意造成的吗？还是它只是在表达鸟儿本身，即鸟儿灵魂之美？我在看这种艺术作品时常会想这些问题。那种所谓艺术家的动机，表现到什么程度，我们才会说那是“美学”？到什么样的程度，我们才会说那是“有含义的”？又要到哪种程度，洞穴艺术只是他们学习去表达的对象？

一只蜘蛛结了一张美丽的蜘蛛网时，这份美来自蜘蛛的天性，那是一种本能的美。人类生活中的美，有多少是有关人类生命本身的美？其中有多少美是有意识的或是有计划的？这是一个很大的问题。

莫：你第一次看到这些洞穴壁画时的感受，现在还记得吗？

坎贝尔：你会不想离开那里。你走入一间画满彩色动物的硕大无比的房间，就好像走进一间大教堂。那里面的漆黑程度是你无法想象的。我们带着电灯，但是有几回导游把灯关掉了，我从没有待过比那更漆黑的房间。要怎么来形容呢？

那感觉就好像你与外界完全隔绝，你不知道自己身处何方，向任何方向看去都是一片漆黑，没有任何光源，你处在一片从没见过阳光的黑暗中。当电灯再度打开时，出现在你眼前的就是这些彩色的动物。它们像是用极具生命力的颜料画在丝绸上的日本浮世绘。其中一只公牛足有 6 米长，它的腰部正好画在石壁上一块突起的地方。印第安人在作画时考虑到了整体情况。

莫：你把它们称作“洞穴庙堂”。

坎贝尔：没错。

莫：为什么？

坎贝尔：庙堂是心灵活动的空间与世界。当你走入一间教堂时，你是进入一个充满精神影像的世界。它是你精神生活的发源地，就像教会的本部（mother church）。周围所有的物品都彰显着精神价值的意义。

在一间教堂内，图像具有神人同形的外貌。上帝、耶稣及圣徒都具有凡人的外形。而在印第安人的洞穴中，所有形象都以动物的外貌出现，但它们是同一件事。外在形象是次要的，所传递的信息才是重要的。

莫：这些来自洞穴的信息呢？它们重要吗？

坎贝尔：洞穴壁画所传递出的信息，表现出一种短暂人生相对于永恒力量的关系，这种关系必须在那个特殊地点才能体验到。

莫：那些洞穴原来有什么用途呢？

坎贝尔：学者推测这些洞穴和男孩加入狩猎行动的入会仪式有关，男孩子不仅要学习如何打猎，也要知道如何尊重动物，要知道必须完成什么仪式，以及如何在生活中不再孩子气，而表现出成年男子应有的行为。狩猎是非常危险的。这些洞穴最初是男子成人仪式的圣殿，在这里，男孩不再是他们母亲的儿子，而成为父亲的儿子了。

参加一场仪式，便参与了一个神话

莫：如果我小的时候去参加一个这样的入会仪式，我会经历什么？

坎贝尔：没有人知道印第安人在洞穴中做了些什么，只能拿澳洲土著的情况做参考。当小男孩到了有点叛逆的年龄，就会有几个男人在一个风和日丽的日子来到他家。这些男人全身赤裸，只在身上用自己的鲜血粘上一些白鸟的软毛。他们手中挥舞着牛吼器[①]，代表灵魂的声音，而这些男人则代表精神的抵达。

男孩首先会向他的妈妈寻求庇护，她会假装试着要保护他。但是男人硬生生地就把他带走了。从此小男孩不能再回到母亲身边，他进入了人生新的阶段。

接下来男孩们会被带到男人的圣地，在那里他们要经历一连串痛苦的经验，割礼、成人礼、喝人血等。就像在婴儿时期喝妈妈的奶一样，现在他要喝男人的血。男孩因此转变成男人了。在这一切进行的过程中，他们看到神话情节的制订，他们受到部落神话的指引。在成人礼结束后，男孩被带回村子去，将来要嫁给他的女孩也已经选定。这一次，男孩是以一个男人的身份回到村子。

① 系上绳子旋转即鸣的一种宗教仪式用品。——译者注

男孩已经离开他的孩童时代，也已奉献出原来的身体。割礼及成人礼过后，现在男孩所拥有的是男人的身体，进行过这么一场仪式之后，他不太可能再回到孩童时代了。

莫：不再回到妈妈那里去。

坎贝尔：不可能了。在当今生活中，已经没有这样的事情了。反而是有人已经45岁了还要服从父亲，不得不找心理医生帮他完成长大成人的工作。

莫：他可以去看电影。

坎贝尔：在现代社会，要找到一个再度呈现神话的东西，便是电影了。只是在拍电影的过程中，并没有加入和原始部落仪式相同的思考过程。

莫：电影确实没有这种思考过程。但是因为大部分成人仪式都消失了，呈现在银幕上的是一个想象中的社会，虽然不完美，但也提供了说故事的功能。

坎贝尔：没错。但是写剧本的人并没有意识到他们的社会责任，这是现代人的不幸。这些故事创造了生命也毁灭了生命。但是电影将这一切简化，只是为了赚钱，一个神职人员执行一项仪式时的责任感已经不存在于今日社会了，这就是当代的问题。

莫：这样的仪式已经完全消失了吗？

坎贝尔：我想是没有了。年轻人只有去创造他们自己的仪式，因此出现了帮派，那些都是自我设计的成人礼。

莫：这么说来，神话直接和典礼以及部落仪式产生关联，缺乏神话，仪式也就消失了。

坎贝尔：**仪式是神话的实际表现。参加一场仪式，就好像参与了一个神话。**

莫：神话的缺乏，对今日社会中的年轻男子而言，代表了什么？

坎贝尔：坚信礼（Confirmation）是这些传统仪式的现代版。作为一个天主教徒，一个男孩子可以选择自己的教会名字，也就是要被坚信的名字。但是在仪式进行的过程中，你不用奉献自己，牙齿也不会被打断，其他的仪式都取消了。取而代之的是，主教会对你笑一笑，拍一拍你的脸颊，仪式就结束了。古代仪式已经简化成上述过程，没有任何事会发生在你身上。犹太教也有相应的成人礼。它是否真的能够促成一个人心理的转化，我猜要视情况而定。但在古代这是完全没有问题的，那时候，一个男孩子走进教堂里，再出来时便是一个男人了，他是真的经历了一些过程。

莫：那么女性呢？洞穴庙堂中画的大部分都是男性，那是某种男性的秘密结社吗？

坎贝尔：那不是秘密结社。它是一个男孩子必须经历的过程，发生在女性身上的情况无从考证，因为可以提供证据的信息太少了。但在今天的主流文化中，女孩子的月经初潮便是她成为女人的标志，月经降临在她的身上，这是大自然在她身上发生的作用。而什么是她的成人礼呢？通常她只要在一间小木屋中坐几天，便明白自己变成女人了。

莫：这个成人礼如何进行呢？

坎贝尔：她坐在那里，便已经是个女人了，然而什么是女人呢？女人是生命本身的表现形式。生命已经侵入她体内，女人就是生命的全貌，女人将生命带到这个世界上，并且养育生命。她与大地女神的力量是一样的，她对自己的这一能力必须要有所认同。男孩子没有这样的身体变化，因此他必须被迫变成一个男人，而且要自愿服侍某个比他庞大的事物。

莫：就我们所知，这是神话想象力开始发挥作用的地方。

坎贝尔：没错。

莫：那个时期的重大主题是什么？是死亡吗？

坎贝尔：死亡的奥秘是其中一个。死亡可以解答部分关于生命奥秘的问题。因为死亡和生命是同一神秘主题的两个不同层面。另一个关注的主题，是死亡这个谜题和动物世界的关系。动物世界是个死而复生的世界。

接下来是取得食物的动机。女人与大自然的关系便存在于这一动机中。接下来我们要考虑小孩如何变成大人的问题。这是人类仪式生活中的基本关怀。现代社会中便存在这一问题。因为小孩只表现一种来自大自然的无邪冲动，所以要花很大的工夫才能将难以管束的小孩变成社会的一分子。社会无法忍受任何不遵守规则的人，社会不能支持他们，而且会毁了他们。

莫：因为他们威胁到整个社会的安危？

坎贝尔：当然喽！不守规则的人就像癌细胞。这些部落族群一直都生活在生存的边缘。

莫：而在生存边缘之外，他们也开始探讨基本问题。

坎贝尔：没错。但是他们面对死亡的态度和我们截然不同。他们会很认真地看待一个超越的世界。

莫：古代部落仪式的另一重要功能，是促使个人成为部落的一分子、社区的一员、社会的一部分。但在西方文明的历史中，将个人从社会中分离的情况一直在扩大，“我”第一，个人优先。

坎贝尔：我不认为这点一直是西方文明的特色，因为这种分离并不只是分离一个个体。直到最近，西方文明一直从其他文化中引进精神层面的素材。如果有机会看看过去美国总统就职典礼的新闻影片，你会发现一直到威尔逊总统时代，美国总统都戴着一顶很高的礼帽。其实，美国总统平常不戴这种高礼帽，然而以总统的身份出现时，他的打扮必须要配合这个角色的仪式层面。现在的美国总统会在打完高尔夫球之后，慢条斯理地走进来，让全屋子的人等他一个，坐下来之后又只会和你谈论我们该不该使用原子弹之类的话题。以前完全不是这样的。

仪式一直在简化。在罗马天主教会中，甚至连来自仪式语言的“弥撒”这个词，都被改为和本土更有关的字眼。在拉丁语中，弥撒的意思是将你抛出家庭生活。圣坛应该是转过来的，因此神父是背对着你的，你便随着他表达出自己。然而现在圣坛被转了一个方向，使得它看起来就像朱莉娅·蔡尔德（Julia Child）[①]在示范如何料理美食一样，看起来很家庭化，很温馨。

莫：这些神父还弹吉他呢？

① 美国著名美食家及烹饪家。——译者注

坎贝尔：对，他们还弹吉他。他们忘了仪式的功能是要将你抛出去，而不是将你拉回到你一直生活的地方。

莫：婚礼也是将你抛给另一个人。

坎贝尔：确实是这样的。可惜的是，过去曾传递内在现实的仪式，现在都只是徒具形式。这种情形发生在社会仪式上，也发生在个人的结婚仪式上。

莫：我现在能明白为什么对很多人而言，宗教指引在某种意义上已经变成一项无用之物了。

坎贝尔：提到仪式，不得不说，我们生活中有太多的仪式都消失了。研究这些原始、基本的文化是件极其有趣的事。你会知道他们如何将民间传说及神话，随时根据不同的环境来调整。举例来说，一个原本以植物为主要食物的民族，离开原来生活的环境到了大平原上，原先的神话便不适用了。像在美洲大平原上以骑猎为生的印第安人，其祖先是来自密西西比河文化的。他们或是住在密西西比河岸上适于居住的小镇，或是住在以农业为基础的村落里。后来因为他们从西班牙人那里交换到马匹，他们有能力向外到大草原探险，并且有机会去猎捕水牛。他们原始的植物神话在这个时期便转型为水牛文化，在达科他（Dakota）印第安人、波尼族印第安人、基奥瓦（Kiowa）印第安人[①]及其他一些古老的印第安人神话中，都可以追溯出有关早期植物神话架构的蛛丝马迹。

莫：你是说环境可以塑造神话？

① 美国西南的一支印第安人。——译者注

坎贝尔：你要知道人们是会对环境有所反应的，但是现在的西方传统对环境毫无反应。这种传统来自别处，是自公元前1000年开始的。从此它再未消化吸收当代文化的特质、可能出现的新事物以及对宇宙的新观点。

神话必须被保留下来。而能够把神话留存下来的人，必然是艺术家。艺术家的使命是将这个环境和世界以神话方式表达出来。

莫：你的意思是说，艺术家是制造当代神话的人？

坎贝尔：古代制造神话的人，在今天相当于艺术家。

莫：艺术家在墙上作画，他们是在演出仪式。

坎贝尔：没错，在德国有一个古老浪漫的概念——民俗诗歌（das Volk dichtet）。意思是传统文化的概念和诗篇来自民间。但实际上不是这样的，实际上，他们是一种精英的体验，是记录一群有特殊天赋者的体验。这些人能够听得到宇宙之歌，能够以大众的语言说话，而大众的反应也能够被他们接受。尽管如此，形成民俗传统的最初动力，绝对是来自上层而非底层。

莫：在你所提到的早期基础文化中，哪些人相当于我们今天的诗人？

坎贝尔：那些巫师。巫师可能是男人或是女人，这些人在童年晚期或青少年早期经历到无与伦比的心灵体验，因此，他们转向探寻内在心灵世界。这是一种精神上的突破，人的整个无意识全都打开了，而巫师便一头栽下去，这一类体验的记载在西伯利亚、美国到火地岛都有。

莫：心灵上的狂喜也是其中之一。

坎贝尔：是的。

莫：布须曼人的梦幻舞（trance dance）就是一个例子。

坎贝尔：有一个很奇妙的例子。布须曼人住在沙漠里，日子过得非常艰苦，男女界限清晰，社会规范严明。只有在舞蹈时，男女才会在一起。他们在一起的方式是这样的，女人坐着围成一个小圆圈，或是坐在一起聚成一堆，并且拍打着自己的大腿，为围着他们跳舞的男人打拍子，男人则绕着以女人为中心的圆圈跳舞。你看，女人用歌声及拍打着大腿的节拍，掌控舞蹈及男人的每一步。

莫：女人掌控舞蹈的意义是什么？

坎贝尔：女人是生命本身，男人是生命的奴仆。这就是舞蹈的基本概念。绕圈的过程整个晚上都在进行，其中一个男人会突然昏倒，这是一种我们所谓神灵附身的体验。而这种体验被形容成一道闪光或雷电，突然通过骨盆，一直冲进脊椎，再进入大脑。

莫：这就是在你的著作《动物生命力之道》中所描述的。

坎贝尔："当人们唱歌时，我跳舞。我进入大地中，我走进一个地方，这个地方是大家喝水的地方。我走了一大段路，很远的一段路。"他这时已经进入了神秘体验，以上是这种体验的描述。"当我冒出来时，我已经在爬行。我沿着线爬，这些线位于南方。我爬过一条线，然后离开它，再爬过另一条，然后我离开它又再爬过一条……而当你来到神的地方，你使自己变得渺小，再渺小，在这里你变得无足轻重。你在那儿做你该做的事，然后你又回到众人所在之处，并且将你的脸藏起来。你把脸藏起来才不会看到任何东西。你出来，再出来，最后再度进入你自己的身体，所有在你后面的人都等待着你，他们也很害怕你。你进入大地中，然后又回来，回到你的身体。你说：'唏唏曦！'那是你回到自己身体的声音。接下来你开始唱歌。安腾（Ntum）大师就在附近。安腾是超自然的力量。他们拿来白粉并且吹向你的脸。他们扶着你的头，并且向你脸的两边吹。这样你才能够再活过来。朋友，如果他们不这样对你，你会死的。你刚死过，真的死了，朋友。这个安腾是我做的，这个安腾是我所舞的。"

我的老天！这家伙经历了另一个领域的意识状态。这种体验就好像在天空中飞翔一样。

莫：他成为巫师了。

坎贝尔：在布须曼人的文化中没有巫师，他变成了梦幻舞者，每个人都有体验狂喜状态的潜能。

莫：我们的文化中有没有类似的体验？我想到了美国南方文化中的重生体验。

坎贝尔：必定有的。这是一种由地球转化到神话意象、到神、到大自然力量之核心的一种真实体验。我对关于重生的基督教体验不清楚。我想中世纪梦想家的体验与此类似。那些人亲眼看到上帝，并且回来述说他们所经历的故事。

莫：有过这种体验的人有了喜悦至极的感觉，是吗？

坎贝尔：是的。

莫：你亲眼看过这种仪式吗？看过类似的事情发生吗？你体验过这种极度喜悦的感觉吗？

坎贝尔：我没体验过。我有认识的朋友常去海地，并亲自参与当地的伏都仪式。在仪式中他真的会被附身。并且伴有舞蹈，这种舞蹈会刺激产生狂喜的感觉。有一种古老的说法是，战争中人们会变得狂乱，这种说法也提及作战前夕士兵的感受。士兵在作战时是处于一种疯狂的状态，一种作战的癫狂状态。

莫：这是人能够体验到无意识的唯一方法吗？

坎贝尔：不是，其他方式则会使从来没有这种感觉的人，产生一种突破感，它突然“砰”的一声就这样发生了。

莫：而有过这种心理体验、这种惊异体验、这种狂喜体验的人，将会成为特异体验的诠释者。

坎贝尔：他们会传译神话生活的珍贵遗产，没错，你可以这么说。

莫：是什么力量把他们带入那种神秘体验呢？

坎贝尔：据我所知，黑麋鹿的经验，可能是回答这个问题的最佳答案。

你就是那座中央山脉

坎贝尔：黑麋鹿是一个大概 9 岁大的苏族（Sioux）[①]男孩，苏族是美洲大平原的一个伟大民族。这件事发生在美国骑兵和苏族正式发生冲突之前。男孩生病了，是心理疾病，这是一个典型的巫师故事。

这个男孩开始颤抖，接下来便不再动了。他的家人非常担心，并去请了一位巫师来。这位巫师在自己小时候也有过同样的经历。巫师扮演的是精神分析医生的角色，他要将男孩从这种混乱的精神状态中拉出来。但是这次巫师并没有将男孩从神的手中抽脱出来，反而帮助男孩与神感应起来。从精神分析的角度看来，这是两个不同的问题，我记得是尼采说的：**"小心在驱逐魔鬼时，也将你最好的东西丢掉了。"**在此，男孩接触到的神，我们暂且称呼他们是某种力量，便被保留下来了。他们之间的关系维系住了，没被切断。**有过这种体验的人，都成为他们同胞的精神导师和协助者。**

而发生在黑麋鹿身上的体验是，他能预见将发生在他族人身上的可怕事故。他把他预见的景象称之为民族的"箍"（hoop）。在他预见的景象中，黑麋鹿看到他民族的箍在许多箍之中。这究竟代表什么意义？至今我们仍不完全明白。他看到所有的箍彼此合作。所有的民族排成一个巨大的队伍。更重要的是，在这个意象中，他进入了一个充满自己文化象征的领域，并且从中消化吸收了这些意义。接下来他说了一句伟大的话，对我来说这是了解神话和象征性符号的关键。黑麋鹿说："我看到我站在世界的中央山脉上，一个全世界最高的地方。我可以看到这世界的景象，因为我是以神圣的世界眼光来看待它。"这个神圣的中央山脉就是南达科他州的哈尼峰。接着他说，"这个中央山脉无

① 北美印第安人的一个大族，主要居住在今日美国西部。——译者注

所不在。”

这段话显示出他真正了解神话，并且区分出当地人对哈尼峰的偶像崇拜，和将哈尼峰视为世界中心的隐含意义。世界中心是世界之轴（axis mundi），是中央点，是一切皆绕其旋转的轴。**世界中心是动静集中的点，动是时间，静是永恒。能意识到你的生命是永恒的一个片段，而去体验存在于短暂经验中永恒的一面，就是一种神话体验。**

因此世界的中央山脉是在耶路撒冷、罗马、瓦拉纳西、拉萨，还是墨西哥呢?

莫：这个印第安男孩指的是所有光线会聚于一个闪光点。

坎贝尔：这确确实实是他要说的。

莫：而他说上帝是不受边界限制的?

坎贝尔：哲学家重复阐述了对上帝的定义，他们认为上帝是一个能够被理解的领域，是心而不是感官所能知悉的领域，也就是处处皆是中心，而又没有边界。这个中心正是你现在坐的地方，另一个中心则在我坐着的地方，我们两个都是这个奥秘的体现。这是个很好的神话理解，这种理解能够让你知道你是谁，你有什么感受。

莫：所以它是一种隐喻，真实的一种意象。

坎贝尔：没错，如果你无法了解在你面前的这个人身上也有一个中心的话，你只有一种粗糙的个人主义。这是神话方式所体验到的个人。**你就是那座中央山脉，而那座中央山脉无所不在。**

THE POWER OF MYTH

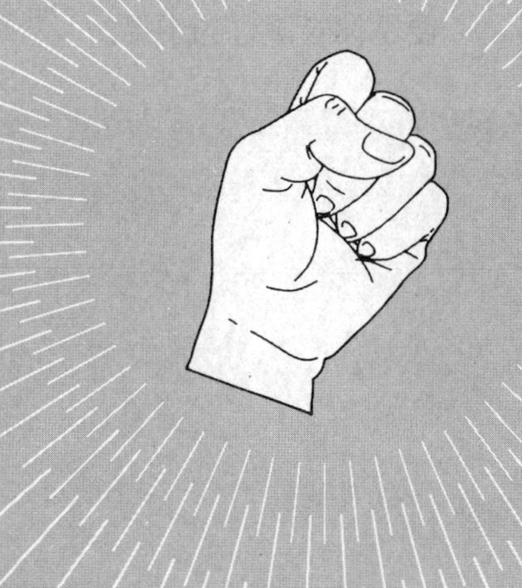

04

牺牲与喜悦

THE POWER

● 找到你甘愿为之牺牲、一想便心生喜悦的事物，然后循着你内心直觉的喜悦而行。这样，你便走上了一条早已等待着你的轨道，你当下的生活便是你应该过的生活。

OF MYTH

体悟自然的神性

莫：当我读到你写的有关环境对说故事的冲击时，让我印象深刻的是，这些在大草原上的人、猎人、森林中的人或种植者等，是参与在整个环境中的，他们是自己世界的一部分，他们世界的每个特色对他们来说都是神圣的。

坎贝尔：将当地景观神圣化是神话的一个基本功能。这一点在纳瓦霍人（Navaho）[①]身上，可以看得很清楚。纳瓦霍人认同北方的山、南方的山、东方的山、西方的山和中部的山。在纳瓦霍人的土木屋中，门永远是向东的。置于房屋中央的火炉象征着宇宙的中心，当烟从天花板的洞升上去时，燃香的香味便跑进神的鼻孔中去。景观布置和居所于是成为一幅圣像。身处其中的任何位置，都会感受到宇宙的秩序。

纳瓦霍人的沙画上，总会有一个围绕起来的图案，它可能代表海市蜃楼或

① 现居住在北美西部的印第安人。——译者注

彩虹等事物，但总会有一面向东方敞开以便让新灵气进入。佛陀坐在菩提树下时，也是面朝东方，面朝太阳升起的方向。

莫：我第一次到肯尼亚去时，独自到一个从前是湖岸的古原始营区遗迹去。我在那里一直待到天黑，感受着自己面对所有的创造物，在夜空下，在那广大之地，好像我属于某种古代的事物、某种仍然存在的东西。

坎贝尔：我记得西塞罗（Cicero）曾说过，当你走入一座高大的树林时，你会感觉到神的存在。神圣的树林到处都有。小时候我常常一个人走到树林里。我还记得我曾经崇拜一棵树，一棵很大的老树，心里想着，“老天，你一定知道许多，也经历了许多。”我想这种对创造物存在的感受是人的基本情操。然而在现代城市里，到处充斥的只是人造砖石。当你身处树林中，与花栗鼠和大猫头鹰在一起时，那是一种完全不同的成长世界。所有这些事物都围绕着你，代表着生命的力量与神奇的潜能。它不属于你，但又是生命的一部分，对你开放。你会发现它在你心中回荡，因为你就是自然。当一个苏族印第安人抽烟斗时，他会举起烟斗对着天空，以便让太阳收到他喷出的第一口烟。然后他会向四方分别喷烟。**在那种心灵结构中，你若能将自己朝向地平线，朝向你所在的世界，那么便可在世界中占有一席之地了。那是一种不同的生活方式。**

莫：你在《梦境的象征》一书中写到有关转化中心的概念，你认为在神圣的地方，时间之墙可能会消融，因而显露出世界的秘密。拥有一个神圣的地方，这是什么意思？

坎贝尔：这对今天的每一个人来说都是绝对必需的事，你必须有一个房间，或者每天腾出一个小时左右的时间，在那里你不知道今天早上报纸的消息，不知道谁是你的朋友，不知道你欠别人什么或别人欠你什么。这是一个可以单纯来体验自己的地方，并能激发出潜在的能力来。这是潜能蛰伏之处。最初不会有什么事发生，但如果你有个神圣的地方并利用它，最后总会有东西出现的。

莫：这个神圣的地方对你而言，就像大草原对于猎人的意义一样。

坎贝尔：对猎人而言，整个世界都是神圣的地方。但是现代人的生活，已经太过经济化和实际化，以至于随着你的成长，周遭环境对你的要求是如此沉重，你几乎不知道自己在哪里，或者什么是你想要的。你总是在做别人要求你的事。何处是内心直觉的喜悦落脚之处？你必须努力找到答案。打开留声机，放你自己真正喜爱的音乐，即便是别人嗤之以鼻的低俗音乐也好。或者找一本你想看的书。在你自己的圣地，你可以体会到一种“神性”的感觉，一种你为自己活着的世界付出并有所得的感觉。

莫：我们已谈过景观对人的影响与冲击。人对景观的影响呢？

坎贝尔：人以创造圣地的方式拥有土地。通过将动植物纳入神话的方式，赋予土地以精神的力量。土地变成像庙宇一样可以用来冥想的地方。例如，纳瓦霍人在神话化动物方面便卓有成就。在纳瓦霍人的沙画中，你可以看到各具价值的小动物。这些动物并非以自然的形态画出。它们被形式化了。这些形式所代表的是它们的精神特质，而不仅是生理上的特质。例如，走在沙漠里，时不时有一只大苍蝇会飞下来落在你的肩头。在纳瓦霍人的神话中，他被称作大苍蝇，也被称作微风。他轻声告诉那些接受父亲试炼的年轻人所有问题的答案。大苍蝇是圣灵显露隐秘智慧的声音。

莫：目的何在？

坎贝尔：拥有土地。把他们居住的土地转变成有精神意涵的地方。

莫：所以摩西在应许之地（the Promised Land）密切关注的，和其他精神领袖为他们族人所做的事并无不同。他宣称拥有那块土地。

坎贝尔：没错。你记得雅各之梦（Jacob's dream）的故事吧！当雅各醒来时，那里变成伯特利圣地，上帝的居所。雅各宣称那是个拥有某种精神意义的地方。那里是上帝播种能量之处。

莫：这些圣地在今天的美洲大陆仍然存在吗？

坎贝尔：墨西哥城曾经是个圣地，在西班牙人破坏它之前，是世界上最伟大的城市之一。西班牙人第一次看到墨西哥城，或叫作特诺奇提特兰（Tenochtitlan）时，它比当时欧洲任何城市都要伟大。而且墨西哥城拥有很多庙堂。现有的天主教教堂正好位于原太阳神庙所在地。那是基督徒宣称占有土地的例证之一。你看，他们通过在其他宗教庙堂的原址上修建自己教堂的方式，把同一景观变成了自己的。

例如，到新大陆来的神父们便依据圣经中的名称来为他们所到的地方命名。在纽约上州有“奥德修斯”和“伊利亚特”，一个接一个古典名字，比如伊萨卡（Ithaca）、乌提卡（Utica）等等。

莫：就某种意义而言，人们会给有能量支撑他们的地方，赋予神圣的意义。土地与人的建筑之间，有一种有机的关系。

坎贝尔：是的。但那在大都会出现后便消逝了。

莫：在今日的纽约，竞争点是谁盖的建筑物最高。

坎贝尔：这是一种建筑上的骄傲感。它说明了这个城市是金融中心，并表现出人类能够做到的极限。像是在自鸣得意地展示杂技。

莫：今日的圣地在哪里？

坎贝尔：它们已不复存在了。只有少数历史古迹可以提醒人们，曾有重要事件在那里发生。比如，我们可以造访圣地，因为它是我们宗教的发源地。但是每一块土地都应该是圣地。我们可以在景观本身找到生命能量的象征。这是所有早期文化传统所做的事。他们神圣化他们的居住景观。

例如，以下就是八九世纪早期冰岛移民所做的工作。他们将不同的居所按照四三二○○○[①]罗马尺的排列关系建造。冰岛的整个景观组织，是依这个宇宙关系而成的，所以无论你走到岛上哪一部分，你都是与宇宙和谐的。同样的神话在埃及也有，但是埃及的象征形态不同，因为埃及的形状不是圆的而是长的。所以天空女神是神圣的母牛，两只脚在南，两只脚在北，即四方形概念。但是我们文明中的精神象征基本上已经消失了。这就是为什么到仍以教堂为主的法国小镇沙特尔（Chartres）是那样美好的事，在那里你可以在日出、正午、日落时听到钟声。

我把沙特尔当成我的教区。我常去那儿，当年我在巴黎还是个学生时，就花整个周末的时间在教堂里，研究那里的每一个图案。因为我在那里待得太久了，所以有一天正午时分看门人问我：“要不要跟我上去敲钟？”我回答说：“当然要。”于是我们爬到钟塔的大铜钟前。那里有一小块像是跷跷板的平台。看

① 四三二○○○是许多传统中重要的神话数字。——作者注

门人站在跷跷板的一端，我站在另一端，我俩中间有个小木块可以抓住。他用力推了一下，然后爬上去，接下来是我上去。我们开始在高高的教堂上面，上上下下地动，风吹过我们的头发，钟声也开始向下传，“当、当、当”这是一生中最令我兴奋的冒险之一。敲完钟后他带我走下来，对我说：“我想邀请你来参观我的房间。”

教堂的中央部分是本堂，然后是耳堂和半圆壁龛，绕着半圆壁龛的是唱诗班的帘幕。他带我通过唱诗班帘幕中间的一个小门，在那儿有张小床，一张小桌子，桌子上有一盏小灯。我透过帘幕往外看，看到一扇镶着黑色圣母的窗子。这就是他住的地方。那个人每天都在冥想中生活，想想就觉得是非常动人而美丽的事。我此后又去了沙特尔无数次。

莫：你在那里发现了什么？

坎贝尔：它带我回到了“精神原则弥漫社会”的时代。你可以从当地最高的建筑物了解到该社会的气息。当你走近中古世纪的城镇时，教堂是当地最高的建筑。当你走近 18 世纪的城镇时，政治宫殿是最高的建筑物。而当你走近一个现代城市时，最高的建筑物乃是作为经济中心的办公大楼。

如果你去盐湖城，你会看到整个城市展现在你面前，首先庙堂建在城市的中心。这是一个非常棒的组织方式，因为庙堂是精神中心，所有的事物都源于此。然后是政治建筑，该州议会大厦所在地就建在庙堂旁边，比庙堂还高。而现在最高的建筑物则是管理庙堂与政府建筑事务的办公大楼，那就是西方文明史。从哥特式建筑，经过 16 世纪、17 世纪和 18 世纪的君主时期，一直到我们现在的经济世界。

莫：那么当你去沙特尔时是什么感觉？

坎贝尔：我就像是回到了中古世纪。我又回到小时候成长的世界，也就是罗马天主教精神意象的世界，真是伟大！

莫：你不是那种长期沉浸在怀旧情绪之中的人。当你在那里时，不只是过去感动了你，对不对？

坎贝尔：不，是当下感动了我。教堂告诉我世界的精神消息。它是个沉思的地方。我就在附近走走、坐坐、看看美丽的事物。

莫：你如此深爱的沙特尔大教堂，也表达了人与宇宙的关系，对吧？

坎贝尔：是的。教堂的格局是十字架的形式，圣坛在正中央，它是个象征性的结构。现在许多教堂盖起来像戏院一样，重视能见度。其实，教堂一点也不关注参见度。在教堂里进行的大部分节目都会过去，重要的是象征，而不是看表演。每个人都很清楚表演是怎么一回事。你从6岁起就开始看它了。

莫：那么，我们为什么一直要去教堂呢？

坎贝尔：那是神话的全部。我们为什么要谈论这些事呢？因为它可以把我们放回去，让我们与精神生命的基本原型接触。**每天经历仪式，才能使你保持在正轨上。**

莫：但我们现在不再那么做了。

坎贝尔：我们已经与那种关怀失去了联结。早期生活的目标，是一直保持对精神原则的觉知状态。在亚述人的宫殿里，你可以看到一个有人头、狮身、鹰翼、牛脚的复合野兽。也就是黄道十二宫摆在一起的四个符号，被用来当作守门神。

与以西结[①]预言相关的同样四个符号，变成了基督教传统中的四个福音传道者。你记得下面的祷词："马太、马可、路加和约翰，祝福我睡的那张床。"在这段祷词中，你在中间，也就是基督所在之处，床的四条腿是围绕着你的罗盘的四个点。

这个曼陀罗[②]代表基督从超越时空的地带出现。这四个野兽代表时间与空间的面纱，遮盖着永恒。而位于中间的耶稣则是突破、再生，是从时间与空间的宇宙女神的子宫中来到这个世界的主。

莫：你说类似沙特尔的教堂，象征了对一个超越律则意义的了解。它不仅以巨大石块的建筑形式出现，同时也以环绕在这些形式四周及融入其中的伟大沉默显露。

坎贝尔：所有终极的精神都指向超越声音的沉默。道成肉身是第一个声音。超越声音的是未知的、不可知的超越。它可以用伟大的沉默、空白或超越的绝对来表达。

莫：当你谈到神话如何把我们与神圣的地方联结起来，景观如何把原始人类和宇宙联结起来时，我开始想，这个超自然，至少如你所了解，真的只是自然而已。

坎贝尔：把某种高于自然的存在称作超自然，是一种致命的观念。在中世纪，这个观念最终把世界变成一片荒地。人们过着虚假的生活，从来没有做过一件

① 犹太先知。——译者注

② 曼陀罗是古印度的梵语，代表的是"小宇宙"的意思。——译者注

自己想做的事，因为由神职人员控制的超自然律法，会要求他们怎样过日子。在荒地里，人们完成的目的并不是他们自己的，而是被无可逃避的律法强加在身上的。这真是杀人凶手。12 世纪的宫廷爱情抒情诗，便是对这种以超自然的真理之名，合理化其对人类喜悦的侵犯。特里斯坦（Tristan）的传说，以及圣杯故事的最伟大版本之一——沃尔夫拉姆·冯·埃申巴赫（Wolfram von Eschenbach）的传说，也都如此。心灵才是生命真正的飨宴。它不是某种被吸入生命的东西，它来自生命，这是女神宗教传统最大的贡献。在女神传统中，整个世界都是女神的身体，所以世界是神圣的，而且圣灵并不是在统治一个堕落的自然，或凌驾于其上。中古世纪的圣母崇拜就有这种精神，13 世纪华丽的法国教堂也因此兴起。

然而，伊甸园堕落的故事把自然看成是腐化的，这个神话把我们整个世界都腐化掉了。因为自然被认为是腐化的，每一个不假思索的行动都是带有原罪的，不能退让。根据你的神话是把自然看成堕落，还是把自然本身看成神性的展现、把心灵看作内在于自然的神性的显露，你会有一种完全不同的文明，以及完全不同的生活方式。

莫：今天谁来为我们诠释自然所包含的神性呢？谁是我们的巫师？谁为我们诠释看不见的事物？

坎贝尔：是艺术家在扮演这个角色。**艺术家是今日与神话沟通的人。**但他必须是了解神话与人性的艺术家，而不是仅给你一套计划的社会学家。

莫：那么不是艺术家或诗人的普通人，或者那些没有体验过超越精神极乐的人，他们该怎么办呢？我们怎么知道这些事呢？

坎贝尔：我告诉你一种方法，一种非常好的方法，**坐在房间里读书、读书、再读书，而且要读对书，读对的人写的书。你的心就会被带到某个层次，你可以因此一直拥有一种美好、温和、慢慢燃烧的喜悦。**这种对生命的领会，可以成为你生活中的一种常态。当你发现一个真正能抓住你心的作者时，就把他所有的作品都读完。不要说“我想知道某某某写的东西”，也不要被畅销书排行榜所困扰。

只去读这一位作者想要告诉你的。然后去读这位作者读过的东西。这时世界便以某种一致的观点豁然开朗。但如果你从一个作者跳到另一个作者，你也可以告诉我们某位作者在何时写了某首诗，但你一点儿也不了解作者对你说了什么。

莫：所以巫师对早期社会的功能，就像今日的艺术家一样。他们的角色十分重要。

坎贝尔：他们在社会中扮演了传统神职人员的角色。

莫：巫师是神职人员？

坎贝尔：在我看来，巫师与神职人员间有个重要差别。神职人员是带有社会性功能的角色，社会以某种方式崇拜某些神，于是神职人员便被任命为执行该宗教仪式的人。他们所奉献的神，是在他之前就存在的神。但巫师的力量与地位都是由他体验到的神所赋予的。他的权威来自一种心理体验，而不是社会的任命。

莫：巫师体验到某种我们不曾有过的经历，并把这个经历解释给我们听。

坎贝尔：同样在黑麋鹿的例子里，巫师有可能把他看到的意象转变成某种服务大众的仪式演出。因此，巫师把内在体验带入人们的外在生活。

莫：这是宗教的开始吗？

坎贝尔：就个人而言，我想是宗教的开始。但这只是猜测而已，我们并没有依据。

莫：有一个像耶稣的人走入未知的领域，体验到心灵上的转化，回来告诉人们："跟随我。"原始文化中发生过这样的事吗？

坎贝尔：那就是我们拥有的证据。在所有的狩猎文化中，都可以发现巫师的色彩。

莫：为什么特别是狩猎文化？

坎贝尔：因为它是具个人倾向的。从某方面来说，猎人的个人倾向是农夫所不曾拥有的。在田地里耕耘，等待自然告诉你什么时候该做什么，这是一种经验。而外出狩猎，每次狩猎都是与上一次不同的。而且猎人所受的训练都是需要特殊天分与才能的个人技巧。

莫：那么在人类的演化中，巫师是如何变化的？

坎贝尔：当人们生活的重心逐渐转移到定居的村落生活时，巫师便失去了原有的权力。事实上，有一组有关纳瓦霍人和阿帕奇人[①]的来自美洲西南部印第安人的神话故事。他们原属于狩猎文化，然后迁移到一个农业文化地区，最后变成以农业为生。在他们创世的故事中，都有描述巫师下台和神职人员上台的典

① 美国西南部印第安部落。——作者注

型情节。巫师因为说了冒犯太阳的话，而使太阳消失。但他们马上又说："我可以把太阳带回来。"于是他们便施起各种法术来。

在故事中这些情节都是以愤世嫉俗或调侃的语调来描述的。但是巫师的法术并没有把太阳带回来。于是巫师便降格成巫师社会，一种小丑社会。他们是有特殊力量的魔术师，但是他们的权力只能依附于一个更大的社会。

莫：我们谈到狩猎大草原对神话的影响，这样的空间显然是被一个有圆顶天空的圆形地平线所围绕着。但是住在森林中的人们又是怎样的情形呢？那里没有圆顶天空，没有地平线，没有远景。所有的只是树、树、树。

坎贝尔：科林·特恩布尔（Collin Turnbull）讲过一个把从未走出森林的小矮人带到山顶的故事。他们突然从树林到了山丘，眼前是一片开阔的大草原。可怜的小东西显然是被吓住了。他没有办法判别近景与远景。远处大草原的食草动物是那么小，他以为一定是蚂蚁了。他完全被弄糊涂了，于是便急急忙忙地回到森林去。

莫：地理对我们文化与宗教观念的塑造，有很重要的分量。沙漠之神不可能是草原之神。

坎贝尔：也不是雨林之神。当你在沙漠里，只有一个天，一个世界，所以你只有一个神。但在丛林里，没有地平线，你从没看过10米开外的东西，你就不可能有那样的概念。

莫：他们就是这样把神的概念投射到这个世界？

坎贝尔：没错。

莫：他们所处的地理环境塑造了他们的神性意象，然后他们再把这个意象投射出来，称它为上帝。

坎贝尔：是的。神的概念总是受到文化的制约，永远如此。即使一位传教士带来他认为的上帝、他的神，那个神也会依当地人民对神性的了解程度而改变。

有一则关于夏威夷的一位英国传教士的趣闻。有位火山（Pele）女神的神职人员来造访他。就某种意义而言，她是蓓蕾女神的一个化身。所以这个传教士实际上是与一位女神在交谈。英国传教士说，“我把上帝的信息带给你。”而那位神职人员说，“哦，那是你的神，火山女神才是我的神。”

莫：“你不能在我面前崇拜其他的神”，这个观念纯粹是希伯来的想法吗？

坎贝尔：我从未在别处发现过这样的观念。

莫：为什么只有一个神？

坎贝尔：我不知道。我只知道，沙漠地区的人民赋予当地的社会性神明较高的地位。你信奉为你提供保护的社会。**社会永远是父权的，自然则永远是母性倾向的。**

莫：你认为女神宗教的出现，是因为在这些早期社会的栽种与收成活动中，女性扮演主要角色的缘故吗？

坎贝尔：这是毫无疑问的。从神奇力量的角度来看，在那一刻女性变成社会中最重要的成员。

莫：可狩猎的一直是男人。

坎贝尔：是的，而现在它过渡到女人身上。女人的神奇之处在于生育与滋养生命，如同大地一般，女人的神奇支撑了大地的神奇。在早期传统中，女人是第一个栽种的人。一直到后来，当高等文化系统发明犁后，男人才在农业上扮演领导角色。于是人们把用犁耕耘大地想象成男女交配，而构成一个主要的神话图案。

莫：所以这些不同的神话表达方式，就是你所谓的“动物生命力之道”“播种大地之道”“天光之道”和“人之道”。

坎贝尔：这和人类的象征符号系统有关。人类通过一定的象征符号，把当时正常的人类状况象征化、组织化，并提供了解它的知识。

莫：它的价值何在？

坎贝尔：价值是在某些控制生命的条件下产生的结果。例如，猎人总是向外追求动物。他的生命依存于与动物的关系。他的神话因此是外求的。但是农业的神话，与植物的栽种、种子的播种有关，也就是种子的死亡和新植物的成长有关，因此是比较内向的。对猎人来说，是动物启发了神话。当一个猎人想要掌握权力和知识时，他会到森林去斋戒和捕食，让动物来教导他。

而对农人来说，植物世界是他的老师。植物世界与人类的生命过程是一致的，所以这里存在一个内向的关系。

腐烂中，才有生命诞生

莫：人类从捕猎野兽变为以种植为生后，对神话的想象力有何变化？

坎贝尔：那是一个戏剧化的全体转化，不仅神话，也包括心灵。动物是个完整的个体，它活在皮毛内。当你杀了那只动物，它就死了，那是它生命的终结。但是在植物世界里，并没有自给自足的个人这回事。你砍掉一棵植物，另一个芽又生出来。修剪是有助于植物生长的。整个植物界就是一个不断的存在体。另一个与热带雨林有关的观念是，在腐烂中才有生命诞生。我曾经看过在几十年前被砍掉的大树残枝中，长出极美的红树林来。它们是从这些残枝中新长出来的聪明小孩，其实也是同一棵植物。此外，假如你把植物的足枝砍掉，会有另一个长出来。但把动物的手足砍掉，除非是某种特殊的蜥蜴，不然是不会再长回来的。

所以在森林与种植文化里，有一种把死不看做是死的感觉，而把死看成新生命所必需的。人并不是一个个体，而是一株植物。耶稣说："我是葡萄树，你们是枝子。"葡萄园的意象与一群动物的意象完全不同。有了栽种文化，便有了种植物为食的情形。

莫：这些栽种经验启发了怎样的故事？

坎贝尔：你吃的植物是从被砍死埋葬的神明，或是从祖先身上长出来的。这类主题的神话在世界各地都有，但是在太平洋文化中尤其多。

实际上，这些植物故事也渗入了属于狩猎文化的美洲大陆。北美文化就是个狩猎与栽种文化互动的典型例子。印第安人主要是猎人，但他们也种玉米。

一则阿尔衮琴人有关玉米起源的故事，涉及一个男孩看到的意象。他看到一个头戴绿羽毛的年轻人走向他，并邀请男孩与他比赛摔跤。年轻人赢了又再回来，结果又赢，就这样下去。但有一天年轻人告诉男孩，下次男孩必须把他杀掉，埋葬他并照顾埋下他的地方。男孩照他的话去做，把这个英俊的年轻人杀掉并埋了。过了一段时间，男孩回来看到绿羽毛年轻人被埋的地方，已经长出了玉米。

男孩一直关心自己年迈的猎人父亲。他总是想着除了狩猎之外是否还有其他取得食物的方法。这个意象就是由他的意念所产生的。在故事结尾，男孩对他父亲说："现在我们不需要再出去打猎了。"这些人一定在此刻有某种觉醒。

莫：但关键是意象中的绿羽毛年轻人必须先死，而且被埋葬，否则植物不可能从他残留的身躯中长出。这种故事是不是常常出现在栽种文化的神话中？

坎贝尔：是的。例如，在波利尼西亚就有这个故事的重现。有个女孩喜欢在某个池子里洗澡。有条大鳗鱼也常在池子附近游来游去。每次当女孩在洗澡时，鳗鱼就摩擦她的大腿。有一天鳗鱼变成一个年轻人，并且一度成了女孩的爱人，然后离去又回来，离去又回来。但有一天当他再回来时，他说——就像在阿尔衮琴人的故事里的那位年轻人所说的那样："下次我再来看你时，你必须杀掉我，把我的头砍下，并且埋了它。"她照做了，在埋下头的地方长出了一棵椰子树。当你拿着椰子时，会发现它和头的大小差不多。我甚至可以看到好像眼睛一样的东西。假如我们相信大多数美洲人类学家所说，那么太平洋文化与我们栽种神话渊源的中美洲文化之间，是没有关联的。

莫：所以说，不同文化会产生相同的故事。这有什么意义吗？

坎贝尔：这是神话最令人惊讶的地方之一。我一生都和这些神话打交道，但对其间准确的重复现象，仍然感到吃惊。就好像是同一个故事、同一事件，反射在另一个媒介里。这里不是玉米，而换成了椰子。

莫：在栽种文化故事里，令我吃惊的是，第一次有人从大地的子宫中长出来。在许多类似的故事中，大地的子宫一再出现。

坎贝尔：这在美国西南部的传说中特别明显。那里是由土地产生第一个人的地方。他们出现的洞口便成为圣地，成为世界的轴心。它与某座山有关。

故事是说在地下很深的地方有某一类人，他们不是真正的人，他们甚至不知道自己是人。其中有个人打破了没人知道的禁忌，于是洪水灌了进来。他们必须往上爬，通过绳子爬过世界天花板的洞口，来到另一个世界。另一个故事是说巫师们的思想变得富有侵略性，并且侮辱了太阳和月亮，它们因此消失，整个世界便变得一团漆黑。巫师们说，他们可以把太阳弄回来。他们把树吞下去，再从肚脐吐出来。他们把自己埋在土里，只露出两只眼睛。他们变尽了神奇的戏法。但是这些法术都没有用。太阳并没有回来。于是神职人员说，现在让老百姓来试试吧！人们和动物聚在一起。这些动物和人站在圆圈里，不停地跳舞。是这些人的舞蹈带来了小山丘，后来又变成大山，再后来成为世界的中心。人类也就由此产生了。

接下来有趣的事发生了。如同《圣经·旧约》里的故事，所有的故事都是有关某个特定的族群，比如纳瓦霍族人。但是当他们出来时，普埃布洛（Pueblo）族人已经在那里了。这就如亚当的儿子要到那里去找太太的问题一样。这是这些人创生的故事，世界上其他的人则要靠另一个意外才能产生。

莫：这就是上帝选民的概念。

坎贝尔：当然是。每一个民族在自己心目中都是上帝选民。好笑的是，他们给自己民族取的名字通常是人类的意思，给其他民族取的名字则非常古怪，例如，滑稽脸或扭曲鼻等。

莫：来自美洲东北部森林的印第安人，有一则故事是关于一位从天上掉下来，并生了一对双胞胎的女人的。西南部的印第安人则有一则处女生了一对双胞胎的故事。

坎贝尔：是的。从天上来的女人，最早产生于狩猎文化的基础，而大地的女人则来自栽种文化。双胞胎代表两个相对的原则，但与圣经中该隐与亚伯所代表的相对原则大不相同。在易洛魁印第安人的故事里，双胞胎中一个叫播种（sprat）或种植（plant）男孩，而另一个则叫打火石（flint）。打火石在出生时，他的母亲因难产而死。

打火石与种植男孩代表两个传统。打火石是用来杀动物的利刃，所以打火石代表狩猎传统。而种植男孩则代表栽种传统。

在圣经传统里，种植男孩对应该隐，而打火石则对应亚伯。亚伯其实是个牧人，而非猎人。所以在《圣经》中牧人与栽种者相互对立，栽种者是被深恶痛绝的。这是狩猎民族或游牧民族在进入栽种文化后，贬抑他们所征服对象的神话。

莫：这听起来像是传统西方大规模的战争。

坎贝尔：是的，在圣经传统中，第二个儿子永远是胜利者，而且是好的。第二个儿子是新来者，也就是希伯来人。大儿子是以前住在那里的迦南人。该隐代表的立场是以农业为基础的城市。

莫：这些故事也解释了当代的冲突，不是吗？

坎贝尔：是的。比较入侵的栽种社会、狩猎或游牧民族与栽种者间的冲突和融合，是很有意思的事。在地球上同样有这种情形，两个系统冲突后再融合。

莫：你说那个从天上掉下来的女人已怀有身孕，那在地上生双胞胎的女人也已怀孕。在许多文化中都有处女生英雄，死亡再复活的传说，你认为这有什么意义？

坎贝尔：救世主的死亡与复活是所有这类神话的主题。例如，在玉米源起的故事中，有一个仁慈的人出现在男孩的意象中，给他玉米并死去。植物从他的身体中长出来。某人必须先死，生命才能浮现。我开始意识到死亡赋予生命，而生命带来死亡这个奇妙模式。上一代人都必须死去，下一代人才能出生。

莫：你写过，"从枯死的树木和掉落的叶片中生出新芽，从这个故事得到的结论是，死亡生出生命，死中才有新生命。从这里得出的冷酷结论是，加速生命就是加速死亡。因此，这个地球赤道带的特色，被认为是狂乱的牺牲——植物、动物与人类的牺牲。"

坎贝尔：有个与新几内亚男性社会有关的仪式，实际上是把栽种社会的死亡、复活与同类相食的神话，加以具体化。仪式在一个圣地举行，先是鼓声响起，接着唱诵声响起，然后暂停下来。如此进行四五天，不间断。你知道仪式是无聊的，它会把你累坏。但之后你才能获得突破，进入新的历程。

最后是伟大一刻的到来。一场庆祝打破所有规则的性狂欢开始了。参加成人礼的年轻男孩，正要体验他们的第一次性经验。在一座用两根柱子支撑，加上许多圆木的大棚屋里，一个扮演神明的年轻女人走进来，躺在大屋顶之下。

大约有 6 个男孩在鼓声与唱诵声中，一个接一个地与这个女人发生性行为。当最后一个男孩与她刚好达到高潮时，支撑屋顶的柱子被撤离，圆木掉落下来，压死他们二人。在此刻男女再度交融，有如最初两性尚未分离一般。这是生殖与死亡的合一。它们是同一件事。

接着这对男女被拉出来，烤过后当夜就被吃掉。这个仪式是在重复杀掉救世主并将其吃掉的原始行为。在弥撒牺牲仪式中，你被告知要喝下救世主的身体和血液。于是你转向内在，救世主因此在你内心发生作用。

莫：这些仪式指出了什么道理？

坎贝尔：生命的本质必须在生命的行动中了解。在狩猎文化中，牺牲是奉献给为人类效力之神的一个礼物或贿赂。但在栽种文化中所牺牲的人，就是神本身，死者被埋葬然后变成食物。基督被钉死在十字架上，精神的食粮便从他身体而来。

基督的故事是一种植物性意象的升华。耶稣被钉在神圣的十字架上——树上，而他自己就是树的果实。耶稣是永恒生命的果实，也就是伊甸园中第二株禁树。人们因为吃第一株树的果实，也就是知晓善恶之树的果实，而被逐出伊甸园。伊甸园是一元的，没有男女、善恶、上帝与人类的分别。你吃了二元的果实，你就必须离开。回到伊甸园的树是不朽生命之树，在那儿你了解到你与天父是一体的。

回到伊甸园是许多宗教的目标。当耶和华把人扔出伊甸园时，他摆了两位小天使在门口，中间有一柄燃烧的剑。

在佛教寺庙内，除了坐在不朽菩提树下的佛陀外，你会发现大门口有两个护卫菩萨，他们是两个守门天使，你必须穿过他们，才能到达不朽之树。在基督教传统中，十字架上的耶稣在不朽生命之树上，而他是树的果实。十字架上的耶稣、菩提树下的佛陀，他们是同样的人物。而守在门口的那两个天使是谁？在佛教寺庙中你会看到其中一个张大嘴巴，而另一个紧闭嘴巴，他们代表恐惧与欲望的对立。

当你走近类似的庭院时，如果你对生命仍有恐惧感，那么这两个角色对你而言就是真实而恐怖的。而你仍然在庭院之外。但如果你不再执着于自我意识的存在，并把自我的存在视为另一个具有更大、永恒全体的功能，认同全体先于小我，那么你就不会惧怕那两个角色，你便可以通过。

我们之所以被拒绝在伊甸园门外，就是因为我们对生命中的美好事物有失去的恐惧和占有的欲望。

莫：是不是所有人都觉得，他们被排拒在终极真实、喜悦、欢乐、完美和上帝之外呢？

坎贝尔：是的。但你也有达到忘我境界的时候。**日常生活与在忘我境界生活的差别，乃是在伊甸园外和园内的差别。**你是可以超越恐惧与欲望，超越这个二元对立的。

莫：进入和谐？

坎贝尔：进入超越之境。这是所有神秘主义所理解的基本体验。你的肉身死了，心灵却诞生。你和意识与生命认同，而身体只不过是它们的工具罢了。你的工具虽然死去，但你在意识中与那工具承载的事物合二为一。那就是上帝。

从植物传统得到的概念是，二元现象的表面后面是一元的。所有这些显现事物背后，只有一个照耀一切的光芒。艺术的功能是透过创作的客体显露这个光芒。当你看到一个非凡的艺术作品时，你只会叫出，“啊！”就某一方面而言，这一声惊叹叫出了你自己生命的秩序，而且引领你去了解宗教试图想要传达的信息。

莫：死就是生，生就是死，而且两者是和谐一致的。

坎贝尔：你必须在生死之间找到平衡，他们是同一件事情的两面：存在与生成。

莫：生死就在所有这些故事里面？

坎贝尔：是的，它们全部都在。我不知道有拒绝死亡的故事。古老的牺牲观念完全不是我们能想象得到的。玛雅印第安人有一种篮球游戏。在这个游戏里获胜一队的队长必须在球场上为输的一队的队长牺牲。他的头要被砍掉。**在人生胜利的那一刻寻求牺牲，是早期牺牲观念的精神。**

莫：这种牺牲的观念，尤其是胜利者的牺牲，对我们而言实在是太陌生了。现代人的规则是赢者通吃。

坎贝尔：在玛雅仪式中，这个游戏名称的意义是，像神一样值得去牺牲。

莫：你认为牺牲生命者获得了生命，是真的吗？

坎贝尔：那是耶稣说的。

莫：你相信吗？

坎贝尔：我相信，假如你是为了某事而牺牲的话。据17世纪加拿大东耶稣会传教士的报道，有一个年轻的易洛魁族勇士，被敌对的部落逮到，他要被折磨至死。东北部印第安人对待男俘虏的习俗，是有系统地折磨他，经历痛苦的折磨而不胆怯，是男子汉的最后试炼。所以这个年轻的易洛魁人被带去承受这个恐怖的酷刑。让耶稣会教士大为惊讶的是，他好像是在庆祝自己的婚礼一般，装扮自己并高声吟唱。逮捕他的人对待他有如欢迎主人，而他则像是贵客。他明知自己的最终结局，仍然与他们进行这场游戏。

描述这一情景的法国神职人员，完全被吓住了。他们无情地嘲弄他，在神职人员看来，这些人简直是一群野兽。但并不是这样的！这些人正是主持这个年轻勇士牺牲仪式的神职人员。如果这是祭坛的牺牲，那么这个男孩就像是耶稣的角色。法国神职人员每天都在庆祝弥撒，却不知道弥撒正是复制十字架上野蛮的牺牲而来的。

在伪造的基督教《使徒行传》中，有一个类似的场景描述了耶稣上十字架前约翰的行为。这是基督教文献中最动人的一段。在马太、马可、路加及约翰福音中，只是轻描淡写地说，在最后的晚餐即将终了时，耶稣和他的弟子们唱了一首赞美诗。但是在《使徒行传》中，可以看到对这首赞美诗逐字逐句的说明。就在最后的晚餐结束，他们要走出去到花园时，耶稣对同行弟子说，“让我们跳舞吧！”他们便手拉手围成一个圆圈。当他们把耶稣围在圈内时，耶稣唱着，“荣耀归你，天父！”

围着圈的弟子们回应唱道，“阿门！”

“荣耀归你，基督！”

接着又是，“阿门！”

“我会被生，也会生！”

“阿门！”

“我会吃，也会被吃！”

“阿门！”

“跳舞的你，看我做了什么，你有男子汉的热情，而我正要为此受苦！”

“阿门！”

“我会逃跑，也会待下来！”

“阿门！”

“我会被统合，也会统合！”

“阿门！”

“我将走向催我前行的门，我将走向旅者的道路……”跳舞终了他走进庭院被捕，然后被钉死在十字架上。

当你以神的方式死去，从神话的意义上说，你是走向你的永恒生命，所以有什么好悲哀的呢？**让我们死得壮烈，就像它本来的样子。让我们庆祝它。**

莫：死神就是舞神。

坎贝尔：死神与性神是同一回事。

莫：这是什么意思？

坎贝尔：让人惊讶的是，在这一个接一个的故事中，你会发现这些一度代表死亡的神，有时又是生殖之神。海地伏都教传统中的死神盖德（Ghede）同时也是性之神。埃及神奥西里斯（Osiris）是法官，是死神，也是生命再生之神。**死去的会再生，这是基本主题。你必须死亡，才能有生命。**

这是在东南亚，特别是印度尼西亚，有关于猎头的源起。猎头是个神圣的行为，一种神圣的杀生。在一个年轻人被允许结婚，成为父亲之前，他必须站出来表演杀生。除非有死亡，不然不可能有生命。这个意义在于上一代人都必须死掉，以便下一代人能够出生。一旦你生了小孩，你就已经死了。小孩是新生命，而你只不过是保护新生命的人而已。

莫：你的时间到了。

坎贝尔：这就是为什么生殖与死亡之间，有如此深刻的关联。

莫：你刚刚所说的，和父母愿为孩子牺牲生命的事实，有没有一点关系?

坎贝尔：叔本华写了一篇伟大的文章。在文章里他问，为什么人会不经思考立即去参与他人的困难与痛苦，并为他人牺牲自己的生命呢?我们通常认为自我生存是自然界的首要法则，为什么它能被打破呢?

四五年前，在夏威夷发生的一件事可以帮你理解这个问题。在一个叫帕里（Pali）的地方，自北方吹来的风会穿越山间的一个大山脊。人们喜欢爬上去让风吹散头发，或是去自杀，就像从金门大桥上跳下去那样。

有一天，两位警察开车去帕里时，看到栏杆边有一辆车要翻下去，上面有个年轻人正准备往下跳。警车立即停下来，年轻人正要跳出去的时候，副驾驶席上的警察冲出去抓住了他，警察也差点被拖下去，幸好第二个警察及时赶上来，才把他们两个拉上来。

你能理解为什么那个警察能突然为一个从未谋面的年轻人牺牲吗？他抛下生命里所有其他的东西，对家庭的责任、对工作的责任、对自己生命的责任，所有他对生命的期许和愿望都消失了。他几乎要去送死。

后来一个记者问他，“你为什么不放手？你可能会因此死掉。”他回答说，“我不能放弃，假如我放掉那个男孩的手，我一天都活不下去。”这是为什么呢？

叔本华的答案是，这种心理上的危机，代表突破一种形而上的理解。也就是了解到你与他人是一体的，你们本来就是一个生命的两面，当下的分隔，只不过是在时空条件下体验形体的方式结果罢了。我们的真实在于与所有的生命结合一致。这个形而上的真理可以在危机之下立即体验到。依叔本华所说，它就是你生命的真理。

英雄就是为了实践这一真理的某个面向而牺牲自己生命的人。爱你的邻居的这个观念，正是让你去接触这个事实。不论你是否爱你的邻居，当你理解到这点时，你将会随时准备牺牲自己的生命。那个夏威夷警察并不认识那个年轻人，也不知道他要为谁牺牲。叔本华说，在许多小地方你可以看到这类事天天都在发生。人们常常解救他人或为彼此作出无私的行为。

神的自我牺牲与人性的觉醒

莫：所以当耶稣说，“要爱人如己。”他实际上是说，“**爱你的邻人，因为他就是你自己。**”

坎贝尔：在东方传统中有一个伟大的人物——菩萨。他的本质是无限的慈悲，据说从他的手指上会滴下神仙食物，给地狱里罪孽深重的众生食用。

莫：这个意义是什么？

坎贝尔：在《神曲》的最后，但丁了解到上帝的爱滋润了整个宇宙，包括最深的地狱。这是非常相似的意象。菩萨代表慈悲，有了它的帮助，生命才有可能。生命是痛苦的，但是慈悲可以让生命继续。**菩萨是已了悟无生境界的人，但却自愿再回来参与这个痛苦的世界。**自愿参与这个世界与被生在这个俗世上，是完全不同的。那正好就是保罗在给腓力比人书中的主题。耶稣"不以自己与神同等为强夺的，反倒虚己，取了奴仆的形象……以至于死，且死在十字架上。"那是对破碎生命的自愿参与。

莫：所以你同意 12 世纪的皮埃尔·阿伯拉尔（PierreAbélard）的说法，他说耶稣的十字架之死，不是缴纳赎金式的偿还，也不是惩处，而是整个人类的救赎。

坎贝尔：这是基督为何必须被钉死，或是他为何被选上的最成熟解释。早期的解释是：因为亚当在伊甸园的罪，人类把自己出卖给魔鬼，上帝必须把人类从魔鬼手中赎回来，所以他把自己的儿子耶稣作为赎金。教皇格列高利（Pope Gregory）提出了这个把耶稣当成诱饵引诱魔鬼上钩的解释。这是偿债的观念。另一个版本中，上帝被人类在伊甸园中傲慢无耻的行为激怒了，所以他把人逐出慈悲的范围外。而唯一能替人偿还上帝的方式，便是和原罪一样重要的牺牲。没有人可以做这样的牺牲，所以上帝的儿子便变成人来还这个债。

但是阿伯拉尔的概念是：基督被钉到十字架上，以激发人心中对生命苦难的慈悲之心，并去除人对这个物质世界的盲目执着。只有在基督的慈悲里，我们才转向基督，所以负伤者成了我们的救世主。

这可从中世纪受伤的国王，也就是圣杯国王的概念中反映出来。国王受到无法治愈之伤的痛苦，受伤者再次成为救世主。是苦难激发了人类心中的人性。

莫：所以你同意阿伯拉尔所说，人类渴求上帝，上帝之渴求人类，在十字架上的慈悲中交汇了。

坎贝尔：是的。**只要有时间存在，就有痛苦。除非你有过去，否则不可能有未来。如果你爱上了现在，不论它是什么都将变成过去。失去、死亡，失去、死亡就这样周而复始下去。**冥思十字架就是冥思人生奥秘的象征。

莫：那也是为什么真正的宗教转化或改变信仰，常常带来极大的痛苦。因为人类很难放下自己。

坎贝尔：《圣经·新约》教我们要让自我死去，真实地承受由这个世界及其价值所带来的死亡痛苦。这是神秘论者的用语。自杀也是一个象征性的行为。它是要把当时的心理状态抛去，以便使自己更健全。**你只有把当前的生活抛去，才可能拥有另一种生活。**但诚如荣格所言，你最好不要被象征的情景困住了。你不需要在肉体上死去，你只需要在精神上死去，而以更开阔的生活方式重生。

莫：但它对现代社会而言似乎很陌生。宗教太容易了！你和它的关系好像你穿着一件外衣在看电影。

坎贝尔：是的，大部分的教堂是提供社交集会的好地方。你喜欢那里的人，他们是值得敬重的老朋友，自己、家人与他们相识多年。

莫：这个自我牺牲之救世主的神秘观念，在今天的文化中如何变化？

坎贝尔：在越南战争期间，我记得在电视上看到一群年轻人，冒着极大的危险冲出直升机搭救他们的同伴，而他们并非必须得这么做。所以我又看到同样的事在这里发生，和叔本华所说的为他人牺牲自己生命的意愿一样。有时人类坦白承认他们喜爱战争，因为战争让他们觉得自己真正活着。每天到办公室去是不会有那种感觉的。在战争里，你突然被冲击回真正活着的状态。**生命是痛，生命是苦，生命是恐怖的，但是上帝使我们活着。**在越南的那些年轻人冒死勇敢救他们的同胞时，他们是真正地活着。

莫：有人在站了地铁月台多年后告诉我："我每天都在那儿死去一点，但我知道我是为了家庭才如此。"日常生活中也有些小规模的英雄行为，它自然地发生而无须吸引你的注意。例如，母亲为了家庭而忍受孤独便是如此。

坎贝尔：母亲的角色便是一种牺牲。在我们夏威夷家中的走廊上，常有鸟来吃食。每年都会有一两只母鸟来。你会看到一只母鸟，被她的小鸟争相取食所折磨，五只小鸟的体积比它还大，小鸟们拍着翅膀在她身上窜来窜去。你可能会想，"这就是母性，母亲把自己、把所有东西都给了后代。"这就是为什么母亲会变成大地之母的象征。她是生我们、养我们和我们取食的对象。

莫：刚刚你在说话时，我想到在《动物生命力之道》中，另一个让我觉得类似基督的人物。你记得皮马印第安人创世传说中的救世主人物吗？

坎贝尔：记得。那是个富有教育意义的故事。他是带给人类生命的典型救世主人物，但人类后来把他撕成了碎片。你知道有句古谚："救人性命而成为生命的敌人。"

莫：当世界被创造出来时，他从地底下冒出来，后来又把他的人民从地下引导出来，但是他们转过来反对他，不止杀他一次，而是好几次。

坎贝尔：甚至粉碎他。

莫：但他总是又回到这个世界。最后他走入山中，因为山路曲折难辨，所以没有人跟得上他。他成了一个类似基督的角色，不是吗？

坎贝尔：是的。这里所呈现的也是一种迷宫的主题。山路细微难辨，但如果你知道迷宫的秘密，你便可以去拜访住在那里的人。

莫：假如你有信仰，你便可以追随耶稣。

坎贝尔：你可以。作为秘密宗教的一员，人们学到的第一件事常常是走迷宫。它阻挡了你，但同时这也是通往永生之路。这是神话最后的秘密，它教导你如何走通人生的迷宫，以表现出你的精神价值来。

那也是但丁《神曲》的问题。危机开始于"我们生命的中途"。当身体开始衰弱时，另一套神话便开始进入你梦境中的世界。但丁说，在他的中年时，他曾迷失在危险的森林中。他在那里被象征骄傲、欲望与恐惧的三种动物恐吓。后来象征洞见的罗马诗人维吉尔（Virgil）出现，引导他通过由他的欲望、恐惧与执着化现而成的地狱迷宫，也就是阻止他通往永恒的障碍。但丁后来被带到上帝的喜悦心像中。在皮马印第安人的故事中有相同的神话主题，只是规模较小而已。皮马文化是北美最简单的印第安文化之一。但在这里他们通过自己的方式，使用了和但丁一样高度精致的意象。

莫：你曾写过，“十字架的符号必须被看成对过去与将来永恒肯定的符号。它不仅象征耶稣受难的历史性时刻，也象征了上帝现身于所有时空并参与所有生命苦难的神秘。”

坎贝尔：中世纪神话的伟大时刻，乃是心对慈悲觉醒，以及从热情转化到慈悲的时候。对受伤的国王产生慈悲之心是整个圣杯故事的核心所在。从那里你也得到了阿伯拉尔对十字架的解释——**上帝的儿子到尘世来受十字架处死之苦，乃是为了让我们的心觉醒，变得慈悲，也使我们把心从对世俗生活的眷恋，转移到人类在分享苦难中特有的自我付出价值。**

就这点而言，圣杯传说中的受伤的国王，乃是与基督同等的人物。他的使命是激发慈悲，并且将生命带入死去的荒原，那里有世间所有苦难所产生的精神。就像基督一样，他来到我们面前，是为了激发人们从捕食的野兽变成真正的人类。

他所要激发出的便是慈悲。这是乔伊斯在《尤利西斯》中谈论演绎的主旨。他的英雄斯蒂芬·德迪勒斯（Stephen Dedalus）通过与布鲁姆（Leopold Bloom）共享慈悲，而真正对人性觉醒。那是他的心对爱的觉醒，以及道的开展。

在乔伊斯下一部巨著《芬尼根的守灵夜》中，有一个神秘号码一直出现，它就是1132。它有时会以日期的方式出现，有时会反过来变成地址——西11街32号。在每一个章节里，1132都会以某种形式出现。当我在写《解读〈芬尼根的守灵夜〉》（*A Skeleton Key to Finnegans Wake*）时，我用我所知道的每一种方式去猜想，“在这个数字 1 132 究竟是什么？”然后我回想起在《尤利西斯》中，当布鲁姆在都柏林街上闲逛时，有一个球从塔上掉下来，表示是中午时间，而他想，“自由落体定律，每秒 32 英尺。”我想，32，一定是落体的数字；11 则可能是 10 年的重新计算，1、2、3、4、5、6、7、8、9、10，然后是 11，一切便重新开始。《尤利西斯》中还有许多其他的线索让我这么想，这个数字大概是落体的数字 32 和救赎 11；代表原罪与宽恕，死亡与新生的《芬尼根的守灵夜》与发生在都柏林主要公园之一凤凰公园的事件有关。

凤凰是燃烧自己然后重生的鸟。凤凰公园因此变成堕落开始的伊甸园，以及亚当脑袋上被插上十字架的地方，“哦，凤凰罪鸟”（O felix culpa），乔伊斯说。所以便有了死亡与救赎。这是个看起来相当好的答案，正是我在《解读〈芬尼根的守灵夜〉》一书中提供的答案。但当我后来某个晚上为比较神话学备课时，我读到保罗给罗马人书，并碰到一个奇特的句子，似乎可以概括乔伊斯在《芬尼根的守灵夜》中所想的。保罗写道，“因为神将众人都圈在不顺服之中，特意要怜恤众人。”你不能反叛到使上帝的慈悲无法触及你的地步，所以请给它一个机会。就像路德所说，“勇敢地表现你的原罪”，然后看由此可招来多少上帝的慈悲。伟大的罪人会对慈悲觉醒。这个概念是关于道德与生命价值的矛盾中最重要的一项。

我对自己说，“哎呀，这是乔伊斯所说的真正意思。”我把它写在我的乔伊斯笔记本上，“《罗马书》，第 11 章，32 节”。你能想象我吃惊的程度吗？又是同样的数字 1 132，就从这本书中跳出来了。乔伊斯曾把基督徒信仰的矛盾当作他伟大著作里的主旨。其中他毫不留情地描述人类罪恶历史中，公私怪异行为的各个层次，它们全在那里以爱的方式陈述了出来。

莫：西方人能够把握住不谈神学的神秘体验吗？假如你受制于文化中上帝的意象，且是一个唯物主义者，你如何能体验到巫师们所说的这个终极基础呢？

坎贝尔：人们确实能体验到它。中世纪时那些体验到它的人，通常都因异端邪说之名被烧死。西方最大的异端邪说之一，便是基督宣称的邪说。

他说，“我与父原为一。”他因为说了这句话，而被钉死在十字架上。耶稣后900年的中世纪，有位伊斯兰教伟大的苏非派秘士说，“我与可敬的上帝是一体的。”结果他也被钉死了。当他走向十字架时，他祈祷说，“我的主，假如你曾教导这些人你所教我的道理，他们就不会这样对待我。假如你没有这样教我，这也不会发生在我身上。让我赞美主与它的作为。”另一个苏非派秘士说，“正统社群的功能是提供神秘体验者所渴望的，即通过苦修及死亡而与上帝合一。”

莫：今天是什么造成了这种体验的消失？

坎贝尔：是民主的特质。这个多数法则不仅在政治中有效，同时在思考中也有效。在思考中，当然多数总是错的。

莫：多数总是错的？

坎贝尔：是的。在心灵的领域中，大多数功能则是聆听那些超越了饮食、居所、性和财富欲望的人，并使自己向那种体验敞开。

你读过辛克莱·刘易斯（Sinclair Lewis）的《巴比特》（*Babbitt*）吗？

莫：很久没读了。

遵循你内心真实的喜悦而活

坎贝尔：还记得最后一句吗？“我这一辈子都没有做过一件合乎我自己心意的事。”[①]这个人从来不曾遵循他内心直觉的喜悦而活。我在莎拉·劳伦斯学院教书时，真的亲耳听过这句话。在结婚以前，我习惯到镇上的餐厅吃午饭及晚饭。星期四晚上是布朗克斯维尔（Bronxville）女佣的休假夜，所以很多家庭都外出吃饭。有个夜晚我在最喜欢的餐厅用餐，邻桌坐的是一对父母和一个大约 12 岁骨瘦如柴的小男孩。父亲对男孩说，“喝你的番茄汁。”

男孩说，“我不要。”

父亲更大声地对他说，“喝你的番茄汁。”

这时母亲开腔了，“不要勉强他做他不愿做的事。”

父亲看着母亲说，“他不可能一生中只做他想做的事。否则，他便无法生存。你看看我，我一辈子都没做过一件合乎我心意的事。”

当时我想，“我的天，那是巴比特转世吗？”

那就是从未遵循他内心直觉喜悦而活的人。你也可以在生活里获得成功，但想想看，那是什么样的生活呢？那有什么好的呢？你一生从未做过一件你自己想做的事。我总是告诉我的学生，**去你身体和灵魂要你去的地方，然后保有它，不要让任何人影响你。**

① 译文引自［美］辛克莱·路易斯：《巴比特》，潘庆舲.姚祖培译，漓江出版社，2017 年.——编者注

莫：如果你遵循内心直觉的喜悦而行，会怎样呢？

坎贝尔：你会得到喜悦。在中世纪，在许多地方都出现过一个有趣的意象，那是一个财富之轮。轮子中间有个毂，四周则是可旋转的轮圈。你如果执着于财富之轮的轮圈，你不是从高处随轮子旋转而落下，就是正在从底层向上攀爬。但是如果你在轮毂，你就永远都在同一个的地方，在中心。这就是结婚誓言的意义——不论你是健康或生病，富有或贫穷，我会不离不弃。**我把你当成我的中心，你是我的喜悦，不是因为你会带给我财富、社会特权，而是因为你本身。这才是遵循你内心直觉的喜悦。**

莫：你会如何教导别人把永生之泉和当下即是的喜悦释放出来呢？

坎贝尔：我们一生中会有许多体验，有时会有一些让你对内心直觉的喜悦有所了解。抓住它，没有人能告诉你它是什么。你必须学习认识自己的深度。

莫：你什么时候体会到你的喜悦？

坎贝尔：当我还是个孩子时。我从不让旁人干扰我的方向。我的家人总是帮助我，我只做我真正喜欢做的事。我从没觉得那有什么问题。

莫：父母该如何帮助孩子去认识他们的喜悦呢？

坎贝尔：你必须了解你的孩子，并关注他们。你可以帮上忙的。当我在莎拉·劳伦斯学院教书时，至少每两个星期我会和学生单独会谈，每次大约半小时。假如你正在和学生谈论某个主题，而突然间触及学生所感应的部分，你可以看到学生眼睛张得大大的，表情也变了。生命的可能性也由此展开了。你能对自己说的只是，“我希望这个孩子能紧握住它。”那也许可能，也许不可能，但当他们真能做到时，他们就会在那房间里找到生命。

莫：人们不必成为诗人，就可以做到这点。

坎贝尔：诗人只是把能让他们喜悦的事物变成一种职业或生活形象的人。大部分人所关心的是其他事。我们把自己投入经济与政治活动，或被征召去打一场不感兴趣的战争。在这种情况下，也许就很难紧握住这重要的脐带。这是每个人都得自己想办法磨炼出来的技巧。

但是大多数人都活在这种可以称作“次要关怀”的领域中。他们也有潜能觉醒，以前进到另一领域。我知道可以的，我曾看它发生在学生身上。

以前我在一所男子预科学校教书，常和那些在做职业规划的孩子们谈话。他们问我，“你认为我可以做这个吗？你认为我可以做那个吗？你认为我可以成为一个作家吗？”

我回答，“我不知道。你能忍受10年不受重视的失望吗？或者你认为自己将成为一流作家，你相信自己能写出最畅销的书吗？假如你有勇气坚持你真想要的，不管发生什么，你就去做吧！”

然后他们的父亲会干涉说，“不，你应该学习法律专业，因为那可以赚很多钱。”这样就是轮圈，而不是轮毂，不是遵循你内心直觉的喜悦了。你想要的是财富，还是喜悦呢？

我在1929年学成回到美国，正好是华尔街崩盘的前几周，所以有五年没工作，一个工作机会也没有。但对我而言，这真是一段美好时光。

莫：美好时光？经济大萧条？那有什么好的？

坎贝尔：我不觉得穷，只觉得没钱。那时人们彼此都很友善。例如，我发现了弗罗贝尼乌斯（Frobenius）。他突然间吸引了我，使我觉得必须阅读他的每一本著作。所以我写了封信给在纽约的图书公司，他们寄来了书，并告诉我在找到工作前，不需要付费。我找到工作已经是四年后的事了。

有个老好人住在纽约州伍德斯托克镇（Woodstock），他以每年 20 元的租金，出租所拥有的一小块土地给他认为在艺术方面有潜力的年轻人。那里没有自来水，只有井和汲水器。他说他不会安装自来水，因为他不喜欢没有自来水就无法生活的人。那是我坚持阅读和写作的地方。真美好，我遵循了我内心直觉的喜悦。我会有这个内心直觉喜悦的观念，是因为在梵文这个全世界精神性最高的语言里，有三个代表边缘，代表跳入超越境界大海的地方，即萨特（Sat）、启特（Chit）和阿难（Ananda）。“萨特”表示存在；“启特”表示意识；“阿难”是喜悦或狂喜的意思。

我想，“我不知道我的意识是否健全，我不知道我对自我存在的理解是否恰当，但我知道我的狂喜在那儿。所以让我紧握住狂喜，那会带来我的意识与存在。”我想这办法有效。

莫：我们知道真理吗？如何找出它来？

坎贝尔：每个人都可以拥有自己的深度与体验，以及自己的萨特、启特和阿难有所肯定，即拥有自己透过意识与喜悦的存在。宗教学家告诉我们，除非等到我们死后上天堂，不然不可能体验到喜悦。但我相信，你活着的时候就可以尽可能地拥有这种体验。

莫：喜悦就在当下。

坎贝尔：在天堂，你看着上帝而有美妙的时光，因此你不会有一点儿自己的体验。那不是拥有此体验的地方，此时此地才是。

莫：我偶尔会感觉有一双看不见的手在帮忙。你在遵循内心直觉的喜悦时，是否也有类似的体验？

坎贝尔：一直如此，美妙极了。**我甚至有个迷信，因为看不见的手一直帮助我，所以我相信，如果你循着内心直觉的喜悦而行，你就走上了一条早已等待着你的轨道，你应该过的生活，就是你正在过的生活。当你可以看到这一层时，你便开始遇见你想要遇见的人，而且他们会为你开启心门。遵循你内心直觉的喜悦，不要恐惧，那么这扇门就会为你而开，而你无法预期它会带你到哪里去。**

莫：你对那些没有看不见的手帮忙的人，是否同情呢？

坎贝尔：谁没有看不见的手帮忙呢？是的，他是值得同情的，可怜的小家伙。生命之泉就在这里，而他还在周遭摇摇晃晃，真让人觉得可惜。

莫：永恒生命之泉就在这里？在哪里？

坎贝尔：不论你在何处，只要你遵循你内心直觉的喜悦，你就可享受到那份清新，它一直在你内在的生命中。

THE POWER OF MYTH

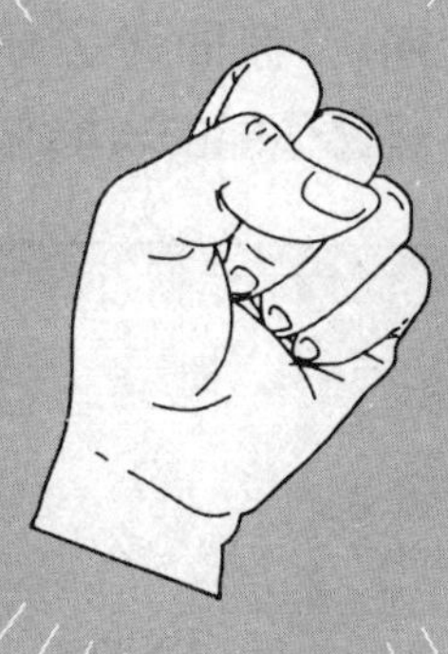

05

英雄的冒险

THE POWER OF MYTH

● 人生是一场冒险，每个人出生时都是英雄。英雄的冒险并不只是英勇的行为，而是一段自我发现的旅程，是遵循你深层的喜悦而活。哈姆雷特问："你面对了你的命运吗?"对此，但愿你能由衷地说一声"是"。

每个人出生时都是英雄

莫：为什么在神话故事中，有这么多的英雄？

坎贝尔：因为那是值得大书特书之事。甚至在流行小说中，主要的角色也都是英雄。他们发现或是做了一些事，其成就与经验超越正常范围。英雄就是把自己的生命奉献给比他伟大的事物的人。

莫：在所有这些文化中，不论英雄穿上什么外衣，他们行为的内涵是什么？

坎贝尔：有两种不同的行为：第一种是身体的行为，英雄借此在战场上作出勇敢之举或解救生命；另一种是精神层面的行为，英雄借此学习体验超常态的人类精神生活，然后回到现世传播信息。

一般的英雄历险是从失去某些事物的人，或觉得较社会正常人缺少某些东西的人开始的。接着这个人便开始一连串的冒险，不是去找回他失去的事物，就是去找寻某些政治生命的万灵丹。这通常是个循环，有去有回。

但是这个冒险的情节与相关的精神意义，在早期一些部落社会成人礼的仪式中便初现端倪。通过这些仪式，孩子被迫放弃他的儿童期，变成一个成人。你可以说死去的是幼稚的个性与心灵，而以一个负责的成年人重新归来。

这是每个人都必须经历的一个基本心理转型。在我们的童年时期，我们有14~21年的时间，要依赖他人的保护与监督。如果你要攻读博士学位，这种状态可能会持续到35岁。因此你绝不是一个能自我负责、自由的主体，而是一个服从命令的依赖者，随时等待别人的惩罚或奖赏。

要从这种心理上不成熟的状态进化出自我负责、自信的勇气，需要一次死亡与重生。那就是所有英雄历险的基本主题，也就是脱离某种境界并发现生命的来源，以将自己带入另一个更多彩多姿而成熟的境界。

莫：所以，即使我们不是拯救社会的伟大英雄，我们在心理及精神上仍可以经历这样的心理历程。

坎贝尔：正是如此。奥托·兰克（Otto Rank）在他那本重要的小书《英雄诞生的神话》（*The Myth of the Birth of the Hero*）中宣称，每个人在出生时都是个英雄，在出生过程中他们经历了一次心理与生理上的极大转化，从一个生活在充满羊水环境里的小水生动物，变成一个呼吸空气的哺乳动物，最后还会站立起来。这是个巨大的转型。假如这是有意识的过程，那一定是一种英雄行为。而母亲那一方也做出了英雄行为，因为这一切都是她带来的。

莫：那么英雄便不全是男性了？

坎贝尔：哦，不是的。男人通常有较显眼的角色，只因为生命的条件使然。他在外面的世界里，女人则在家中。但以阿兹特克人为例，他们会依据人死亡的情况，而把他们的灵魂分配到不同的天堂去。在战场死亡的战士与生产时死亡的母亲，到达的天堂是一样的。生产当然是一种英雄行为，在那个过程里她把自己交付给另一个生命。

莫：你不认为我们的社会已经失去了这一真理，认为出外赚许多钱比在家养育孩子更具英雄性？

坎贝尔：因为赚钱被更多地宣传。你知道那个古老的谚语，“狗咬人不是新闻，人咬狗才是新闻。”因此一再发生的事，不论多具英雄性，都不算新闻。你可以说，母性已经不再有新奇感了。

莫：然而那个美妙的意象——母亲是英雄。

坎贝尔：它对我来说一直是如此。那是我读这些神话时学到的东西。

莫：那是个旅程——你必须从你已知、传统的安全生活中，走出来完成这项旅程。

坎贝尔：你必须从少女变成母亲，那是个很大的改变，有许多危险。

莫：而当你带着小孩一起从旅程归来，你为这个世界带来一些东西。

坎贝尔：不仅如此，你还有一辈子的工作在等着你。兰克对这点做出了说明。他说，有许多人认为他们在出生时的英雄行为，足以使他们获得全人类的尊敬与支持。

莫：但是那以后，仍有旅程要继续。

坎贝尔：接下来是充满考验的更伟大的旅程。

莫：英雄的试炼、考验与折磨有何意义？

坎贝尔：从主观的意愿讲，**试炼被设计用来验证那些要成为英雄的人是否真能成为英雄。他是否真能完成这个工作？他可以克服艰险吗？他有勇气、知识和能力服务他人吗？**

莫：在这个简易速成的宗教文化中，我们似乎忘记三大宗教都曾教过我们，英雄旅程的试炼是人生重要的一环，没有自我克制、付出代价，是不会有收获的。《古兰经》说，"你们还没有遭遇前人所遭遇的患难，就猜想自己得入乐园了吗？"[①] 耶稣在《马太福音》中说，"引到永生，那门是窄的，路是小的，找着的人也少。"而犹太教传统英雄，在达到他们的救赎之前，也需经历极大的试验。

坎贝尔：假如你了解到真正的问题所在：**放下自己，把自己交付给更高的目的或他人，你就会了解到这就是终极的考验。**当我们不再以思考我们自己和自我保护为主时，我们便在意识上真正经历了一次英雄式的转化。

所有的神话都必须处理某种意识上的转化，非此即彼。你一直以某种方式思考，现在你需以另一种方式来思考。

莫：意识如何转化呢？

① 译文引自穆罕默德：《古兰经》，马坚译，中国社会科学出版社，2003 年。——编者注

坎贝尔：不是经由试验本身，就是经由阐明启示。试验与启示便是转化之全部内涵。

莫：在这些故事中是否有救赎的那一刻？比如被龙解救的女人、免于破坏的城市、在紧要关头脱颖而出的英雄？

坎贝尔：是的。除非有成就可言，否则就没有英雄行为。我们可以有失败的英雄，但他通常代表一种小丑角色，也就是那些假装自己有能力而实际没有的人。

莫：英雄与领袖有什么不同？

坎贝尔：这是托尔斯泰在《战争与和平》中处理的问题。当时拿破仑横扫整个欧洲，正准备入侵俄国。托尔斯泰提出这样的问题，“领袖真的是领袖吗？或者他只是被后浪赶超的前浪而已呢？”以心理学的术语来说，领袖就是能洞察到什么可以有所成就，并去执行的人。

莫：一般的看法是，领袖是能辨识不可避免的事并及时采取行动的人。拿破仑是个领袖，但他不是英雄，因为他浮夸自大地宣称自己是为人道而战。他是为法国、为法国的光荣而战。

坎贝尔：那么他就是法国的英雄，不是吗？这是今日世界的问题。当我们关怀的对象是全世界时，某个国家或民族的英雄是我们今天所需的吗？19 世纪的拿破仑就是 20 世纪的希特勒。拿破仑对欧洲的蹂躏是极度恐怖的。

莫：所以你可能是个区域性的神，但不能通过更高宇宙层次的考验？

坎贝尔：是的。这个区域性的神对于被他征服的人民而言，会是一个敌人。他到底是英雄还是恶魔，取决于你关注哪一方面。

莫：所以当那不是一个更大的、神话意义上的行为时，我们就不能称之为英雄行为。

坎贝尔：我不知道，行为可能是一个英雄行为，例如，某人为自己族人牺牲生命。

莫：啊，是的。为国捐躯的德国士兵——

坎贝尔：（他们）和被派去杀他们的美国士兵一样，是英雄。

莫：所以英雄主义是否有道德目的？

坎贝尔：道德目的是去解救某个民族、某个人，或是支持某种理念。英雄为某事牺牲，这就是它的道德性。当然从另外的立场而言，你可以说他所牺牲奉献的理念，是不应该被尊重的。这是从另一方面做出判断，但它并不会摧毁行为内在的英雄精神。

莫：这和我孩提时代看英雄的角度不同，那时我读到关于普罗米修斯找火的故事。当他把火找回来使人类受益时，自己却因此而受苦。

坎贝尔：是的，普罗米修斯把火带给人类，并且因此产生了文明。附带提一下，盗火贼是个普遍的神话主题。常常是个精灵动物或鸟偷了火，并把它交给下一组动物或鸟，带着火跑下去。有时候这些动物在传递火炬时，被火焰所烧伤，这通常用来解释为何它们的皮毛颜色不一。盗火贼是非常普遍的全球性故事。

莫：每个文化的人都试图解释火从何处来？

坎贝尔：这个故事并不是试图解释火的来源，它和火的价值有更大的关系。盗火贼使人有别于动物。晚上在树林里，你点燃火炬，便可以使动物远离你。你可以看到他们闪闪发亮的眼睛，但他们在火的范围之外。

莫：所以说故事的目的不是只想启发别人，或是陈述道德观点而已。

坎贝尔：是的，他是在评估火的价值，火对我们的重要性，以及是什么使人兽有所区别。

莫：你对神话的研究，是否使你认识到人类有某种形式的追求，或一套灵感与思想的标准模式，构成全人类某些共同点，不论我们是生活在 100 万年前还是 1 000 年以后？

坎贝尔：有一种特定的神话，你或许可以称它心象追求，追求一种恩赐，一种心象，它在每个神话中的形式都一样。那是我在我的第一本书《千面英雄》中想要呈现的。所有这些不同的神话，都给我们同样的基本要求。离开你现在的世界，然后深入、远行或攀高。在那里，你会找到平日生活的世界里欠缺的东西。之后的问题是，要么坚持它，抛掉现实世界，要么就是带着那个恩赐回来，并且在回到你的社会时，仍然紧紧地抱着它不放。那不是件容易的事。

莫：所以，英雄追求某种事物，他不只是搭便车，也不只是个冒险者？

坎贝尔：这两种英雄都有。有人会选择经历那种旅程，有人则不会。在某种冒险中，英雄负责任地、有意地出发完成他的英雄行为。例如，奥德修斯的儿子忒勒马科斯（Telemachus）被雅典娜告知，“去找你的父亲”。寻找父亲的行为，是许多年轻人主要的英雄冒险。那是找出你的人生目标、生命本质和来源的冒险。你是有意去做的。另外还有苏美尔人天空女神伊南娜（Inanna）的传说，她降生到地下世界，在经历死亡后把她的爱人救活。

也有被外力强迫的冒险，例如被征召从军。你不是自愿的，但你在冒险中。你已经经历了死亡与复活，你穿上了制服，你变成另一种生物。有一种常出现在凯尔特人神话中的英雄，是高贵的猎人。他尾随麋鹿的引诱，来到一片他从未到过的森林。在这里，经历转化的动物变成了仙女山（the Faerie Hills）的女王。这一类的冒险英雄完全不知道自己在做什么，而是突然间发现自己在一个转化过的领域中。

莫：经历那种旅程的冒险者，在神话的意义上是个英雄吗？

坎贝尔：是的，因为他一直准备接受冒险。在这些故事里，英雄准备接受的冒险就是他所经历的那一个。就象征意义而言，这个冒险是他个性的显现，背景以及环境的条件都与他的准备相匹配。

莫：在乔治·卢卡斯的《星球大战》里，索罗先以商人的角色出现，最后却变成英雄，解救了卢克·天行者。

坎贝尔：是的。索罗做出为了别人而牺牲自己的英雄行为。

莫：你认为英雄是由罪恶感产生出来的吗？索罗会因为抛弃天行者而有负罪感吗？

坎贝尔：那要看你以哪一套理念系统来解释。索罗是一个很实际的人，至少他认为自己是个物质主义者。但是他同时是个慈悲的人，只是他不知道罢了。这次冒险激发出他性格中不为自己所知的品德。

莫：所以，或许这个英雄就潜伏在我们每个人之中，只是我们不知道而已？

坎贝尔：我们的生命激发我们的性格。随着你的成长，你会更了解自己。那就是为什么你最好能把自己置于可以激发你较高层次的本质的环境中。“不叫我们遇见试探。”

何塞·奥尔特加·伊·加塞特（Ortega y.Gassatt）在《堂吉诃德沉思录》（*Meditations on Don Quixote*）中谈到环境与英雄。堂吉诃德是中世纪最后一位英雄。他骑马出去找巨人，但是他的时代里没有巨人，只有风车。奥尔特加指出，这个故事发生在开始以机械观点解释世界的时代，所以环境不再从精神上对英雄作出回应。英雄现在碰上的是一个冷酷的世界，不会对他的精神需求作出反应。

莫：风车？

坎贝尔：是的，不过堂吉诃德还是让自己加入了这次冒险，因为他虚拟了一个情境，认为是魔术师把他刚刚碰到的巨人变成风车了。你也可以这么做，假如你有诗一般的想象力。但是早期并不是一个机械社会，英雄为一个活生生的世界感动，这个世界可以对他的精神准备作出回应。

现在的世界变得完全机械化，在物理科学和行为心理学的理论背景下，我们成为一组只是对刺激有反应的可预测的线性模式。19世纪的这一解释，已把人类意志的自由压挤出当代生活之外。

莫：从政治的意义而言，当这些英雄神话教我们观察其他人的行为时，是否有让我们只在竞技场、体育馆或电影中，看其他人伟大的演出，并借以安慰自己无能的危险？

坎贝尔：我想这是近来在西方文化中全面影响我们的事。那些观看运动竞赛却不亲身参与的人，会有一种替代的成就感。但当你想到，在我们文明中人们真正经历的事，你会觉得做一个现代人是很严酷的。那些肩负家庭经济重担的人，生活是单调而艰辛的。这是一辈子消耗精力的事。

莫：我以为那是 12 世纪与 14 世纪的人所受的折磨。

坎贝尔：他们的生活模式比我们积极得多，我们坐在办公室里。在我们的文明中，中年危机的问题是很明显的。这一点是意味深长的。

莫：你似乎是有感而发。

坎贝尔：我已过了中年，所以我对此多少知道一点。我们这种久坐不动的生活模式，其特征就是心智上也许有刺激，但是身体却无法参与。所以你必须刻意地从事机械性运动，每天做健身操等。我觉得我很难喜欢这样的事，但事实却是如此。否则你整个身体会对你说，“喂！你完全忘了我的存在，我快变成一条阻塞的溪流了。”

莫：我仍然觉得这些英雄故事极可能会成为某种镇静剂，在我们身体内发挥作用，使我们只被动地观看，却不行动。另一方面，我们世界的精神价值似乎枯竭了。人们总有无力感。对我而言，那是当代社会的诅咒，因为人们觉得无能、倦怠，并与他周遭的世界秩序疏离出来。也许我们需要一个英雄，来表达我们深切的渴望。

坎贝尔：你所描述的正是艾略特的《荒原》，它是已加在我们身上且不真实的生命与生活，是一种社会窒息。它不能激发我们的精神生活、我们的潜能，甚至我们生理上的勇气。当然，直到非人性的战争爆发时，才会有一点儿变化。

莫：你不是反对科技吧？

坎贝尔：一点儿也不。代达罗斯（Daedalus）或许可以被称为古希腊的最佳技师，他把亲手制作的翅膀装在儿子伊卡洛斯（Icarus）身上，以便他可以飞逃出他发明的克里特迷宫，他告诉儿子，“以中庸之道飞行。别飞太高，否则太阳会熔掉你翼上的蜡，你会摔下来。也别飞太低，否则大海的潮汐会冲到你。”代达罗斯自己以中庸之道飞行，但是他眼看着儿子越飞越高兴，最后飞得太高了。蜡熔了，男孩掉入大海中。因为某种原因，人们谈论伊卡洛斯比谈论代达罗斯还多，好像翅膀本身需要为这个年轻飞人的坠落负责。但这不是责怪工业或科学的例子。可怜的伊卡洛斯掉入水中，以中庸之道飞行的代达罗斯，却成功地到达了彼岸。

某个印度教经典说，“危险的道路就像剃刀的锋口一样。”这也是中世纪文学的主旨。当兰斯洛特（Lancelot）把桂妮维尔（Guinevere）从囚禁处救出来时，他必须赤手赤脚站在一柄剑的边缘上，穿过急流的溪。当你从事一项全新的冒险或突破既有的基础时，不论它是某种科技的突破，或只是一种生活方式的改变，都没有人可以帮得上忙。这时总会有激情过度或忽略某些技术细节的危险。于是你就掉了下去。“危险的道路就是这样。”**当你遵循欲望、热情和情绪的道路时，要不断控制你的心，别让它强行把你拖入灾难中。**

莫：你有个十分有意思的学术论点，你不相信科学与神话是冲突的。

坎贝尔：是的，它们不冲突。科学现在已突破到生命奥秘的层次，进入神话讨论的范畴。它已走到边缘。

莫：这个边缘是……

坎贝尔：这个边缘就是，可以被知道与永远不能被发现这两个领域之间的界面。因为人生奥秘是超越所有人类研究的。生命的来源是什么？没有人知道。我们甚至不知道原子是什么，是波还是微粒？它两者皆是。我们对这些事情的真相毫无概念。

　　这是我们谈神性的缘故。宇宙确实有超越的能量渊源，但当物理学家观察亚原子粒子时，他看到的只是银幕上的痕迹而已。痕迹来了会去，来了会去，而我们也是来了会去，所有的生命都是如此。这个能量是生成万物的能量。神秘主义崇拜的就是这个能量。

莫：你有最喜爱的神话英雄吗？

坎贝尔：当我还是个孩子时，我崇拜两个英雄：一个是道格拉斯·范朋克，另一个是达·芬奇。我希望成为两者的综合。今天，我没有任何一个英雄偶像。

莫：我们的社会有吗？

坎贝尔：有的。是基督。美国则有华盛顿、杰斐逊，以及后来的丹尼尔·布恩（Daniel Boone）等人。但今日的生活是如此复杂、变化如此之快，以致没有事情可以在被丢弃以前凝塑成形。

莫：我们今天所崇拜的似乎是名人，而非英雄。

坎贝尔：是的，那是很糟的。一份送到布鲁克林一所中学的问卷中问道，“你想成为什么样的人?”有 2/3 的学生回答，“名人。”他们完全没有“必须付出、以成就某种事业”的概念。

莫：只要成名。

坎贝尔：只想成名，拥有名誉。这太糟糕了。

莫：社会需要英雄吗?

坎贝尔：是的，我想需要。

莫：为什么?

坎贝尔：因为它必须有凝聚力量的意象，以便把各种分离的倾向结合在一起，有意地把它们结合在一起。

莫：以便有可以遵循的途径。

坎贝尔：我想是。国家必须有某种意念，才能以统一的力量运作。

莫：人们对约翰·列侬之死所流露的真情，你的看法如何?他是英雄吗?

坎贝尔：喔，他绝对是个英雄。

莫：请用神话的意义来解释。

坎贝尔：就神话的意义而言，他是个创新者。披头士乐队所带来的艺术形式是当时已经成熟的东西。他们与他们的时代契合得很完美。假如他们早出道30年，他们的音乐便会失败。公众英雄对时代需求很敏感。披头士乐队把一种新的精神深度注入流行音乐之中，然后掀起了一股对冥想和东方音乐的时尚风潮。东方音乐在此前被当成一种满足好奇心的对象，已有许多年了。但在披头士乐队出现之后，我们的年轻人似乎知道它是怎么回事了。这类音乐我们愈听愈多，它也依照原始的用意，被用来协助冥想。这就是披头士带动起来的。

莫：有时我觉得，我们似乎应该同情英雄，而不是羡慕。他们中许多人为了别人，牺牲了自己的需要。

坎贝尔：他们都是如此。

莫：而且通常他们的成就都因为追随者没有看到，而被粉碎。

坎贝尔：是的。你从森林中带着金子走出来，最后金子却变成了灰烬。那是神话故事里有名的主题。

莫：在奥德修斯的故事中，有一件令人难忘的事故。当船被打碎，船员被抛出船外，奥德修斯随着海浪载浮载沉。他抓住一根桅杆终于登上岸，文中写着，“最后孤独了，最后孤独了。”

坎贝尔：奥德修斯的冒险有点复杂，不是三言两语就可以说清楚的。但那次特别冒险的船难发生在太阳之岛——最高启示之岛。假如船没有失事的话，奥德修斯也许还留在岛上，像瑜伽修行者一样，在达到最高的觉悟后，就停留在极乐的境界中不再回来了。但是希腊人要让价值为人所知，并在生活中实践觉悟的观念，所以奥德修斯又回来了。在太阳之岛上有个禁忌，人不该杀掉太阳神的公牛来吃。

但奥德修斯的部下因为非常饥饿，杀了太阳神的牛群，这就是造成他们沉船的原因。他们在那至高的精神之光中，较低级的意识状态仍然在发生作用。当你处于如此明亮的意识状态下，你不应该想，“哎呀，我好饿，请给我一份烤牛肉三明治。”奥德修斯的部下尚未准备好或还不够格接受这样的体验。那是尘世的英雄达到最高的明觉状态后又回来的典型故事。

莫：你在写到奥德修斯这个苦乐交加的故事时说道，“奥德修斯的悲剧精神正如来自人生美丽和优越的深度快乐。也就是窈窕淑女的高贵可爱、男子气概和男人的真正价值等。但故事的结束却是尘土灰烬。”我们可以从中得到什么启发？

坎贝尔：**你不能因为它的终点是坟墓，就说生命是无用的。**品达（Pindaros）在为庆贺一位刚荣获皮松（Pythian）摔跤比赛冠军的年轻人的诗中，有一段发人深省的句子。他写道，“一天的生物，它是什么？又不是什么？人只是一个阴影的梦。然而当从天堂射下一道阳光，就像对人的恩赐，人就是沐浴在阳光下的一个温柔的生命。”古谚说，“空虚，空虚，全都是空虚！”它并不全是空虚。时光的瞬间本身不是空虚，它是胜利和喜乐。这种强调在胜利的时刻中求得完美巅峰的精神，是非常希腊的。

莫：不是许多神话里的英雄都为世界而死吗？他们受苦，他们被钉死。

坎贝尔：他们有许多是牺牲了生命。但神话里也说从他们付出的生命中，有新生命出来。也许不是英雄的生命，但它是个新生命，一种存在或生成的新方式。

莫：这些英雄故事背后的文化不同。东方文化的英雄和我们文化的英雄有何不同？

坎贝尔：是觉悟的不同与行为的文明程度不同造就了不同的英雄。早期文化有一个典型的杀怪兽的英雄，那是史前时期的一种冒险形式，那时人类正在危险、不安的荒野中塑造他们的世界。他便四处杀怪兽。

莫：所以英雄就像其他大多数的概念与观念一样，是随时间演化的？

坎贝尔：它是随着文化演化的。例如，摩西是个英雄人物，他登上山顶，在顶峰会见耶和华，然后带回规范整个新社会的戒律。那是典型的英雄行为三部曲——出发、完成、返回。

莫：佛陀是英雄人物吗？

坎贝尔：佛陀成道之路与基督大致相似，当然，佛陀比基督早500年。你若沿着一条线比较对照这两个人物，即使对比他们和自己近身的弟子、使徒们的角色、性格，也是如此。例如，你可以对照阿难与圣·保罗。

莫：你为何把你的书叫作《千面英雄》？

坎贝尔：因为从全世界许多不同历史阶段的故事里，可以找出一种特定的、典型的英雄行为规律。基本上，它甚至可以被说成是只有一个原型的神话英雄，他的生命被不同地域的许多民族复制了。传说中的英雄通常是某种事物的创建者，例如新时代的创建者、新宗教的创建者、新城市的创建者、新生活方式的创建者等。为了发现新的事物，人们必须离开旧有环境，而去寻找像种子般的观念，一种能酝酿得出新事物的观念。所有宗教的创建者都经历过类似的寻求历程。佛陀独身隐修，而后坐在象征不朽知识的菩提树下。在那儿他所成就的正觉，照亮了整个亚洲达 2 500 年之久。

在给施洗者约翰洗礼后，耶稣走入沙漠 40 天，从沙漠出来后，他带回了天国的福音；摩西走上山顶，带下来十诫的律则；也有新城市的创建者，几乎所有古希腊的城邦，都是由外出寻求、历经惊奇冒险的英雄所创建的。你也可以说那是生命的创建者——你我的生命，假如我们过自己的生活，而不是模仿他人的生活，那当然也是要经历一番寻求才能得到的。

英雄的冒险是对新世界的觉醒

莫：为什么这些故事对人类这么重要？

坎贝尔：那要看是什么样的故事。假如故事代表的是一种所谓的原型冒险，例如孩子变成年轻人，或是对在青春期开放的新世界的觉醒等故事，它可以提供一个应付这种发展过程的模式。

莫：你说过故事可以帮助我们渡过危机。我孩提时代读的故事，它们都有个快乐的结局。后来我发现人生充满了沉重的、放纵的、残酷的现实。我想就像我们买一张票去看吉尔伯特和沙利文的轻歌剧一般，当我们进入戏院时，才发现是哈罗德·品特（Harold Pinter）的严肃戏剧。也许是童话故事使我们无法适应现实。

坎贝尔：童话故事是娱乐性的。你要区分两种故事，一种是在社会与自然秩序下，和严肃生活问题有关的神话；另一种则是具有同样主题，但是为了娱乐的童话故事。即使大部分的童话故事中都有个圆满的结局，但在到达圆满前，一定会有典型的神话主题产生，例如陷入麻烦中，然后听到某个声音或有某人救你出去等。

童话故事是给孩子的，通常与不愿长大成人的小女孩有关。当她要跨越那道成长危机的门槛时，突然停了下来。所以她去睡觉，直到王子通过层层障碍前来，使她觉得跨越过去也不错。许多格林童话故事都以陷入困境的小女孩为主角。所有斩龙和跨越门槛的故事，则和通过这个困境有关。

原始社会中，成人礼的仪式都有神话意义做基础，并和杀掉幼稚的自我、长大成人这个概念有关，不论男女都一样。男孩要比女孩困难，因为生命一直紧追女孩。不论她自己愿意与否，她都会变成一个女人，但小男孩则必须要自己有意愿成为男人才行。第一次月经来潮，女孩就变成女人了，接下来便是怀孕，成为母亲。男孩首先得切断自己对母亲的依恋，把力量集中在自己身上，然后才能出发。那就是神话中“年轻人，去找你的父亲”这句话的意思。在《奥德赛》里，忒勒马科斯和他母亲一起生活。当他20岁时，雅典娜女神跟他说：“去找你的父亲。”那是贯穿整个故事的主题。有时候它是神秘体验的父亲，但有时候，像在《奥德赛》中，它是指生理上的父亲。

童话是孩子的神话。不同时期的人生各有其最贴切的神话。当你年纪渐长，你需要的是让你更坚强的神话。当然，代表基督教基本意象的十字架的故事，诉说的便是永恒降临时间与空间的世界并遭到肢解，但它也谈及从时空的领域到永生的世界。所以我们钉死尘世的身体，让它受苦，然后透过肢解，我们可以进入超越一切尘世痛苦的精神领域。有一幅十字架受难图被称为“基督的胜利”，其中他的头不是垂下，也没有血从身上流出，而是头挺立着，双目睁开，好像是自愿来受刑的样子。圣·奥古斯丁在某处写到，耶稣走向十字架有如新郎去见新娘一样。

莫：所以有适合年长者的道理和适合孩子的道理。

坎贝尔：是的。我记得有一次，齐默尔在哥伦比亚大学讲印度教，他提到人生一切如梦境，如泡影，都是幻象的观念。在演讲结束后，有个年轻女孩走向他说，“齐默尔博士，您关于印度哲学的演讲很精彩！但是幻象，我不了解，我对它没感觉。”

“哦”，他说，“要有耐心！你还没到时候，亲爱的。”当你年纪渐长，你认识的人，原本活着的人都走了，而世界本身也在逝去，人生是幻象的神话才会走进你心里。但对年轻人而言，世界是有待以爱去接触、面对、学习和战斗的对象，所以是另一种神话。

莫：作家托马斯·贝里（Thomas Berry）说，所有的一切只是故事的问题。故事是我们指派给生命与宇宙的情节，是我们对事情该怎样进行的基本假设与信仰。他说我们现在麻烦了，“因为我们在新旧故事之间，旧的故事支持了我们很长时间。它塑造我们的感情态度，提供生活目标，提供行动的动力，神圣化苦难并引导教育我们。当我们在清晨醒来，知道自己是谁，我们可以回答孩子们的问题。每件事都可以被处理，因为我们有故事。现在老故事不再发生这种作用，而我们还没有学习到新的。”

坎贝尔：我只部分同意你的观点，原因是仍然有还在起作用的老故事，那是精神追求的故事。对内在自我的追求是我在40年前写的那本书《千面英雄》中所要说的故事。神话和宇宙观、社会观的关系，必须等待人习惯他所处的新世界后才行。现在的世界不同于50年前的世界，但是人类内在的生命则完全一样。所以假如你把世界起源的神话放在一边（科学家会告诉你是怎么回事），然后回过头看看什么是人类精神追求的神话、什么是它不同的理解阶段、什么是幼稚到成熟转型的试验，以及成熟的意义等，故事其实一直在那儿。所有宗教里的故事也是一样。

例如耶稣的故事描述的是一个普遍有效的英雄行为。他首先做出那个时代中比较前卫的事情，即替施洗者约翰洗礼。然后他跨过关键的门槛到沙漠中待了40天。在犹太教传统里，40是具有神话意义的数字。

以色列的孩子在荒原里待了40年，耶稣在沙漠待了40天。在沙漠里耶稣经历了三种诱惑。首先是经济的诱惑魔鬼走向他说，“你看起来饿了，年轻人！何不把这些石头变成面包呢?”耶稣回答说，“人不是只为面包而活，而是为上帝说出的每句话而活。”

接下来是政治的诱惑。耶稣被带到山顶观察世界各个国家，然后魔鬼对他说：“假如你向我鞠躬行礼，你就可以控制所有的国家。”这也许不为今人所熟知，但却是成为一个成功政客所必需的一课。耶稣拒绝了。最后魔鬼说，“好，你很出世，让我们到希律（Herod）神庙之顶去。让我看你把自己抛下去，上帝会接住你，你连瘀血都不会有。”这是所谓的灵性膨胀——我是如此精神化，我超越了肉体与世俗的需要。但是耶稣是上帝的肉身，不是吗？所以他说，“你不应该诱惑主，你的上帝。”这是耶稣遇到的三个诱惑，它们在今天的意义就和公元30年一样。

佛陀也是一样，他到森林中向那时顶尖的禅修大师学习，然后超越他们。

在经过一连串的试验与寻觅之后，他来到明心见性的菩提树下。在那里他也经历了三个类似的诱惑：第一个是贪欲，第二个是恐惧，第三个则是顺服大众意见，言听行从。

在第一个诱惑里，贪欲之王在佛陀面前展现他三个漂亮的女儿。她们的名字分别是欲望、满足和懊悔，象征未来、现在与过去，但是已斩断感官欲望的佛陀不为所动。然后贪欲之王把自己变成死神，并利用一群野兽向佛陀身上投掷武器。但是佛陀已在心内找到寂静之处，永恒而不受时间影响。他仍不为所动，投向他的武器全都变成崇拜的花朵。

最后欲神与死神变成社会责任之神，并说，“年轻人，你还没读早上的报纸吗？你难道不知道今天该做什么吗？”佛陀只是以他右手指尖轻碰地面作为回答。于是我们听到宇宙母神的声音，像天边响起的雷声一般说道，“我亲爱的儿子，这是他已经把自己奉献给世界的表示，这里已没有人可以被规范，不要再说这些无益的话了。”这时背上坐着社会责任之神的大象向佛陀跪拜致敬，整个攻击队伍顿时像梦一般消失了。那晚佛陀成就了正觉，留在世上教导人们如何消除自我中心的束缚，时间达50年之久。

前两个诱惑——欲望与恐惧，就是提香（Titian）在94岁勾画亚当夏娃受惑图时的体验。该图现在位于普拉多（Prado）。当然，树是神话世界的轴，在这点上时间与永恒、运动与休息变成一体，而所有的事情都绕着它转动。但在这里，树只以它在时间面向上的意义表现出来，是一种有别善恶、得失、欲望和恐惧知识的树。在右边的是夏娃，她看到的诱惑对象以小孩的形态出现，给她一个苹果，她就被欲望左右了。然而亚当从另一边所看到的是野心诱惑者的蛇，被恐惧侵入了。**欲望与恐惧是控制世界上所有生命的两种情绪。欲望是饵，死亡是钓钩。**

亚当与夏娃为其所转，而佛陀却不为所动。亚当与夏娃带来生命并被上帝诅咒，而佛陀教我们怎样从生命的恐惧中解脱出来。

莫：然而有了孩子——有了生命，就有危险、恐惧和痛苦，不是吗？

坎贝尔：现在我已八十几岁，正在写好几本书。我非常希望能活到完成这些工作时，所以我恐惧死亡。假如我不一定要完成这本书，我死了也没关系。佛陀与耶稣都从死亡中解脱了，然后从荒野回来选择弟子教授他们，弟子们再把这个福音信息传给全世界。

伟大的宗师如摩西、佛陀、基督、穆罕默德等，他们信仰的宗教相差极大，但是他们的心路历程却大体相同。在被真主选中时，穆罕默德是个不识字的骆驼商客，但他每天离开麦加的家，到山上的洞穴中去静坐冥想。有一天有个声音叫他，"写下来"，于是他照做，便成了今日的《古兰经》。那是个很老、很老的故事。

莫：在每个例子中，接受恩惠者都对这些英雄做了奇怪的解释。

坎贝尔：也有某些教师决定不教授任何事，因为社会会遵循他发现的道理而行。

莫：要是英雄从痛苦折磨中回来，人们却不需要他带回来的道理，会怎么样呢？

坎贝尔：那当然是个正常的经验。其实往往并非人们不要先知的礼物，而是社会不知道怎样接受它、怎样把它制度化。

莫：以及如何去保存它，如何去创新。

坎贝尔：是的，如何让它持续下去。

莫：我一直很喜欢一个把生命描绘成从枯骨、伤处与残骸中重生的意象。

坎贝尔：有一种次级的英雄，会去重新活化传统。这种英雄重新诠释传统，把它变成今日有效的生活经验，而不是一些过时的陈词滥调。这是所有的传统都必须要做的工作。

莫：许多宗教都以它们自己的英雄故事开始。整个东亚都因佛陀带回来的律法教义而受惠，而西方则受到摩西从西奈山带下来的律法护佑。部落或地方的英雄为他们各自的民族表现英雄行为，而世界性的英雄如穆罕默德、耶稣和佛陀则从远处带来信息。这些宗教英雄带回来的是神的神奇，而非神的蓝图。

坎贝尔：你在《圣经·旧约》里可以发现一大堆律法。

莫：但那是宗教到神学的过渡。宗教起于惊奇、敬畏，它试图告诉我们故事，以便与上帝结合。于是它成为一套神学作品，每件事都被简化成规则或信念。

坎贝尔：那是把神话简化成神学。神话是非常具有流动性的。大部分的神话都是自我矛盾的。同一神秘现象甚至可以在一个特定文化里，找到四五种不同版本的神话解释。后来神学的出现使得事情必须从固定的角度来解释。神话是诗，诗的语言是非常有弹性的。

宗教把诗变成散文。上帝是真实的存在，这是他真的这么想的事，这是你应该表现的方式，以便与那里的神保持适当关系。

莫：你不需要相信有亚瑟王这号人物，仍然可以得到这些故事的启示。但基督徒说我们必须相信那里有个基督，否则奇迹便不会发生。

坎贝尔：它们和希伯来先知以利亚（Elijah）显现的奇迹是一样的。有一些奇异的东西悬浮着，就像粒子飘在空中一样。有某种修行境界的人来到那里，这些东西便聚集到他四周来。这些神奇的故事只是要让我们知道，这个奇人所传授的精神律则，不仅只是物理上的定律，还可以表演精神上的魔术。

但这并不一定表示他真的做了这些表演，当然可能性是存在的。我曾目睹过三四次神迹般的事，人类有时可以做到你认为不觉可能的事。我们并不晓得可能的界限在哪里。但是传说中的奇迹不一定是确实发生的事。佛陀走在水上，耶稣也是。佛陀上了天，又回来。

莫：我记得你曾在演讲中画了一个圆圈，然后说，“那是你的灵魂。”

坎贝尔：那只是教学用的道具罢了。柏拉图曾说，灵魂是个圆。我把这个概念用在黑板上，画个圆表示灵魂。然后我从中间画了一条水平线，代表意识与潜意识的分离。我用一个在圆心的黑点表示我们生命能量来源的中心，它在水平线以下。婴儿的每个意念都来自他那娇小身体的需求。那是生命开始的方式，大体上婴儿是生命的冲动。然后心出现，想要知道这是怎么回事，我要的是什么？我怎么得到它？在水平线上的是自我，我用小正方形表示，那就是我们认作是中心的部分，但是你知道那是离圆的中心很远的。我们认为这是掌控一切的力量，但它不是。

莫：什么是掌控一切的力量？

坎贝尔：这种力量是从极深的下方涌上来的。人们开始了解这种力量的时期是在青春期。那时整个身体开始产生一套全新的需要系统。青春期的男孩子完全不知道如何处理这个情况，只能猜想是什么在推动他，而推动女孩子的力量就更神秘了。

莫：很明显的是，我们来到这个世界时，已带了一种记忆盒在身上。

坎贝尔：令人惊讶的是，有多少记忆藏在那里。当奶头靠近婴儿时，他知道要做什么。那里有一整套设计好的行为，我们在动物身上看到的，我们称他为本能，那是生物的基础。但是当某些事让我们感到厌恶、困难、恐惧，甚至有罪恶感，而我们不得不去做的时候，那就是我们有烦恼的心理问题的开始。

在这些事情里，神话扮演基本的教化角色。今天我们的社会并没有给我们这类适当的神话指导，因此年轻人觉得把他们的行为整合起来很困难。我有个理论，假如你可以找出某人有阻碍的地方，应该也可以在神话中找到一个与该问题相对的部分。

莫：我们常听人说，“和你自己接触”。你认为这有什么意义？

坎贝尔：**由于经常受到旁人理想与意志的影响，你非常有可能对你真的要什么，或是你可能变成什么，一无所知。**我认为任何一个在极端严格和威权社会情境长大的人，是不太可能了解自己的。

莫：因为你总是被告知要做些什么。

坎贝尔：你被切实地告知要做什么，每分每秒。你简直像是在军队里，这就是我们现在所做的。一个在学校的孩子，总是在做他被告知要做的事，所以你才会算日子等待假日的到来，因为那是你做自己的时候。

莫：神话对于如何与另一个自己、真正的自己接触，提供了哪些信息？

坎贝尔：神话教我们的第一件事是遵循神话本身的暗示，其次是你的宗教导师和教授的指引，他们应该知道神话的暗示。这就像运动员找教练一样。教练告诉他如何把他的能量用在比赛中。一个好的教练并不会告诉运动员如何提起他的手臂或诸如此类的事。他会看着运动员跑，然后帮助他修正自己的自然模式。一个好的老师会看着年轻人，认出他的可能性，然后再给建议，而不是命令。命令的形式是“这是我做事的方式，所以你必须也这么做”。某些艺术家便以这种方式教导他们的学生。但是在任何情况下，教师应该好好跟学生谈谈，给他们一些线索。假如没有人为你这么做，你必须自己从零开始，之前的工作都是无用的。

有一种好方法是，去找一本处理你现在面临问题的书。那一定会给你某些线索。我自己从托马斯·曼和乔伊斯的书中得到指示，他们两人都用基本的神话主题来解释当代青年成长中的问题和领悟。你可以通过那些了解这类问题的小说家的作品，找到你自己的神话指导主题。

莫：那是让我感兴趣的地方。假如我们幸运的话，假如神在微笑，大约每一代都会有某人出现，启发我们的想象力，让我们踏上目前的旅程。在你的年代是乔伊斯和托马斯·曼。在我们的时代，大概是电影吧。电影是否能创造英雄神话呢？你认为像《星球大战》那样的电影，是否满足了部分英雄典范的需要呢？

坎贝尔：我曾听到年轻人使用乔治·卢卡斯的某些术语，例如“原力”（the force）和“黑暗面”(the dark side) 等，所以它一定有某种影响力。我会说，它是个很好的教育。

莫：我想这部分解释了《星球大战》的成功。并不是只因为它制作的成本，才使得它成为值得一看的佳片，而是因为它推出的时间，正值人们需要以一种可辨认的意象来观看善恶交战的故事之时。他们需要理想主义，去看一种基于无我而非自私的浪漫。

坎贝尔：邪恶力量不能透过任何世俗概念被认识，这个事实意味着它是一种抽象的力量，代表一种原则，而不是特定的历史情境。这个故事和原则的运作实践有关，而非这个国家攻打那个国家。《星球大战》里戴在演员脸上的野兽面具，代表了当代世界真正的野兽势力。当达思·韦德（Darth Vader）的面具被拿掉时，你看到的是个未成形的人，一个尚未发展成为人类个体的人。你所看到的是一张奇怪的、可怜的、无法辨识的脸。

莫：这个意义是什么？

坎贝尔：韦德尚未发展出他自己的人性。他是一个机械人。他是一个官僚，不是为他自己而活，而是为了一套外加的系统。这是对我们生活的恐吓，是我们今日共同面临的课题。

是这个系统将打败你，否定你的人性呢？还是你能运用这个系统，达到人性化的目的呢？你要和这个系统保持怎样的关系，才不至于受制于它？试图改变它以符合你的想法是没有用的。它背后的历史动力太强大，因此从那种行为衍化出意义的机会很渺茫。**你要做的是学习在你身处的历史时期活得像个人。**

那是另一件事，是可以做到的。

莫：怎么做呢？

坎贝尔：**坚持你对你自己的理想，就像卢克·天行者一样，拒绝外在系统强加在你身上的非人性要求。**

莫：我带两个儿子去看《星球大战》，在最后攻击的高潮时刻，当本·克诺比（Ben Kenobi）的声音对天行者说“关掉电脑，关掉机器，自己来做，遵循你的感觉，相信你的感觉”时，他们俩和所有的观众也都同样做了。当他这么做后，他成功了，所有的观众都热烈鼓掌。

坎贝尔：你看，电影是可以沟通的。它是以那种语言来和年轻人交谈，这点很重要。这部电影要问的是，**“你要做一个有良心、有人性的人呢（因为那是生命之所在，从心而来）？还是要依据所谓的‘意志力量’（intentional power）所要求的去做呢？”**当克诺比说“愿原力与你同在”时，他所说的是生命的力量与能源，而不是经过设计的政治意志。

莫：我对原力的定义感到好奇。克诺比说，“原力是所有生命产生的能量场。它环绕着我们，它穿透我们，它把宇宙银河结合在一起。”而我在《千面英雄》中，也读到对世界肚脐、神圣地带和创世刹那力量的类似描述。

坎贝尔：是的。当然，原力从内而动。但是“帝国”的力量，则建筑在征服与控制的意志基础上。《星球大战》不是一出简单的道德戏码，它和生命的各种力量有关。透过人的行为，它们或被完成，或被打破，或被压抑。

莫：第一次看《星球大战》时，我想，“这是一部非常老的故事，可是穿上了非常新的戏服。”年轻人受到召唤去冒险，英雄去外面接受试炼与折磨，在胜利后带着给社会的恩惠回来等。

坎贝尔：当然卢卡斯所用的是标准的神话人物。提供咨询意见的老人，让我想到了日本的剑道师父。我认识一些剑道师父，克诺比有一些他们的特质。

莫：剑道师父做什么？

坎贝尔：他是武士中真正的专家。东方的武术修行，超越所有我在美国体育馆内见过的活动项目。在训练中同时结合了生理与心理的技术。这种特质在《星球大战》中有相当水准的表现。

莫：也有神话的要素在内。有个陌生人出现赐予英雄某种工具，以帮助他……

坎贝尔：他不仅给他物质上的工具，同时也给他心理上的信念与中心。这种信念超越你的意志系统。你和事件成为一体。

莫：我最喜欢的一场戏是，当他们在一个垃圾压缩器里面时，南面的墙不断靠近，我想，“那就像是吞下约拿（Jonah）的鲸鱼肚。”

坎贝尔：那就是他们所在之处，在鲸鱼肚里。

莫：肚子的神话意义是什么？

坎贝尔：肚子是消化和产生新能量的黑暗地方。约拿在鲸鱼肚里的故事，实际上就是一个普遍神话主题的例子。英雄进入鱼腹，最后又跑了出来，并已转化。

莫：为什么英雄一定要这么做?

坎贝尔：那代表下降到黑暗中。就心理意义而言，鲸鱼代表潜意识中的生命力量。从隐喻的观点说，水是潜意识，水中的生物则是无意识的生命或能量。由于潜意识的力量强过意识的人格，所以必须被消除、克服和控制。

在这种冒险的第一阶段，英雄会离开他熟悉而有某种程度控制的领域，并面临一个关卡，比如说湖边或海边，在那里的深渊中有一只怪兽在等着他。于是产生了两个可能性。

在约拿一类的故事中，英雄被吞噬到深渊中，等待稍后的复活。这是个死后复活主题的变化型。意识人格现在已和无法应付的无意识之流相接触，所以必须要承受一个在恐怖夜里行程的考验与启示，并学习如何与这个黑暗力量共处。最后浮现的是一种崭新的生活方式。

另一个可能是，英雄在遇上黑暗力量后，克服它并杀了它，就像齐格弗里德（Siegfried）和圣乔治（St. George）把龙杀掉一般。但诚如齐格弗里德学习到的，他必须要尝龙的血，才能把龙的力量纳入自己体内。齐格弗里德杀了龙，喝了血后，他便听到自然之歌。他已经超越他的人性，重新与自然的力量联系上。也就是和我们生命的力量，运作心的力量联系上。

你看，意识认为它是真正的主人，但它是整个人类的次要器官，它不应该主控一切。它必须臣服于人性，并为之服务。当它真的主控一切时，你就会变成像《星球大战》中韦德那种人，也就是站在意识、意志那一边的人。

莫：黑暗的角色。

坎贝尔：是的。这就是歌德《浮士德》中恶魔梅非斯特代表的角色。

莫：但我想有人会说，“那只是乔治·卢卡斯的奇想，对约瑟夫·坎贝尔的学术有用，但那不是我生活中的事。”

坎贝尔：假如你不能认识它，它可能把你变成韦德。假如某人坚持一个特定的程式，而不倾听内心所需，他就有成为精神分裂患者的危险。这样的人已使自己偏离中心。他把自己划归到某种生活程式中，这是身体一点也不感兴趣的东西。这个世界有许多人都曾停下来倾听自己或邻人，以学习什么是他们该做的、该如何表现，以及什么是他们的生活价值。

莫：就你对人类的了解，是不是可能有一种超越真理与虚幻的冲突，而使我们生活重新复合完整的智慧存在呢？我们能够发展出新模式吗？

坎贝尔：它们已经在各种宗教里了。对它们的时代而言，所有的宗教都是真的。假如你能认识到它们真理中永恒的一面，并把它和现世的应用区分开，你便找到真谛了。

我们曾论过它。即精神上支持肉体的东西，但是它却使肉体产生生理欲望与恐惧；肉体是否能在时间领域中学习去了解并表达它自己最深的生命？我们必须用某种方式找出，什么才是当代生活中孕育我们人性花朵最好的东西，并把自己奉献给它。

莫：不是第一因，而是较高层面的原因？

坎贝尔：我会说，一个更内在的原因。“更高”只是在上面某处，而根本没有

“上面某处”。我们知道这点。在上面的老人已经随风逝去。你必须找出你内在的“原力”。这就是为什么东方的宗教导师让今日的年轻人那样信服。他们说，“它在你里面，去找它”。

莫：不是只有极少数人能面对新真理的挑战，并在生活上依教奉行吗？

坎贝尔：完全不是这样。也许只有少数人可以成为教师或领袖，但这是每个人都可以回应的东西，就像每个人都有潜能去救一个小孩。每个人在他的生活中，都该了解价值不只局限在维持身体和关心当天的经济民生。

杀死那条名为“你应该”的龙

莫：当我孩提时代读到“圆桌武士”时，神话促使我想象自己可以变成一个英雄。我要出去和龙战斗，我要到森林中斩杀邪恶。神话能让俄克拉何马州的农夫儿子把自己想象成是英雄，这点你有什么看法？

坎贝尔：神话启发了你的理解，使你知道自己的完美与力量的圆满，以及把阳光带入世界是可能的。斩杀怪兽便是斩杀黑暗的东西。神话能在内心某处抓住你。当你还是个孩子时，你只会从某个角度来看它，就像我读印第安人的故事一样。神话告诉你更多、更多后，仍然会告诉你更多。我想，任何曾经认真钻研宗教或神话概念的人都会告诉你，我们孩提时代对它们的了解只是一个层次，但是后来许多层次会展现出来。神话的启示是无限的。

莫：我怎样可以斩杀我内在的龙？什么样的旅程是我们每个人都要经历的？是

你所谓的“灵魂冒险”吗?

坎贝尔:我给学生的总原则是,“遵循你内心直觉的喜悦”。找到它,而且不要害怕去遵循它。

莫:它是我的工作或我的人生?

坎贝尔:假如你是因为喜欢而选择了这个工作,那就是了。但是假如你想,“哦,不!我不能那样做!”那就是你内在的龙在锁住你。“不,不,我不能成为一个作家。”“不,不,我不可能做某某人做的事。”

莫:就这点而言,和普罗米修斯或耶稣等英雄不同的是,我们不是在解救世界的路上,而是在解救我们自己。

坎贝尔:但那样做的同时,你拯救了世界。一个有生气的人,他的影响毫无疑问也是充满活力的。**没有心灵的世界是一片荒原。**人们总是认为,改变事情、改变规则,或是改变统治者等方式,才能解救世界。不,不!任何活生生的世界,就是一个世界。你要做的事是把生命带进去。而唯一能做到的方式,便是在你自己的例子中,找出生命所在,并使自己有生气。

莫:当我走上旅程去斩杀那些龙时,是否必须单独一人呢?

坎贝尔:假如有人帮你也可以,但是最终你得靠自己完成才行。就心理意义而言,龙是自己对自我的一种执着,我们被拘囚在自己的龙穴中。心理医生的问题是解剖那条龙,肢解它,使你能够扩展到一个更广大的关系领域中。最终的龙在你心里,是你的自我意识把你束缚住了。

莫：自我是什么？

坎贝尔：**你想要的，你愿意相信的，你觉得负担得起的，你决定去爱的，你认为你应该执着的。**它也许毫不起眼，但它可以钉牢你。假如你只是照你邻人所说的去做，你一定会被钉牢的。你的邻人便是你的心理投射出来的龙。

西方的龙代表贪婪，而中国的龙则不同。它代表在水中诞生的生命力，然后腾空打击他的肚子与肺部。“哈，哈，哈，哈”那是种可爱的龙，会带来河水的恩赐，一种非常伟大而美好的礼物。但是我们西方故事中的龙，总是设法收集保护每一样东西。在它秘密的洞穴中，它保护着成堆的黄金和一个被抓来的处女。

它不知道该怎样处理两者，所以它只是保护、保存着。世上有像这样的人，我们称之为“讨厌的家伙”。他们没有生命，不会施予。他们只是黏着你、缠着你，并试图要把你和他们的生命榨干。

有个病人来找荣格，因为她觉得自己在世界上是孤独的，世界像岩石。她画了一幅表示她感觉的图画给荣格。图中的她在一个可怕的海岸，腰部以下都困在岩石中。风吹来，她的头发也被吹动了，而所有的黄金和生命的喜悦，都被埋在岩石中，离她远去。

而在荣格的治疗后，她又画了另一幅画。一道闪电打到岩石上，一只黄金的碟子弹跳出来。岩石里的黄金都出来了。现在岩面上都是一些黄金碎屑。在接下来的故事里，这些碎屑被认出来，原来是她的朋友。她并不孤独。她把自己锁在狭小的房间和生活中，然而她还是有朋友的。她的这些体验只有在杀了她的龙之后才出现。

莫：我喜欢你在提到忒修斯（Theseus）和阿里阿德涅（Ariadne）的古老神话

时说的话。忒修斯对阿里阿德涅说，“假如你能指给我一条出迷宫的路，我将永远爱你。”所以她给他一个金线球。他进入迷宫时解开金线球，然后跟随它找到出来的路。你说，“他所有的只是金属线。这是你需要的全部。”

坎贝尔：那是你需要的全部——阿里阿德涅的线。

莫：有的时候我们会寻找众多的财富、伟大的力量来解救我们，或是伟大的观念来救赎我们，然而我们所需的只是那根线。

坎贝尔：那并不总是容易找到的。但有人给你线索是件美事。那是老师的工作，帮助你找到你的阿里阿德涅的线。

莫：像所有英雄一样，佛陀并没有告诉你真理本身，他只告诉你通往真理之路。

坎贝尔：但那必须是你自己的路，而不是他的。例如，佛陀设法告诉你如何去除掉你特定的恐惧。不同的老师会有不同的建议，但它很可能并不奏效。老师所能做的只是建议。他像是一座灯塔在说，“那里有岩石，绕开它。不过那里也有条航道。”

年轻人生活的重点是去认识不同的可能性。尼采说，“人是病态的动物。”人是不知道怎样处理自己的动物。**心有许多可能性，但我们只有一生。我们该怎样对待自己？这是一个具有当代模式的生活神话。**

莫：今天，我们有无尽可能的模式。许多人最后选择了多种模式，却不知道自己是谁。

坎贝尔：当你选择你的职业，你实际是选择了一种模式，它可以让你融入一段时间。例如，中年以后，你可以很容易分辨出一个人的职业是什么。不论我走到哪儿，别人都知道我是教授。我不知道我做了什么，或是外表具有某些特征，但是我也可以分辨出教授与工程师、商人的区别。你被你的生活所塑造。

莫：在亚瑟王的故事中有个很棒的意象。当时圆桌武士正要进入黑暗森林中寻找圣杯的下落，说故事的人说，“他们认为一起进去是不名誉的。所以每个人都按照自己选择的不同地点分别进入森林中。”你把那解释成西方强调个人生活的独特现象，也就是个人面对黑暗的挑战。

坎贝尔：当我阅读 13 世纪的《圣格拉的追寻》(*Queste del Saint Graal*)一书时，对我有所启发的是，它概括了一个西方特别的精神目标与理想，那就是**只有你自己才可能把你内在的潜力表现在生活中，其他人都不可能**。我相信这是伟大的西方真理。

我们每个人都是独特的生命，假如你能留给这个世界任何礼物，它一定是从我们自己的经验以及自我潜能发挥而得来，不是其他人。

另一方面，在传统的东方以及任何以传统为基础的社会里，个人像模子制造出来的饼干一样。他的责任是把绝对而精确的使命加在身上，不可能打破它们。当你寻找宗教导师，寻求精神的指引时，他只知道依据传统的路，你现在在哪里、下一步该去哪里、你该怎么做才能到那里等。他会给你他的图像，所以你可以像他一样。那不是西方认为适当的教学方式。我们必须在学生发展自己蓝图的基础上，给他们指导。**一个人在生命里必须寻求的，绝不是一块土地或海洋，而必须是从他自己独特的经验潜能所发生的东西，是那未曾也不可能被他人经历的东西。**

莫：那是哈姆雷特问的问题，“你面对了你的命运吗？”

坎贝尔：哈姆雷特的问题是，他没有。他面对的命运太巨大，使他无法承担，因而被击得粉碎。那也有可能发生。

莫：哪种神话故事可以帮助我们了解死亡？

坎贝尔：**你不能了解死亡，你只是学习默认死亡。**我会说基督以人类仆役的形式出现，甚至死在十字架上，是我们学习接受死亡的主要学习对象。俄狄浦斯与斯芬克斯的故事，对这点也有所说明。俄狄浦斯故事中的斯芬克斯，不是埃及的斯芬克斯，而是一个有鸟翼、兽身和人颈、人乳、人脸的女性形象。她所代表的是所有人生的命运。她带给世界一场瘟疫，又把它解除掉，英雄必须回答她提出的谜语，“什么东西生时四只脚、长大两只脚、老时三只脚走路？”答案是“人类”。婴儿手脚并用在地上爬，成人用双脚走路，老年人用拐杖走路。

斯芬克斯的谜语是生命本身恒久的意象——孩提时代、成熟、老化和死亡。当你无惧地面对并接受斯芬克斯的谜题时，死亡就不再能控制你，斯芬克斯的诅咒就消失了。**对死亡之恐惧的征服，就是生命喜悦的恢复。只有当一个人不把死亡当作是生命的对立，而是将其作为生命的一面来接受它时，人才可能体验到对生命的无条件肯定。**生命在生成变化里一直在走向死亡、接近死亡。克服了恐惧，生命的勇气便油然而生。无惧和完成是每个英雄冒险历程的主要开端。

我记得小时候读到，印第安勇士们在冲向卡斯特将军阵营的枪林弹雨中时，发出的呐喊声，“今天是多美好的死日！”这里没有对生命的执着。那是神话最伟大的信息之一。就我所知，我不是我生命存在的最后形式。我们已经完成的自我必须不断地死去。

莫：你可以用一个故事说明这一点吗？

坎贝尔：高文爵士（Sir Gawain）与绿骑士等英国老故事，就是很有名的例子。有一天，一个绿色巨人骑着一匹巨大的绿马，来到亚瑟王的饭厅。“我挑战这里的所有人，”他说，“拿这柄我带来的大战斧，砍掉我的头，明年此时和我在绿教堂会面，我会在那里砍掉他的头。”

殿中唯一有勇气接受这项怪异邀请的骑士，便是高文。他从桌上站起来，绿骑士下了马，把战斧交给他，并把头伸出来。于是高文一斧头就把他的头砍了下来。绿骑士站在那儿，拿起他的头，收回斧头，骑上马。而当他骑马离开时还回身对震惊不已的高文说，“一年后见。”

那一年里每个人都对高文很好。在快到约期时，他骑马前去绿教堂，赴绿骑士之约。随着时间的临近，在大约只剩三天的时候，高文来到一个猎人小屋前，在那里他问了去绿教堂的路。应门的是一个快乐而和蔼亲切的猎人，他回答说，“教堂就在这条路下去几百米的地方。你何不与我们共处三天？我们很欢迎你。当你的约期到时，你的绿朋友便会出现。”

高文同意了。当晚那个猎人告诉他，“明天一早我会出去打猎，晚上就会回来，到时我们将交换当天的猎物。我会给你打猎的全部收获，而你也给我你的东西。”他们大笑，高文也同意这样做，大家说毕即各自上床睡觉。

一大清早，当高文还在睡时，猎人就骑马外出了。这时猎人极其漂亮的太太走了进来，搔他的下颚并摇醒他，热情地要与他亲热。他是亚瑟王宫殿的骑士，背叛他的主人是他所最不能忍受的，所以他极力抗拒。然而她很坚持，步步紧逼，直到最后她对他说，“那么让我吻你一下吧！”所以她给了他一个狂吻。事情就这样结束了。

那个晚上，猎人带了一大袋各式各样的小猎物回来，丢在地上，而高文给了他一个大大的吻。他们大笑，事情也就告一段落。

第二天早上，猎人的太太又来到房间，比前日更加热情，这一次接触的结果是两次亲吻。晚上猎人回来时，只有以往猎物的一半，但他得到了高文的两次亲吻，他们又和昨天一样大笑。

到了第三天早上，高文即将赴死，为了尽可能保住项上人头和骑士荣誉，这次他接受了美丽太太的三个吻，以作为他奢侈生命的最后献礼。在亲吻了他后，她求他接受她的勋带以作为爱的表示。她说，“它很好看，而且可以帮助你度过危险。”高文接受了她的勋带。猎人只带回来一只笨臭狐狸，把它扔在地上，而他从高文那儿得到三个亲吻，但是没有勋带。我们可以看出对这个年轻骑士高文的测试是什么吗？前两个与佛陀是一样的。一个是欲望、贪念，另一个是对死亡的恐惧。高文证实他有足够的勇气在这次冒险中保持信念。但是勋带诱惑实在是太过了些。

高文接近绿教堂时，他听到绿骑士在那儿，磨着他的大斧——嚯，嚯，嚯，嚯。高文到达时，绿巨人只对他说，“把你的脖子伸过来。”高文照做了。绿骑士高举斧头，但却停在那儿不动。“不，再伸长一点。”他说。高文又照做了，于是巨人又把巨斧举起来。“再长一点。”他又说了一次。

高文竭尽所能地伸长脖子，然后“嚯”一声，斧头只在高文颈上划了一小道伤口。然后绿骑士——其实是猎人的化身对他解释说。“这一斧是为了勋带。”

据说，这就是关于英国级别最高的骑士勋章——嘉德勋章的由来的传说。

莫：这个故事的道德寓意是？

坎贝尔：我想所谓道德的寓意是，英雄行为的首要要求是忠贞、节制与勇气这三种骑士美德。在这个例子里，忠贞有两个程度，或是说两个效忠对象：第一个是对既定冒险历程的忠贞，同时也是对骑士爵位的理想忠贞；第二项效忠的对象似乎把高文放在了与佛陀对立的位置，因为当佛陀被社会责任之神要求对他所属的社会阶级尽特定的义务时，他只是不理这个命令，并在当夜成就了正觉，从轮回再生中解放出来。高文是欧洲人，就像奥德修斯对尘世依然真诚，从太阳岛回到他妻子佩涅洛佩（Penelope）身边一般，他接受他生命里的承诺，忠于这个世界的生活价值，而非逃避。然而诚如我们刚才看到的，不论是走佛陀还是高文的道路，完成使命的道路都是在欲望与恐惧带来的危难中。

第三个立场，与高文较接近，与佛陀较不同，对现世的价值仍然十分忠诚的是《查拉图斯特拉如是说》中的尼采。在一个寓言故事中，尼采描述了他所谓的三种心灵转化。第一种是骆驼，也就是孩提与青年时代的转化。骆驼跪下来说，“把行李放在我身上。”这是服从，接受指示以及社会要求你知道的信息的阶段，以便能过一种负责任的生活。

学骆驼满载之后，艰难地跑向沙漠中，在那里转化成为一只狮子。原来载重越重者，变成的狮子就越强大。狮子的任务是去屠龙，而龙的名字就是“你应该”。在这只鳞片动物身上的每一部分，都刻有“你应该”的标记。这时骆驼——小孩已让渡给“你应该”，狮子或者说青年的任务是把负担丢掉，形成他自己的领悟。

当这条龙完全死去，所有的“你应该”都被克服之后，狮子便转化成一个从它本性中产生的孩子，就像由轮毂转出来的轮子一样。不再有任何需要服从的规则，再也没有从历史需要或某个社会任务中衍生出来的规则，只有在花朵般生命里生活的自然脉动而已。

莫：所以我们回到伊甸园？

坎贝尔：回到堕落前的伊甸园。

莫：他需要剥除的“你应该”有哪些？

坎贝尔：抑制他自我完成的每一道障碍。对骆驼而言，“你应该”是一种必须文明化的力量。它使具有兽性的人类转变成为一种文明动物。青年时期则是自我发现与转型的狮子的阶段，而这时的规则是对生命的渴望，而非臣服于强制的“你不应该”。

这一类的事是每一个认真学艺术的人必须要认识和面对、处理的。假如你去见一位师父向他学习技巧，你非常勤奋地遵照他给你的每项指示。但到了某个时期，你必须要能用自己的方式来运用这些规则，而不是被它们所限。这是狮子行动的时候。你可以完全忘掉这些规则，因为它们已经被内化了。你是位艺术家，你的纯真已变成了艺术元素，它已经注入作品中。你和那些不曾精熟艺术的人所表现的行为完全不同。

莫：你说时间到了。一个孩子怎么知道他的时间到了呢？在古代社会，男孩子会经历某种仪式，使他知道他的时间已经到了。他知道他已不再是个孩子，他必须抛掉别人带给他的影响，而有自己的主见。我们社会里没有这样一个清楚的时刻，或是一个明显的仪式，来告诉我儿子说，“你是个男人了。”今日社会的解决之道在哪里呢？

冒险本身就是它的回报

坎贝尔：我没有答案。我想你必须把这个问题留给孩子，由他自己去了解什么时候便拥有了那份力量。小鸟知道什么时候可以飞。我家吃早餐的地方附近有两三个鸟巢，有好几个小鸟家庭住在那儿。这些小东西不会犯错。它们一直待在树枝上，直到它们能飞为止。我想，在一个人的内心总是会知道答案的。

我可以举几个我所知道的艺术工作室的学生的例子给你听。到某个阶段他们会明了艺术家能教他们什么，他们领会了技艺，做好了独自飞行的准备。某些艺术家也允许他们的学生这么去做，他们期待学生起飞。其他有些人会建立学校，学生发现他必须对老师态度恶劣、说他的坏话，自己方能独立飞行。但这是老师自己的错。他应该要知道什么是学生该飞的时候。我所认识的学生里，凡是真正认真的学生，都知道什么时候该加把劲以便独立自主。

莫：有句古老的祷词说，“主啊！告诉我们何时该放下。”我们每个人都应该知道这点，不是吗？

坎贝尔：那是现代的大问题。父母亲是我知道的人生角色中要求最多的一种。当我想到我的父母为了成就家庭所做的牺牲，我真的很感激。我父亲是个商人，他当然很高兴让他儿子和他一起做生意，子承父业。事实上，我的确曾跟着我父亲从商好几个月，然后我想，“哇，我不能做这种事。”他就随我去了。在生命里会有一个时间，你应该自己分辨是否到了该独立起飞之时。

莫：神话原本就在告诉我们什么时候要放下。

坎贝尔：神话把事情变成某种模式告诉你。例如它们会告诉你，必须在某个年龄变成大人。那个年龄或许是变成大人的好时间，但实际上每个人的差异极大。**某些人开花结果比较慢，要到相当晚的时间才到达某个阶段。你必须对你自己所在的阶段有感觉。你只有一生可活，你不需要为他人而活。要活得专注！**

莫：幸福快乐呢？假如我是个年轻人，而我想要幸福快乐，神话能告诉我什么呢？

坎贝尔：要找到你的幸福，**你必须把你自己的心放在你觉得最快乐的时刻中。这种快乐不是兴奋或战栗，而是深度的喜悦。**这需要一点自我分析。是什么让你快乐，你就保持它，不管别人说什么。这是我所谓的“遵循你内心直觉的喜悦”。

莫：但是神话如何告诉你，是什么让你快乐呢？

坎贝尔：它不会告诉你是什么使你快乐，但它会告诉你，当你开始遵循你的快乐时会如何，以及你会碰到哪些障碍。

例如，在美洲印第安人的故事中有个主题，我把它叫作“拒绝求婚者”。有个年轻的女孩，漂亮而富有吸引力，男青年都想向她求婚。“不，不，不，”她说，“我身边的男人都不够好。”所以有只蛇王来了。或者，如果是一个男孩不愿意和女孩结婚，那么大河的女蛇王便会出现。一旦你拒绝求婚者，你已把自己放到超越的范围，把自己放在一个能量更高、危险更大的领域里。问题是，你能处理得了它吗？

另一个印第安人的神话主题，牵涉到一个母亲和两个小男孩。母亲说，“你可以在房子附近玩耍，但不可以到北边去。”然而他们却偏往北边去，于是便开始他们的冒险。

莫：这个道理是？

坎贝尔：因为拒绝求婚，拒绝限定在界限内，冒险便开始。你进入一个没有保护的全新领域。除非你丢掉那些束缚你的所有规则，否则你不可能有创造性。

有一个易洛魁人的故事，可以说明这个拒绝求婚者的神话主题。有个女孩与她母亲住在村落边缘的一个棚屋中。她很漂亮，但却极其骄傲，不接受任何男孩。母亲十分为她忧心。

有一天她们到离家很远的地方去采集木材。她们在外面时，不祥的黑暗降临到她们头上。这不是夜晚到来时的黑暗。当你碰到这种黑暗时，就表示有某个巫师在背后搞鬼。所以母亲说，“让我们收集些树皮，搭个小屋，再找些木材生火，我们晚上就住在这里吧。”

她们住了下来，并准备了晚餐，母亲后来就睡着了。突然间这个女孩抬头一看，有个非常健壮的年轻人站在她面前。他是个身佩贝壳饰带及漂亮黑羽毛的英俊青年。他说，“我来向你求婚，我会等你的答复。”她说，“我必须问我母亲的意见。”

她问母亲，母亲也接受了这个年轻人，他把他的贝壳饰带给她母亲，表示他的求婚是很认真的。然后他对这个女孩说，“今晚我希望你到我们的营地来。”于是她就跟他去了。普通的人配不上这个女孩，现在她遇到了足够特别的。

莫：假如她没有对第一个依传统礼仪来求婚的人说“不”……

坎贝尔：她就不会有这次冒险。这是次怪异而神奇的冒险。她陪这个男人到他的村落，并进入他的住所。他们在一起两天两夜，到了第三天他告诉她说，“今天我要外出打猎”。于是他便离去。当他把出口的门帘关上后，她听到外面有奇怪的声音。她白天独自待在小屋中，当夜晚来临时，她又再度听到那个怪声音。突然门帘被冲开，一条口吐信子的巨蛇滑行进来。

巨蛇把他的头靠在她的膝上，对她说，“帮我找头上的寄生虫。”她在那儿找出各式各样可怕的东西。当她把这些东西杀死后，他便把头收了回去，并滑行出去。门帘关起来不久后，又再打开，进来的是她年轻英俊的男人。他问她，“你害怕我刚才进来的样子吗?”

她回答说，“不，我一点也不怕。”

所以第二天他依然外出打猎，而她则外出收集烧火用的木材。她最先看到的是一条在岩石上取暖的大蛇，然后是另一条，又一条。她开始觉得怪异、想家和颓丧，然后又回到屋中。

那个晚上，那条蛇又再度滑行进来，然后又离开，再变成一个男人进来。第三天当他离去后，这个年轻女孩决定要离开这个地方。她离开屋子，独自在树林中站着想事情。

当她听到有声音时，转身去看，原来是个小老人。他对她说，“亲爱的，你有麻烦了。你结婚的对象是七兄弟中的一个。他们都是厉害的巫师，就像其他这类人一样，他们的心不在他们的身体中。回到小屋去，与你结婚的那只蛇的床底下藏了一个袋子，里面装了七颗心。”这是世界上标准的巫师神话主题。因为心不在身体中，所以巫师杀不死。除非你找到并杀掉它们的心才行。

她回到住处，找到了装满心的袋子，拿着它就狂奔而出。后面有个声音在叫她，“停下来，停下来。”当然，这是魔法师的声音。但她并未停下来。后面又传来声音说，“你也许以为可以摆脱我，但你做不到的。”

就在她快要虚脱昏倒时，又听到小老人的声音说，“我会帮你。”让她感到惊讶的是，他正把她拉出水面。她不知道自己在水中。换言之，因为结婚，她已从理性、意识的领域，进入了强制的无意识领域中。这种冒险总是以水面下的意象来表示。性格特质已从可控制行动的领域，滑入超个人的强制事件中。这时，有的人可以处理这些事件，有的人不能。

老人把她从水中拉出后，她发现自己站在沿河站立的一群老人中，每个老人长得都和救她的那人一样。他们是雷神，天空的力量。换言之，在她拒绝求婚之后，仍然处于一种超越境界中，只有她在受苦，把负面的力量驱走后，她才能真正拥有正面的力量。

这个易洛魁人的故事还有很长的一段是描写这个年轻女人的。不但说到她在更高力量的协助下，把深渊中的负面力量摧毁，也谈到在那以后，她如何在暴风雨中，被引导回母亲的居所。

莫：你会不会以这个故事来对学生说明，假如你遵循内心直觉的喜悦，假如他们愿意把握生命里的机会，假如做他们想做的，这样的冒险就是他们的回报呢？

坎贝尔：**冒险本身就是它自己的回报**——但它必然是危险的，同时拥有正负两面的可能性，而这些都是不能控制的。我们要遵循自己的路，而不是父母亲的路。所以我们处在一个没有保护，超越我们所知的更高力量的领域中。

人必须要对这个领域可能会有的冲突有点了解，像这样的原型故事，可以帮助我们了解可能会碰到的事。假如我们很轻率，对我们期待的角色又完全不胜任，那会是一个很糟糕的婚姻，一团乱。然而即使到了这个地步，仍然会有救援的声音出现，可以把冒险变成超越我们想象的美好结局。

莫：爱你的敌人。

坎贝尔：**爱你的敌人，因为他们是你命运的凭借。**

莫：上帝在相当短的时间内连续夺走某个家庭的两个儿子，然后又接连带来一个又一个的痛苦，在这个故事中，神话可以告诉我们些什么吗？我记得佛陀年轻时，因看到老朽的老人而说，“可怜的生命，因为每一个生下来的人都会变老。”神话对苦难说了什么？

坎贝尔：既然提到佛陀，让我就来谈谈那个例子。佛陀小时候的故事是这样的。他生下来是个王子，在他出生的时候，有个先知告诉他父亲说，这个小孩长大后要么会成为世界的统治者，要么会成为世界的老师。这个国王热衷于自己的王位，他最不愿见到的就是儿子变成老师，不管是哪一种。

所以他安排儿子在一个特别漂亮的宫殿里长大，使他不可能经历到任何丑陋或不舒服的事，这样他就不会去深思问题了。美丽的宫女弹奏着音乐，照顾着小孩。那里有漂亮的花园、荷花池，和所有的一切。

但有一天，这个年轻人对他最亲近的马车夫说，“我想出去看看城里真正的生活是什么样子的。”他的父亲听到后，便设法在他的儿子面前美化一切，使年轻人看不到世界上任何的痛苦与悲哀。然而众神看出，他父亲的计划终将归于失败。

忠贞的马车夫启程往城里驶去，那里都被打扫干净了，丑陋的事物都被藏起来。一个神化身为一个衰老的长者站在那里，出现在他们的视野里。年轻的王子问车夫，“那是什么？”他得到的答案是，“那是个老人，变老的人。”

“每个人都会变老吗？”王子问。

“啊，是的。”车夫回答。

“那么生命可怜啊！”受到伤害的年轻王子说。然后心情沉痛的他要求把车开回家去。

第二次出游时，他看到一个生病的人，瘦弱而蹒跚。在明白了这一景象的意义后，他再次觉得伤心，要车夫赶回王宫。

第三次，王子看到一具死尸和随后的送葬队。“那是死亡。”车夫说。王子说，“回去，我要找出这些毁灭生命的，老、病、死的解脱之道。”又一次旅程，他这次看到的是个出家人。“他是什么样的人？”他问。

“那是个圣者，”车夫回答，“是放弃世上物质，活着而没有恐惧的人。”至此在回王宫的路上，年轻的王子决心离开父亲的家，而去寻求世间痛苦解脱之道。

莫：是不是大多数的神话都说，苦难是生命内在的一部分，并无解脱之道。

坎贝尔：我想不出有任何宗教曾说，假如你要活着，你不会受苦。神话告诉我们如何面对、承担和诠释苦难。它们不会说生命中不会或不该有苦难。

当佛陀宣称他从涅槃中解脱了痛苦，他并不是把涅槃当成一个像天堂一样的地方，而是一种可以战胜欲望与恐惧的心理状态。

莫：而你的生命变得——

坎贝尔：和谐、有重心，而且积极肯定。

莫：即使对苦难也一样。

坎贝尔：正是如此。佛教徒有菩萨的概念。菩萨了悟无生法相，仍自愿进入破碎时间的领域中，主动而喜悦地体验世界的苦难。这不仅是要体验自己的痛苦，而且要慈悲地体验他人的苦难。慈悲，是心从兽性般的自我中心转化成人性的觉醒。“慈悲”意味着“与他人一起受苦”。

莫：但你不认为慈悲赦免苦难，是吧？

坎贝尔：当然慈悲赦免苦难，因为它体验到苦难就是生命。

莫：生命是与苦难共存的。

坎贝尔：和苦难共存。但你不可能抛掉它。何时何地何人曾在这个世上除掉苦难呢？我曾在一个多年患有严重身体病痛的女人身上，得到一个明觉的体验。她在信仰基督教的环境中长大，所以她认为这一定是上帝对她在某个时候做的事，或没有做某事的惩罚。她的苦不仅只是生理上，同时也是精神上的。我告诉她，如果想得到解脱，她应该肯定她的痛苦就是她的生命，而非一味否定。透过这样的转变，她现在已变成一个令人敬重的人。当我说这些事时，我在想，“我是谁？怎么能对一个有真正痛苦的人这样说话，我最多只有过一点牙疼而已。”但在这次对话中，在她把自己的苦难肯定成塑造、教育她生命的力量时，她立刻经验到一个转变。从那时起，我一直都和她保持联系，那已是多年以前的事了。而她则真的成了一个不一样的人。

莫：有明觉的那一刻吗？

坎贝尔：就在那儿，我看着它发生的。

莫：它是你说的那种神话的东西吗？

坎贝尔：是的，虽然它有点难解释。我让她相信，她自己才是她受苦的原因，是她在某种情况下把痛苦带出来的。尼采有个很重要的观念叫 Amor Fati，意思是“爱你的命运”，实际上这就是你的生命。诚如他所说，假如你对生命中的某件事说“不”，你就把整个事情掀开了。此外，你能肯定或同化越具挑战性、威胁性的情况，你所能成就的人格境界就越伟大。**你吞下去的魔鬼会给你它的力量，而且越大的人生痛苦，可以得到越大的人生回馈。**

我的朋友曾经想过，“为什么上帝对我这样？”我告诉她，“不，是你自己对自己如此。上帝在你心中，你是自己的创造者。如果你在内心找到产生这件事情的原因所在，你就可以和它共存并肯定它，甚至可以像享受生命一样享受它。”

莫：唯一的另一种选择就是不再活下去。

坎贝尔：佛陀说，“所有的生命都是痛苦。”而乔伊斯有一句话，“生命值得缺席吗？”

莫：如果年轻人说，“我没有选择出生，是我父母为我做的选择。”你会怎样回答呢？

坎贝尔：弗洛伊德让我们责怪父母给我们的所有缺点，马克思告诉我们责怪社会上层阶级。但唯一能怪的只有你自己。这是印度业力观念的有用之处。你的生命是你自己行为的果实。你不能怪别人，只能怪自己。

莫：但机会呢？醉汉驾车撞到路边的你，那不是你的错。你并不想那样对待你自己。

坎贝尔：从那个角度看，你生命中发生的哪一件事不是机会造成的呢？只是能不能接受的问题。生命最终的支柱是机会，例如你父母相遇的机会。机会是生命实现自己的工具。问题不是去责怪或解释，而是去面对和处理成长的生命。例如，发生了一场战争，你被征召入伍，在那里你花了五六年的时间去经历一整套全新的生活。**最好的建议是全盘接受它，就好像出自你自己的意愿一样。只有这样，你才会激发你的意志去投入。**

莫：在所有这些神话的旅程中，有一个地方是每个人都想要发现的。佛教徒说是涅槃，耶稣说是和平，莫衷一是。有个可以发现的地方是英雄旅程的典型标志吗？

坎贝尔：可发现的地方就在你心里。我在运动中学到有关这方面的一些道理。处于巅峰状态的优秀运动员，内心都有一处平静的地方，只有在这里，才有他的行动发生。假如他一直处于不断在动的状况中，他不可能有好的表现。我太太是个舞者，在舞蹈中也是如此。内在有一个寂静的中心，我们必须了解并掌握它。假如你失去那个中心，你就处在紧张状态，而且会开始分裂。

佛教中所说的涅槃就是这种平静的中心。佛教是一种心理的宗教。它从痛苦的心理问题开始：生命皆苦，然而有解脱痛苦之道；解脱的境界就是涅槃。那是一种心理或意识的状态，而不是像天堂一样的地方。它就在这里，就在人生的混乱之中。当你不再被令你不自在的欲望、恐惧和社会承诺所驱使时，当你发现自由的中心，而且可以从此自在地行动时，那就是涅槃。从这个中心发出的自主行动，便是菩萨的行为，也就是在苦难的世界中喜悦地投入。你不再被困住，因为你已经把自己从恐惧、欲望与责任中解脱出来，它们都是世界的统治者。

藏传佛教有一个教学用的图画，也就是所谓的再生之轮。在寺庙里，它不会出现在修行室内，而是在外面的墙上。画中表现的是当你还困在恐惧死神的掌握中时，心对世界的意象。六道众生被认为是不停旋转的轮子，一道为畜生，一道是人，另一个是天界众神，第四个是受罚的地狱道众生，第五个是好战的魔鬼，或是泰坦，第六个也是最后一个，是饿鬼，因为他们对他人的爱有执着和期待，所以沦入此道。饿鬼有个巨大饥饿的肚子，可是只有像针一样细的嘴。在每一道中都有一个佛，象征解脱与明觉的可能。

在轮子的轮毂中，有三个象征性的动物——猪、鸡与蛇。这是推动轮子旋转的力量——无明、欲望与憎恨。最后轮缘代表每个人意识的界限，它由轮毂中的三种力量所推动，而且被困在对死的恐惧中。在中心围绕着轮毂的东西，也就是所谓的“三毒”，是降临到黑暗的神明，以及其他上升到明觉的神明。

莫：何谓明觉？

坎贝尔：明觉是体验到所有的事物都有一道永恒之光，尽管这些事物在时间领域中被评判为好或坏。要达到这一点，**你必须把自己从对物质世界的渴望与恐惧丧失中解脱出来**。我们从耶稣那儿读到，“你们不要论断人，免得你们被论断。”布莱克也写道，“一旦知觉之门打扫清洁，一切都会向人显示出本相——无限。”①

---

① 译文引自［英］威廉·布莱克：《布莱克诗集》，张炽恒译，上海社会科学院出版社，2017年。——编者注

莫：那是个艰难的旅程。

坎贝尔：那是天堂般的旅程。

莫：但这是否只属于圣人与修道士？

坎贝尔：不，我想也包括艺术家。真正的艺术家能体验到并理解乔伊斯所谓的一切事物的“光芒”，以作为他们真理的显现或表达。

莫：但这不是把我们这些剩余的平凡朽物留在岸边吗？

坎贝尔：我不相信有平凡的朽物这回事。**任何人在生活中，都有体验到精神上狂喜的可能。你要做的只是去认识它、接纳它、修炼它，并与它同在。**当人们说到平凡的朽物，我总觉得不舒服，因为我从未见过一个平凡的人。

莫：但艺术是唯一可以达到明觉的方式吗？

坎贝尔：艺术与宗教是两种值得推荐的方式。我不相信你可以通过纯学术的哲学的方式达到，因为它完全被概念束缚住了。你只需要打开你对他人的慈悲心而生活，便是对所有事物开放的一种方式。

莫：所以明觉的体验是人人皆可有的，不只是圣人或艺术家。但假如它潜藏在我们每个人身上，在内心深处那未打开的记忆盒子里，我们该如何打开它呢？

坎贝尔：借别人的帮助打开它。你有好朋友或好老师吗？它可以从一个人，或是像类似车祸这样的经历中，或是一本极具启发性的书中得到。在我的人生中，大部分是来自书本，虽然我曾有很长时间与伟大的老师在一起。

莫：当我读你的书时，我对自已说，“神话对你所做的，就是把你放在一棵古树的树枝上。你是现在和过去社会的一部分。它们在你之前早已存在，而且在你死后很久依然存在。它滋养你、保护你，而你也必须滋养它、保护它，以作为回馈。”

坎贝尔：那是对生命美好的支持，我可以告诉你。神话进入我生命后所起的作用是非常巨大的。

莫：但人们问，神话不是谎言吗？

坎贝尔：不，神话不是谎言，神话是诗，它是隐喻的。有一种说法很好，神话是准终极真实，因为终极真实不能化为语言。它超越语言，超越意象，超越佛教再生之轮的限定边缘。神话把心投向那轮缘之外的世界，投向那可知但不能说出的世界。所以这是准终极真实。

以神话奥秘及你自已奥秘的经验与知识来生活，是很重要的。这便给了生活一道新的光芒，新的和谐，新的辉煌。以神话的语言思考，可以帮助你与这个尘世协调一致。那些看起来负面的时光或面向，你学习去体验它们的正面价值。重要的是，你能否对你的冒险由衷地说一声“是”。

莫：英雄的冒险？

坎贝尔：是的，**英雄的冒险，让自己真正活着的冒险。**

THE POWER OF MYTH

06

女神的赠礼

THE POWER OF MYTH

● 她是赋予万物生命的女性。她是赋予生命的人，她知道万物来自何处。她来自超越男性与女性的世界，她来自超越有与无的世界。既非是，也非非。她超越一切思想与心识的名相。

神话中没有“寻母”的意象，因为母亲就在身边

莫：对主的祈祷是这么开始的，“我们的天父……”，它可能以“我们的母”开始吗?

坎贝尔：它是个象征性的意象。所有宗教与神话的意象，都指涉意识的某个层面，或是人类心灵可能的经验领域。而这些意象所激发的经验与态度，有助于思考人类存在根源的奥秘。

有的宗教系统以母亲作为主要的渊源。母亲比父亲更接近小孩，因为孩子从母亲体内出生，任何婴儿的第一个经验都是与母亲发生的。我常认为神话是母性意象的升华。我们常谈及大地之母，而在埃及有所谓的天空女神，也就是努特女神（Goddess Nut），她代表整个天堂的范围。

莫：我在埃及一座神庙的天花板上，第一次看到这个努特女神时，就被深深地

震慑住了。

坎贝尔：是的，我知道那座神庙。

莫：它让人产生敬畏感，它诱人的特质是无与伦比的。

坎贝尔：是的。女神的观念和你从母亲体内诞生，却未必知道父亲是谁或父亲可能已死等事实紧密相关，在史诗中常有这样的故事。当英雄诞生时，他父亲已死或在其他某个地方，然后英雄开始寻找他的父亲。

在耶稣重生的故事中，耶稣的父亲是天父，至少从象征性的意义上说是如此。当耶稣走上十字架时，他走向他的父亲，却不顾母亲。然而象征大地的十字架，其实便是母亲的象征。所以在十字架上，耶稣把身体留给生他的母亲，然后走向那超世俗的终极神秘来源，也就是他的父亲。

莫：这个寻求父亲的故事，在历史上对我们有什么影响？

坎贝尔：这是神话中的一个重要主题。在许多与英雄生活有关的故事中，都会出现和父亲相关的情节。孩子会问，“妈妈，爸爸在哪里？”母亲会回答说，“你的父亲在某某地方”，然后孩子便会去寻找父亲。

在《奥德赛》中，奥德修斯的儿子忒勒马科斯，在奥德修斯离家参加特洛伊战争时，仍然在襁褓中。战争持续了10年之久，而回家途中，奥德修斯又在神话般的地中海神秘世界迷失了10年。雅典娜来到已是20岁的忒勒马科斯面前，对他说，“去找你的父亲。”他不知道父亲在哪里，便去问特洛伊战争的老将内斯特（Nestor），“你知道我的父亲在哪里吗？”内斯特回答说，“去问海神普罗透斯（Proteus）吧！”于是他便去寻找父亲。

莫：在《星球大战》中，卢克·天行者对他的同伴说，“我真希望知道我父亲是谁。”寻找父亲的意象很动人，但为什么没有寻找母亲的意象呢？

坎贝尔：母亲就在身边。她生你、养你、教你，直到一定年龄你必须去寻找你的父亲。**发现父亲，就是发现你自己的人格特质与命运。**有一种说法认为，性格遗传自父亲，身体与心则来自母亲。你不知道你的性格，但你的性格就是你的命运。所以发现你的命运，便以寻找父亲这个象征意义表示出来。

莫：所以当你找到你的父亲时，你就找到了你自己吗？

坎贝尔：在英文里有个词，在父亲处得到“补偿”（at-one-ment）。你记得耶稣12岁时，在耶路撒冷迷路的故事吧？他的父母四处寻找，最后发现他在庙宇中与一群法律博士们聊天。他们问他，“你为何弃我们于不顾？你为什么要让我们为你担心呢？”他说，“你们难道不知道我必须学习父亲的事业吗？”他那时12岁，正是青春期，开始寻找自我的年龄。

莫：但是在原始社会中，为何会尊敬女性的神和大地之母呢？这是怎么回事？

坎贝尔：这主要和农业文化、农业社会有关，它与土地有关。女人的生育就好像大地孕育植物一样，女人滋养孩子也像植物一样。所以女人与大地一样神奇，她们是相关联的。赋予并滋养生命形体的能量，一旦被人格化时，便会以女性的形象出现。在古美索不达米亚平原、埃及尼罗河三角洲和早期的农业文化中，神话的主要形象都是女神。

我们已发现好几百个欧洲新石器时代的女神像，但几乎没有任何男性的神像。公牛和其他类似的野猪、公羊等动物，有时会被用来代表男性的力量，但是女神是当时唯一可见的神明形象。而当女神成为造物者时，她的身体就是宇宙。她与宇宙是一回事。那就是你在埃及神庙殿堂里看到的努特女神的意义。她是整个生命宇宙的全部。

莫：你记得努特女神吞噬太阳的那一部分图像吗？

坎贝尔：这个图像要表达的意念是，她把西方的太阳吞噬，然后产生东方的太阳，而当太阳通过她身体时，便是晚上。

莫：所以对想要解释宇宙神奇现象的人们而言，以女性人物作为他们在生命中所见现象的解释，是很自然的。

坎贝尔：不仅如此，当你以哲学观点来看时，女性便代表了幻象，就像在印度教里的造物女神，到今天她依然是主要的神明象征。

以康德哲学的术语来说，女性代表了所谓的“敏感的形式”。她是时空本身，超越她的奥秘就是超越一切二元对立。所以这个奥秘既非男性，亦非女性。既非是，也非不是。但是一切都在女性之内，所以众神就是她的孩子。你所能想到、所能看到的每件事物，都是造物女神的产物。

我曾经看过一部有关原形质的科学电影，内容精彩极了。它对我是个启示。它没有一刻是停止的，而是不断流动。有时候它好像以某种方式流动，然后就塑造了某个事物。它有塑造事物的潜能。

我在加州北部看过这部电影后，沿着海岸一路开车去大瑟尔时，所见到的是草地的原形质被母牛的原形质吃下去；鸟的原形质飞扑捕食水中鱼的原形质。你似乎看到一个产生万事万物的无尽深渊。但是每个形体都有它自己的意志，它自己的可能性，而这也就是产生意义之处，而非原形质本身。

莫：让我们再回来谈谈印第安人，他们相信赋予所有事物生命与能量的是大地。你曾引用《奥义书》里的一段话，“你造就了蓝黑色的鸟，也让绿鹦鹉生出红眼睛；你抚育闪电有如自己的孩子。你创造了季节与海洋。因为你没有开始，与神性合一，万物由此而生。”这就是说，我们与大地是一样的，是吗？

在科学所发现的强力证明下，难道这种想法不会消失吗？我们现在知道植物不是从死人尸体中长出来的，它们是依据种子、土壤与太阳的法则而生长的。难道牛顿不是消灭了神话吗？

坎贝尔：哦，我想神话又回来了。最近有个年轻的科学家用“形态发生场”这个名词，说明是这个场域产生了形体。那就是造物女神，产生形体的场域。

莫：这对我们有何意义？

坎贝尔：它表示你应该寻找你生命的来源，也就是你的身体、你的生理形态与这个使它成形的能量间有什么关系？没有能量的身体，就不是活人了，不是吗？所以在生命里，我们可以区分身体的生命，与能量、意识的生命。

在印度，最普遍的终极象征，是负责繁衍子嗣神的阳具（印度人称为lingam）插入造物女神阴道（印度人称为yoni）的图像。当你凝视这个象征时，你便在凝视所有生命形成的那一刻。生命发生的整个奥秘，就在这个图像中象征性地表达出来了。所以，性的奥秘在印度以及世界大部分地区，都是个神圣的奥秘。它就是生命发生的奥秘。生育小孩的行为是宇宙的行为，且被认为是神圣的。所以最能代表神把生命能量注入时空的象征，便是阳具与阴道，也就是男性与女性创造力量的结合。

莫：假如在历史的某个时刻，我们开始祈祷说“我的母”，而非“我的父”，对我们有何意义吗？它会带给我们怎样不同的心理状态呢？

坎贝尔：它当然会对我们的文化性格产生不同的心理影响。例如，西洋文明是在尼罗河、底格里斯河、幼发拉底河、印度河及后来的恒河等流域诞生的。这些地区都是崇奉女神的世界，恒河本身就是个女神的名字。

然后便是外族入侵。这个事件开始于公元前40世纪，接着便愈演愈烈。他们从北方与南方而来，在一夜间就横扫许多城市。打开《旧约·创世记》一章，我们就会读到雅各的族人在示剑（Shechem）瓦解时的暴行。一夜间，这些突然出现的游牧民族就毁掉了一切。入侵的苏美尔人是牧羊族，而印欧民族则是牧牛族。两者以前都是以狩猎为生，所以基本上是野蛮文化。当你是猎人时，你就是个杀生者。而当你放牧时，你也是杀生者，因为他们不断逐水草而居，永远与其他民族发生冲突，并占领他们的土地。这些入侵行为便带来了战神、雷神，例如宙斯与耶和华便是。

莫：剑与死亡于是取代了阳具与繁衍生育是吗？

坎贝尔：对的。而且它们视为等同。

莫：你曾经说过一个有关推翻母性女神提亚玛特（Tiamat）的故事，是吗？

坎贝尔：我想这可以被看成是个关键的原型事件。

莫：你把它称作历史的关键时刻。

坎贝尔：是的。苏美尔人侵略了以母性女神为神话系统的世界，所以以男性为中心的神话变成了主流，而母性女神变成了祖母级的历史陈迹。那时正是巴比伦市兴起的时候。这些早期的城市都有它自己的保护神或保护女神。

帝国主义倾向的民族特性，是试图把他们自己地方的神推举成整个宇宙的主宰。其他的神都不在考虑内。而实现这个企图的方式，就是把当地原有的神或女神消灭掉。在巴比伦神马杜克（Marduk）之前的神，就是个母性神。

这个故事的开端是说，有一大群男神在天上召开会议，每个男神就是一颗星。他们听说宇宙之源的母性女神提亚玛特即将到来。她以一条巨鱼或巨龙的形态出现，哪个神有勇气挑战她呢？当然，有勇气的神就是这个伟大城市现在的神。他就是那个勇者。

所以当提亚玛特张开她的嘴时，这个巴比伦年轻的神马杜克，趁势把风送进她的喉咙和腹部，把她剖成碎片并肢解，将天地从她的身体中塑造出来。把原初的存在肢解，让她的身体变成宇宙这个主题，以诸多形式在许多神话中出现。在印度是以神我（Purusha）这个神明出现，他的身体反照出来的影像便是宇宙。在原有母性女神神话中的母性女神，其自身已是宇宙，所以马杜克神的伟大创造行为是多余的。他无须把她肢解并从中创造出宇宙来，因为她已经是宇宙了。但是以男性为中心的神话开始主控一切，“他”很显然变成了造物主。

莫：然后注意力又从造物女神转到她儿子身上，这个年轻、有政治野心的神。

坎贝尔：这个注意力特别被转移到巴比伦市的男性总督身上。

莫：所以母系社会开始让给一个……

坎贝尔：哦，在公元前1750年左右，母系社会就结束了。

莫：现代有女性说，造物女神的精神已经被抛弃有5 000年了。

坎贝尔：没有5 000年那么久。她是古希腊时期地中海区域一位非常有力量的神明，而她在罗马天主教传统中，再度以圣母玛利亚的身份出现。你在历史上再也找不到比12～13世纪法国教堂更加崇拜女神的传统，因为每座教堂的名称都叫圣母。

莫：是的，但是当时所有的宗教议题都掌握在神父、主教等男性手中，他们是排斥女性的。所以不论这个女神形象对信徒有怎样的意义，增强意象的目的却是由男性主控的。

坎贝尔：你可以强调这一点，但我认为这个论调太强了些，因为那时也有伟大的女性圣徒，如希尔德加德·冯·宾根（Hildegarde），她是足以与英诺森三世（Innocent III）匹敌的人物。还有阿基坦的埃莉诺（Eleanor），我不认为中古世纪有哪个人的道德能与她相提并论的。我们现在当然可以事后之明来争论当时的情形，但是当时女性的处境绝不至于那么糟。

莫：不，这些女圣徒没有一个成为教宗。

坎贝尔：成为教宗并不是什么了不得的事，真的。那是个管理的职务。没有一个教宗可以成为基督的母亲——圣母。现世有许多角色需要扮演，男人的工作便是保护女人。

莫：那就是父权观念的开始。

坎贝尔：女人是战利品，是商品。随着城市的沦亡，所有的女人都会被强暴。

莫：你在书中谈到这样的伦理冲突，曾摘录《出埃及记》里的话："不可杀人。不可贪恋人的妻子——但外邦人不算。你要用刀杀尽这城的男丁，妇女你可以取为自己的掠物。"那是《圣经·旧约》里说的。

坎贝尔：那是《圣经·旧约》里的《申命记》。这些章节的说法是残暴的。

莫：你看他们对女人谈了些什么呢？

坎贝尔：他们说的有关《申命记》的事比女人多得多。希伯来人在邻族的问题上绝对是凶残的。但这些章节可以说是大多数有集体主义倾向神话中某种潜藏要素的极端代表。换言之，爱与慈悲只保留给自己的族裔，而攻击与虐待则针对他人。慈悲只是对自己团体的成员，对待外族的方式正是《申命记》中所陈述的。

现在已经没有外族存在于世界上了。当代宗教的课题，是如何把慈悲导向全人类。但攻击行为呢？这是当代必须面临的课题，因为攻击行为与慈悲同样是自然的本能，且更为基本，它总是会发生的。

这是个生理的事实。当然，在"圣经时代"，当希伯来人入侵时，他们确实把造物女神的地位完全抹去了。《圣经·旧约》中为迦南人女神所用的名称是"可恶之事物"（Abomination）。

以《列王纪》中所记载故事的年代为例，这两个不同神话系统的势力是互有消长的。在《圣经·旧约》中，许多希伯来国王因为崇拜山顶神而被谴责。这些山是女神的象征。在希伯来神话中抗拒造物女神的倾向是很强烈的，这在印欧神话系统中就找不到。在印欧神话中，宙斯与造物女神结婚，两人一起玩乐。所以在《圣经》里的情形是个极端的例子，而我们西方之所以把女性降于次要地位，乃是依圣经模式思考出来的产物。

莫：因为当你把女人换成男人后，你的心理状态不同了，文化的偏见也不同。而且你是允许去做你文化中神所做的事，所以你就……

坎贝尔：确实如此。我对实际情形的看法是这样的。首先是造物女神独树一帜，男性之神毫无重要性。然后情况逆转，男神取代了女神的地位。最后便是典型的男神与女神交互影响的阶段。在印度便是如此。

莫：这是从哪里开始的呢？

坎贝尔：它是从印欧民族的态度演变而来，因为他们并未全盘否定女性原则。

莫：处女生子呢？突然间，造物女神又以童贞纯洁的形体重现，被选定为上帝行动开始的躯壳。

坎贝尔：在西方宗教的历史中，这是极为有趣的一个现象。在《圣经·旧约》中，上帝创造了一个没有女神的世界。但是在《箴言》中，智慧女神索菲亚出现了。她说："他立高天，我在那里；日日为他喜爱。"

但是在希伯来传统中，上帝之子的概念是被排斥的，它完全不被考虑。弥赛亚作为上帝之子，并不是上帝真正的儿子。他是个拥有上帝特质与尊严，而值得被视为上帝之子的人。我确定在希伯来传统中，并没有处女生子这个观念。这个观念是由希腊传统引入基督教的。例如当你在读"四福音书"时，唯一出现处女生子记载的是《路加福音》，而路加是希腊人。

莫：在希腊传统中，是有关于处女生子的意象、传说与神话的，是吗？

坎贝尔：是的。丽达与天鹅、珀尔塞福涅（Persephone）与蛇，以及其他许多例证皆是。处女生子的概念，在希腊神话中俯拾即是。

处女生子使女性成为再造宇宙的源泉

莫：所以这在伯利恒并不是个新观念。然而处女生子的意义是什么呢？

坎贝尔：我想回答这个问题最好的方式，是谈一下在印度系统中所谓的心灵发展阶段。在印度，他们认为脊骨上有一个由 7 个心理中心点组合而成的系统。它们分别代表不同的意识与行动的层次。第一个点在直肠，代表营养，也就是基本的维持生命的功能。

蛇是代表这种生理上不得不这样的最佳象征。它像一个蠕动的食道，只是不断地吃、吃、吃。假如我们停止进食，没有人可以活下去。这是食物与饮食如圣礼般的奥秘，当我们坐下来进食时，却很少有人想到这层意义。假如我们进食前感谢主的恩典，我们实际是感谢圣经中为我们带来食物的这个人。但在早期的神话中，当人们坐下来进食时，他们会感谢将要吃的动物，因为它自愿牺牲自己。

在《奥义书》中有个美妙的说法："哦，美极了！哦，美极了！哦，美极了！我是食物，我是食物，我是食物！我是进食者，我是进食者，我是进食者！"

我们现在已不这么看待自己了。但是执着自我而不让自己成为食物，基本上是个否定生命的行为态度。你使生命之流停止了。而把自己让渡给生命之流，是在感谢动物牺牲自己成为食物时，所产生的伟大神秘体验，你有一天也会被时间湮没。

莫：我是自然，自然就是我。

坎贝尔：是的。第二个心理中心点是以性器官作为象征，它代表生殖的冲动。第三个中心点则是肚脐，它是追求权力、控制与成就的意志中心，或就其负面的意义而言，是去征服、掌控、打败和贬抑他人的中心。这是第三个功能，也就是攻击的功能。当我们认识了印度心理系统的象征意义后，我们便知道第一个支持生命的功能是动物本能，第二个生殖功能也是动物本能；第三个控制与征服的功能还是动物本能。这三个中心，都象征性的位于盆腔。

下一个，也就是第四个中心位于心脏，这代表打开慈悲之意。在这一点上你离开了动物行为的领域，而进入人类与精神的领域。

这四个中心各有一个可见的象征形体。例如，在底层第一个象征形体便是阳具与阴道，男女性器的交合。而在心脏中心，又再度是阳具与阴道，也是男女性器的交合，但在这里却以金质来代表处女生子的象征意义。也就是说，精神性的人在动物性的人中诞生了。

莫：而它在何时发生？

坎贝尔：当我们在心的层次上觉醒到慈悲，一种同体大悲、共同分享的苦难，即与他人共同承受苦难的体验时，它就发生了。那是人性的开始。而对宗教的沉思，也由心的层次这个阶段开始。

莫：你说那是人性的开始。但是在这些故事中，那是神诞生的时刻。处女生子代表了神的出现。

坎贝尔：你知道那个神是谁吗？就是你。所有这些神话的象征指的都是你。你可能身陷神话之中，以为那只是个客观的神话。所以你会认为，耶稣的情感都是他如何受苦的感受。但是那苦难应该在你身上去感受才对。你是否已在精神上重生？你是否已从你的动物本性中死去，而迎向一个由慈悲化身之人体的新生命呢？

莫：为什么必由处女而生呢？它有何意义？

坎贝尔：因为所生的人是由精神灵性而来，这是个精神生命。处女是由耳朵了解神谕的。

莫：神谕像一道电光而来。

坎贝尔：是的。据说佛陀也是在相同的意义下，从他母亲肋部的心之脉轮生出的。

莫：心之脉轮是什么意思？

坎贝尔：哦，是与心有关的一个象征性中心。脉轮是“圆周”或“范畴”之意。

莫：所以佛陀是从那里出生的？

坎贝尔：佛陀是从母亲的肋部出生的，那是个象征性的出生。他并非真的从母亲肋部出来，而是象征性的。

莫：但是基督与你我的出生是一样的。

坎贝尔：是的，但是他是处女所生。而且依据罗马天主教的教义，她的处女之身在生产后又恢复了。所以你可以说，生理上没有发生任何改变。象征意义上所指涉的，并非耶稣身体的诞生，而是精神上的诞生。那是处女生子所代表的意义。**英雄与半神人乃是因为慈悲而生，并非为权力、性欲或维持生物生命而生。**

这是再生的意义，当你开始在心的层次生活时，便是再生。较低的三个层次并非被否定，而是被超越了，它们只为心服务。

莫：假如我们回到远古时代，我们能否发现作为救世主母亲的圣母玛利亚形象呢？

坎贝尔：玛丽亚最古老的形象，实际上是埃及司受胎的伊西斯女神（Isis）及怀抱在她胸前的儿子荷鲁斯（Horus）。

莫：伊西斯女神？

坎贝尔：这说来话长。事实上这一切已变得十分复杂。伊西斯与她的丈夫奥西里斯（Osiris）是造物者努特女神的孪生子。他们另两个年轻的亲戚塞特（Seth）和奈芙蒂斯（Nephthys），也是努特女神的孪生子。

有天晚上，奥西里斯与奈芙蒂斯睡在一起，而把她当成是伊西斯，你可以说这是漫不经心的结果。自这晚后，阿努比斯（Anubis）出生，他是奥西里斯的长子，却不是与自己的太太生的。奈芙蒂斯的丈夫塞特把这事看得很严重，并且计划要杀掉他的长兄奥西里斯。他秘密地量度了奥西里斯阳具的尺寸，并叫人造了一个与他尺寸相合的完美阴道。

然后，在某晚群神聚会的宴会中，塞特带着那个阴道走了进来，并宣称如果有任何人尺寸相合，可以把它收作他陪葬的礼物。宴会上的每个人都试过，当然轮到奥西里斯时，大小刚合。于是72个随从立刻合力冲出，把他放入棺木、盖上盖子，捆绑起来并丢到尼罗河中。一个神就这样死去了。而无论何时，如果神这样死去，下一步则必然是这位神的复活。

奥西里斯之死在象征意义上，与尼罗河每年定期泛滥以滋养土地的功能有关。这仿佛是说，奥西里斯腐败的身体滋养了土地。

奥西里斯被投入河后，沿着尼罗河漂流而下，最后被冲上叙利亚境内的岸边，长出了一株充满香气的树，而且还把那个阴道包藏在树干内。当地的国王刚生了个儿子，正好要盖一座宫殿。因为那株树的香气十分美妙，于是把它砍下，作为该宫殿主要大厅的栋梁。

此时，可怜的伊西斯女神，正寻找被丢入尼罗河中的丈夫尸首。神寻找自己配偶的这一类主题，是当时神话故事的主要内容。**女神寻找他失去的配偶或爱人，透过忠贞与死亡，最后成为他的救赎者。**

伊西斯及时赶到叙利亚皇宫，而且闻出大殿中散发出香气的梁柱。她怀疑这与奥西里斯有关，于是她便乔装成国王新生儿的保姆。她以手指喂食婴儿，毕竟她是个女神，委屈忍辱是有限度的。不过她很喜爱这个小孩，便决定以火烧去他的必死之身，而使他永生。你知道，以她女神之力是可以使孩子不被火烧到的。每个晚上当孩子在火中烧烤时，她便把自己变成一只燕子，在包藏她丈夫的梁柱四周哀伤地飞绕。

某夜孩子的母亲进到房间，当她看到自己的孩子在火炉里，便失声尖叫，这么一叫便破了咒语，小孩必须从灰烬中救出。这时燕子已经变回装扮华丽的保姆与女神，她将整个情形解说了一遍，并且对皇后说："我想顺便告诉你，我的丈夫在那根梁柱内，如果你能让我带他回去，我必感激不尽。"已经闻讯赶到的国王回说："当然可以。"于是叫人移开梁柱，将它交给伊西斯，而包藏着奥西里斯的美丽阴道则被放置在一艘皇室的船舰上。

在回尼罗河三角洲的路上，伊西斯把棺盖移开，躺在她死去丈夫的身上，然后便怀孕了。这是个以许多象征形式经常出现在古代神话中的主题——从死亡中诞生生命。当船舰靠岸后，伊西斯女神在纸草沼泽中，生下了她的孩子荷鲁斯；这个手抱孩子怀想上帝的圣母角色，便成为圣母玛利亚的标准模式。

莫：而燕子变成了代表圣灵的鸽子，是吗？

坎贝尔：在空中飞翔的鸽子，是一个普遍的灵魂的象征，在基督教中用来代表圣灵。

莫：与神圣的母亲有关是吗？

坎贝尔：把母亲构想成圣灵，是的。但还有一点细节要在这儿补充。嫉妒的弟弟塞特这时占据了奥西里斯的王位。然而，要正式取得王位，他必须与伊西斯结婚。在埃及的图像研究中，伊西斯代表的便是王位。

坐在王位上的法老便是伊西斯，她以孩子坐在母亲膝上的形态出现。所以当你站在沙特尔大教堂之前，你会在西侧正门上看到一个玛丽亚的形象。她以王座的形态出现，而她的小孩耶稣坐在上面，以君临天下的姿态出现。这正是从古埃及流传给我们的意象，早期的神父与艺术家刻意接收了这些意象。

莫：基督教神职人员采用了伊西斯的意象？

坎贝尔：确实如此，他们自己是这么说的。在某些经文中你会读到："以往只是神话形式的这些形式，现在已正式在我们救世主的身上再生。"这里的神话形式指的是那些死而复活的神，像阿提斯（Attis）、阿多尼斯（Adonis）、吉尔伽美什（Gilgamesh）、奥西里斯等。各种神的死亡与复活都与月亮有关，因为月亮每个月都有类似死亡与复活的变化。月亮再生需要两个晚上或三天的黑暗，而基督由墓中复活也需要两个晚上或三天。

没有人确实知道耶稣的生日，但现在被定在12月25日的冬至日，也就是夜晚开始变短、白天变长的那一天。那是光开始重生的时刻，也正是波斯光神、米诗拉（Mithra）、太阳神索尔的诞生日。

莫：这有什么意义？

坎贝尔：在我们的生活与思考中，有一种过去是死亡而未来是生命的想法。死亡指的是动物性之死，而生则是精神性的诞生。这些象征符号所代表的不外乎这些意义。

莫：所以伊西斯可以说："我是万物的自然之母，所有自然元素的女主宰，神力的领袖，地狱众生的女王，及天堂众生的尊长。"所有众神与女神都由她化现而生。

坎贝尔：那是这整个故事后来的说法。它出自第二世纪阿普列乌斯（Apuleius）的《金驴记》（Golden Ass）。该书是最早的小说之一，书中的主角是个英雄人物，但因贪欲而被变成驴子。因此，他必须经历一个痛苦、羞辱的艰辛旅程，直到他自女神伊西斯那儿得到救赎。女神化成一株玫瑰出现（是神之爱，而非贪欲的象征），而仍是驴身的他在吃下玫瑰之后，便又再恢复人身。但是他现在已不只是一个普通人，而是个被燃亮升华的人——圣人。他经历了第二次重生。**所以人可以从动物般的肉欲，通过精神的死亡而再生。第二次出生的，是欢愉的精神生命。**

是女神使这一切得以发生。第二次生命是由精神上的母亲而来。巴黎的圣母教堂、沙特尔的圣母教堂，都是我们的母性教堂。我们因进出教堂而在精神上获得重生。

莫：女性是有一种特殊的力量吧！

坎贝尔：在这个故事中是如此，但不必然只有女性才有此力量。你也可以通过男性获得再生。不过在这个符号系统中，女性成为再造宇宙的源泉。

莫：所以在耶稣死后 431 年，以弗所（Ephesus）会议召开时，宣称玛丽亚是上帝之母，并非是历史上的第一次？

坎贝尔：不是第一次。事实上这种说法在教会已盛传多时。但是最后决定这个原则的地点以弗所，刚巧是女神阿耳忒弥斯（Artemis）或狄安娜所在的罗马帝国最伟大的宗教城。据说在论争这个原则时，以弗所的人民群众高声赞颂玛丽亚，"女神，女神，她当然是女神。"

在天主教传统中，代表结合世俗与精神力量的希伯来父权观点，与伟大女神之子是死而复活的救世主的古希腊观点，渐渐合而为一，成为弥赛亚。曾经有许多这样的救世主重生过。

在近东一带，凡是降临到世间的神明，原来都是女神。耶稣以女神的角色来到凡间。但是当圣母默许成为上帝示现人间的躯壳时，她已经影响了救赎。

圣母的苦难与她儿子的苦难一般无二这种看法，便越来越普遍。我想在天主教里，她现在被称为了“共同的救世主”。

莫：这为男女重新结合提供了怎样的说明？在原始社会很长的一段时间里，女性是主要的神话意象。与此同时存在的是雄性、攻击、战神般的意象，然后很快地又回到扮演创造和繁衍角色的女性身上。这是否说明男女间彼此需要对方的基本欲求？

坎贝尔：是的。但我宁愿以历史的概念来看待它。有趣的是，这个母性女神正是印度河谷（Indus Valley）彼端印度的女王。从爱琴海到印度河，她都是主要人物。然后随着印欧民族由北向南入侵到波斯、印度、希腊与意大利，一个以男性为中心的神话系统也随之入侵，并一直影响下来。在印度便是吠陀传统，在希腊则是荷马式的传统。大约500年之后，女神又再次出现。公元前7世纪左右，印度产生了“奥义书传统”，当时正好也是女神重新在爱琴海文化出现的时候。

在一群吠陀神明聚集之处，他们看到一种奇怪的变形事物出现，一种烟雾状的东西。于是他们问：“那是什么？”没有人知道那是什么。所以有一个神建议说，“我会去找出答案来。”于是他走入这个烟雾状的事物中，并说，“我是火神阿格尼（Agni），我可以烧毁任何东西。你是谁？”从那雾中有一根草秆飞出，掉在地上，有个声音说，“看你怎么烧掉它。”

阿格尼发现自己不能把它点燃，于是对别的神说，“这真的很奇怪！”接着风神说，“让我试试。”当他前去时，同样的东西出现在面前。“我是风神伐由（Vayu），我可以吹走任何东西。”草秆再一次被丢出来。“看你怎么吹走它。”而他也失败了。他也回去了。接下来是吠陀最伟大的神因陀罗走上前去。当他靠近时，那个幽灵幻象便消失了，接着一个神秘、漂亮的女人出现了。她告诉众神，刚才的现象乃是他们存在基础的示现。她说，“这是所有存在的终极奥秘，因为它你们才有神力，它亦可随意夺走你们的神力。”印度人给这个万物存在基础的命名是婆罗门（Brahman）。它是个中性名词，既非阳性亦非阴性。而印度给女性的名字是摩耶－夏克提－提毗（Maya-Shakti-Devi），是“生命女神与万物之母”的意思。在《奥义书》中，她以教导吠陀神明的姿态出现，告诉他们终极的真实，以及他们力量与存在的来源。

莫：这是女性的智慧。

坎贝尔：它是赋予万物生命的女性。她是赋予生命的人，她知道万物来自何处。她来自超越男性与女性的世界，她来自超越有与无的世界。既非是，也非非。她超越一切思想与心识的名相。

地球就是母亲本身，也是我们本身

莫：在《圣经·新约》中有一段文字，“你们在基督耶稣里，并不分男女。”就事物终极的意义而言，是超越两者的。

坎贝尔：它必须如此。假使耶稣代表了我们存在的来源，那么我们全都是他心中的念头而已。他也就是成就吾人肉身之道。

莫：在你和我身上都有男、女性的特质，对吗？

坎贝尔：身体是如此。我不知道形成的确切时间为何，不过在胚胎期间的某个时刻，很明显会看出孩子将变成男人还是女人。而我目前的身体，则是一种潜能朝向某个面向的特定发展。

莫：所以在人生中，我们偏好某一倾向，而压抑另一倾向。

坎贝尔：在中国的阴阳图中，那条黑色的鱼，或者随你怎么称呼它都行，里面有个白色小点；而在白色的鱼里，则有个黑点。这是为何他们可以相连的原因。你不可能和你完全无关的事物相结合。这是为什么将神视为“绝对他者”是匪夷所思的原因。绝对他者是与其他事物毫无关联的。

莫：在你说的这个精神转化中，改变是否是从抚育、创造、合作而非对抗之类的女性特质而来？这不就是我们讨论女性原则的核心吗？

坎贝尔：母亲爱所有的孩子，愚笨的、聪明的、顽皮的、乖巧的，都一视同仁，不论他们个别的特性为何。所以就某方面而言，女性代表了对子孙包容的爱。父亲则是偏向扮演管教的角色。他与社会秩序、社会性格较相关。这实际上是社会本身运作的方式。**母亲给孩子自然生命，而父亲则赋予孩子社会性格，**也就是说，让他如何发挥功能。所以，回归自然必然会再度带来母性的原则。我不知道它如何与父性原则相连，因为地球的机制会剧烈地活动起来，而那是男性的功能，所以你无法预测将会产生什么新事物。但可以确定的是自然又回来了。

莫：所以当我们说“拯救地球”时，我们是在说拯救自己。

坎贝尔：是的。所有希望社会能有所改变的想法，必须要等待人类心理有所改变，也就是一种全新体验社会的方式出现，才有可能实现。我认为就这点而言，关键的问题只是，你愿意认同哪个社会、哪个社会团体？是认同整个地球上的人类，还是只认同自己的国家、民族？基本上，这也就是当年美国建国者所想的问题。如何把 13 个州联合成一个国家，而又不会侵犯到某些州的特殊利益呢？为什么类似的问题不能用来思考今日的时局呢？

莫：男性与女性原则、处女生子，以及给予人类二次生命的精神力量，在讨论这类关怀时，有一个问题产生了。每个时代的智者都说，如果我们能学着过精神生活，我们就可以过上善的生活。但是凡人皆是血肉之躯，又如何能过精神生活呢？保罗说："情欲和圣灵相争，圣灵和情欲相争。"我们该如何学习过精神生活呢？

坎贝尔：在古代，那是老师的事。他会教你过精神生活的线索，那也是牧师存在的理由，也是宗教仪式存在的理由。宗教仪式可以被定义为神话的制度化。借参与宗教仪式，你可以实际体验神话的生活。在那种参与中，人可以学着过精神生活。

莫：神话故事实际上是指引一条通往精神生活之道？

坎贝尔：是的。你必须有线索才行。你必须有个类似地图的东西，而这些线索或地图就在我们身旁。但是它们并不完全相同。有些只谈及自己团体的利益和某个部落的神，其他的，特别是那些由伟大女神、宇宙与人类母亲所启示的故事，则教导众生慈悲。

由于慈悲，你也会开始欣赏大地本身的圣洁，因为它就是女神自身。当耶和华创造世界时，他从土地中造出了男人，然后把生命吹入塑造好的形体中。他本身并不存在于他塑造的形体中。但是女神是内外同时兼有的。你的身体是由她的身体而来。在这样的神话里，你会体认到一种宇宙的认同感。

莫：那就是为什么我不确定人类的未来与救赎是否在外太空的原因。我想它可能就在地球上，在身体内，在我们存在的源泉里。

坎贝尔：确实如此。你到外太空，你所带的还是你的身体。而如果你没有转化此身，太空是无法转化你的。但思考外太空也许可以帮助你了解某些道理。在宇宙地图中，可以看到我们的银河系处在许多银河系之间，而我们的太阳系还在银河系中。从图中你可以了解到我们已经发现的宇宙之广大。这些地图告诉我的，是个无穷无尽而又剧烈变动的宇宙。

四散满布着成亿又成亿怒吼的热核熔炉。每个热核熔炉就是一颗恒星，而我们的太阳就在其中。它们有许多会自己炸得粉碎，然后这些浮尘与气体扩散在最遥远的太空中，我们现在新生的行星环绕的太阳系，就是由这些浮尘与气体所生。在超越这些以外，更遥远的星际太空中传来阵阵宇宙音，它们是宇宙发生之初的大爆炸（the big bang）所产生的回音短波。据某些计算的说法，大爆炸大约发生在180亿年前。

这就是我们所在的宇宙，孩子，了解这点，你便了解自己是如何重要，你知道你是那广大无边宇宙的一微粒而已。然后你可以体验到，你与它在某种意义上是一体的，你共享所有的这一切。

莫：而它从自己这里开始。

坎贝尔：从自己这里开始。

THE POWER OF MYTH

07 爱情与婚姻的故事

THE POWER OF MYTH

恋爱是一种追求享乐的关系，而“苦难”才是婚姻的真正意义。爱是生命的燃烧点。爱情之苦就是生命本身的苦，它是一种自然流露的慈悲，一种与他人一起受苦的精神。

浪漫爱情伴随永无止境的痛苦

莫：爱情是一个如此广泛的主题，所以如果我说“我们来谈谈爱情吧”，你会从哪里开始呢？

坎贝尔：我会从 12 世纪欧洲的吟游诗人说起。

莫：他们是谁？

坎贝尔：吟游诗人是古时候普罗旺斯的贵族，而后在法国其他地方及欧洲各地都出现了吟游诗人。在德国他们叫作“爱的歌者”（Minnesingers），Minne 是中世纪德文“爱情”的意思。

莫：他们是那个时代的诗人吗？

坎贝尔：他们是诗人没错，但这是一群有特定特质的诗人。吟游诗人盛行的时代是 12 世纪。而在 1209 年，整个吟游诗人传统在普罗旺斯一个所谓的阿尔比教（Albigensian）[①]改革运动中从法国消失了，阿尔比教改革运动是由教皇英诺森三世发起的。这个运动也是欧洲历史上公认最骇人听闻的宗教运动。

因为让人联想到当时阿尔比教派中逐渐兴盛的摩尼教异端，吟游诗人才受到教会的清算。其实阿尔比教改革运动的目标，是针对当时腐败的教会神职人员的。因此，吟游诗人和他们对爱情观的转化，便十分复杂地和宗教生活混在一起。

莫：爱情观的转化？这是什么意思？

坎贝尔：吟游诗人对爱情心理学很感兴趣。在西方他们是率先具有现代爱情观的一群人，他们认为，爱情是人对人的一种关系。

莫：在这之前的爱情观是怎么样的呢？

坎贝尔：爱情只是一位能够刺激性欲的神——厄洛斯。厄洛斯的爱情不是吟游诗人所体验到的那种坠入爱河的感觉。比起坠入爱河，厄洛斯的爱情是与个人无关的。当时的人并不知道爱摩尔（Amor）[②]。爱摩尔是吟游诗人认可的个人的爱。厄洛斯和灵性之爱（Agape，神对世人的爱）则不是个人的爱。

莫：请解释得详细些。

坎贝尔：厄洛斯代表生理的欲望。它是对对方身体的狂热，和个人因素没有关系。

---

① 11～13 世纪在法国南部阿尔比地区颇具势力的反天主教宗派。——译者注

② 法文“爱”的意思。——译者注

莫：那么灵性之爱呢？

坎贝尔：厄洛斯的爱是要爱你的邻居像爱自己一样，它是一种精神性的爱，不管这位邻居是什么样的人。

莫：这不是厄洛斯式的激情，我认为那是一种慈悲。

坎贝尔：没错，那是一种慈悲，是打开自己的心胸，但它不像爱摩尔一样，是个人的。

莫：灵性之爱是一种宗教的冲动。

坎贝尔：没错，但是爱摩尔也可能成为一种宗教的冲动，吟游诗人将爱摩尔认为是至高的精神体验，厄洛斯的经验则是一种被捕获的感觉。在印度，爱神是一位高大、活力充沛的年轻人，他手上握着一张弓，以及满满一筒箭。这些箭的名字皆为“促死之苦”和“打开心房”之类。真的，爱神是会带给你这些感觉的。爱情的感觉全然是一种生理上与心理上的爆发。

另一种爱，灵性之爱，则是一种爱邻人像爱自己一样的爱，不论这个人是谁，爱都必须是一样的。因为这个人是你的邻居，你就必须爱他。如果是爱摩尔的话，那便是一种纯粹个人的爱，那种被捕获感来自四目相遇。就像吟游诗人传说中描述的，人与人的爱。

莫：你的书中有一首诗描述到这类四目相遇的体验，“爱从眼睛，触及内心……”

坎贝尔：这种体验和当时教会所支持的一切都相违背。它是个人的、个别的体验，而且我认为这种体验是西方传统之所以伟大的精髓之处。这种体验也是西方之所以和我所知道的其他传统不同之处。

莫：这么一来，去爱的勇气便成为个人肯定自己和传统对抗的勇气，也就是对抗教会传统的勇气，为什么这对西方文化的演进这么重要？

坎贝尔：它的重要性在于，促使西方文化强调个人的重要性，也就是强调个人对自身体验的信心，而不是装模作样地叙述一些从他处得来的话。它所强调的是个人对人性、生活与价值的体验，用以对抗专断、单一思想体系的合法性。大一统的制度是一种机械化的体制，也就是说，因为是生产自同一厂商，每一部机械的功能都是完全相同的。

莫：你曾说过西方的浪漫爱情是从“自然本能超越宗教信条”（libido over credo）开始的，你的意思是？

坎贝尔：宗教信条说“我相信”，而且相信的不只是法律，是被上帝制度化的法律，而且人没法和上帝争辩。这些上帝制定的法律是我身上的沉重负担，不遵守这些律法是一种罪恶，也和我永恒的特质有关。

莫：那就是宗教信条？

坎贝尔：那就是宗教信条。你信奉它，你去告解，你逐条检查自己的罪过，算算自己犯了几条。你不对神职人员说“祝福我吧，神父，我这星期表现得不错”，却一直想着自己犯下的罪过。在这过程中，你便真的成为一个罪人了。这事实上是在谴责生存的意志，宗教信条就是这样。

莫：而自然本能呢？

坎贝尔：那是生命的冲动，它来自心中。

莫：而这个心是什么呢？

坎贝尔：**心是开放给另一个人的器官。**这是人类不同于动物的特质，因为动物只关心自己的利益。

莫：这么说，你所谈的浪漫式爱情不同于贪婪、激情及一般宗教情操？

坎贝尔：没错，在传统文化中婚姻是由家庭安排的，完全不是个人对个人的决定。在今日的印度，报纸上仍有一栏广告提供给婚姻中介，刊登待嫁女子的资料。我记得在我认识的印度家庭中，有一个女儿要出嫁了，她从没见过自己未来的丈夫，因此会一直问她的兄弟说："他长得高吗？他的皮肤是深色的还是浅色的？"

中世纪的婚姻需要经过教会的认可，因此吟游诗人一对一式的爱情理想，对教会而言是很危险的。

莫：因为它是异端邪说吗？

坎贝尔：不只是异端邪说，那是通奸，心灵的通奸，因为婚姻完全由社会安排，而由眼神交会产生的爱情，则具有较高的精神价值。

比如说，在特里斯坦的罗曼史中，伊索尔德先和马克王订婚了。但是两人从来没有见过面。特里斯坦的任务是护送伊索尔德到马克王的城堡成婚。伊索尔德的母亲准备了一种爱的药剂，即将结婚的年轻男女喝下去后，便会对对方产生真正的爱情。这帖爱情秘方由伊索尔德的奶妈看管着，而她是要陪嫁到马克王那儿的。由于奶妈的一个疏忽，没看管好，特里斯坦和伊索尔德意外地喝下了爱情之药，因为他们以为那只是普通的酒。他们立刻被对方的爱所压倒了，其实他们早就相爱，只是自己不知道而已，这帖爱的药剂只不过点燃了早已存在的爱情火花罢了，任何人都能记得自己年轻时曾经历的这种感觉。

由吟游诗人的观点来看，问题出在马克王和伊索尔德两人身上。他们虽然要结婚了，但并不具备真正爱情的条件，他们甚至没有看到过对方。真正的婚姻要认识到自己与对方是一体的。生理的结合只不过是肯定这层意义的圣礼。婚姻不能反其道而行，从生理的兴趣提升到精神层次是不可能的。它从爱的精神力量开始——也就是爱摩尔。

莫：基督说过，“心理上的通奸者”是一种心理和心灵统一状态的破坏。

坎贝尔：**当婚姻不是由心来安排，而是由社会来安排时，便是对心灵状态的破坏。**那也就是中世纪宫廷爱情给人的感觉。它和当时教会的态度是完全不同的。爱情（AMOR）这个字倒着拼就是罗马（ROMA），也就是罗马的天主教会，它认为婚姻具备政治及社会的本质。因此后来才有强调个人抉择合法性的运动出现。我称这种抉择为——遵循你的直觉。

但这当然也有危险性。在特里斯坦的罗曼史里，这对年轻恋人已醉倒在爱情之药中，而伊索尔德的奶妈也发觉到不对了，她跑去向特里斯坦说，“你已经喝下了死亡。”而特里斯坦回答说，“我的死期，你指的是爱情之苦?”这就是故事的重点之一，也就是说，恋爱中人应该感觉到爱情的病态才是。因为一个人若未经历到与对方合为一体的感觉，是没办法在这个世界得到完全满足的。

于是特里斯坦说，“如果你说我会死去的意思是指，随着爱情而来的极大痛苦，那么那就是我的生活。如果你指的是在事情揭发后，我们会受到责罚的折磨，那么我会接受它。如果你指的是在地狱炼火中遭到永久的处罚，那么我也接受它。”这真的是很严重的事。

莫：尤其是对中世纪的天主教徒而言，他们相信有一个具体的地狱存在。这么一来，特里斯坦这段话的重要性何在？

坎贝尔：他所说的是，对他而言，**爱情是比死、比痛苦、比任何事物更为重大的事。这是一种肯定人生痛苦的伟大方式。**

莫：他宁可选择爱的痛苦，尽管随着这项选择而来的，是永无止境的痛苦和永恒地狱的天谴。

坎贝尔：任何跟随直觉所选择的人生职业，都应具有这种精神。也就是说，没有人会把我这个抉择吓跑。不论发生什么事，这都是对我生命及行为的肯定。

莫：在选择爱情时也是一样吗？

坎贝尔：是的。

莫：你曾经写过对于地狱的看法，就像对天堂的看法一样。当你到了那里，你就是在最适合你的地方，也是你最终要去的地方。

坎贝尔：那是萧伯纳的观点，也是但丁的观点。地狱里的惩罚是在现世所得到的永恒。

莫：特里斯坦要他的爱情，他要他的极乐，而且他愿意为此受苦。

坎贝尔：没错。布莱克在他那很棒的格言系列《天国与地狱的婚姻》（*The Marriage of Heaven and Hell*）中写道："我在地狱之火中漫游，享受着在天使们看来是痛苦和疯狂的乐趣的时候……"[①]也就是说，对于那些在地狱里且不是天使的人来说，炼火并不是痛苦的火焰，而是欢乐的火焰。

莫：我记得在但丁《神曲》的"炼狱"中，但丁在地狱里寻找历史上的伟大情人，他首先看到了海伦，又看到克里奥佩特拉，紧接着他看到了特里斯坦，那有什么意义吗？

坎贝尔：但丁从教会的观点出发，他们身处地狱且受尽折磨。记得吗？他也看到了两个来自他同时代的意大利年轻人，保罗和弗朗西丝卡。弗朗西丝卡和她的小叔保罗产生了爱情。但丁却摆出社会科学家的姿态说，"亲爱的，这是怎么发生的？是什么原因造成的？"

紧接着的是《神曲》中最有名的一段，弗朗西丝卡说，保罗和她坐在花园的一棵树下，读着兰斯洛特和桂妮维尔的故事，"当我们读到他们的第一个吻时，我们互相凝视着对方，那一整天便再也无法读下任何东西了。"那就是他们堕落的开始。

这种美妙的体验却被谴责为原罪，吟游诗人反对的就是这种说法。爱情是生命的意义——它是生命中的最高点。

莫：这不就是瓦格纳在他描写特里斯坦和伊索尔德的伟大歌剧中所说的吗？他

① 译文引自［英］威廉·布莱克：《布莱克诗集》，张炽恒译，上海社会科学院出版社，2017年。——编者注

说，“让我在这世间拥有自己的天地，不论是被打入地狱还是被救赎。”

坎贝尔：没错，那正是特里斯坦所说的。

莫：意思是，我要我的爱情，我要我的生活。

坎贝尔：这就是我要的生活没错，并且我愿意为它付出任何代价。

莫：这需要一点勇气不是吗？

坎贝尔：难道不是吗？就算只动了念头？

莫：“难道不是”——你用的是现在式。

坎贝尔：没错。

莫：在现代社会也是如此吗？

坎贝尔：是的。

真正的爱是一起受苦的慈悲

莫：你谈到古代的爱情先驱对爱情的看法是，要做自我实现的主人，决定自我实现的方式，同时他们也了解到爱情是大自然最尊贵的产物，他们要从自己的体验中得到智慧，而不是经由教条、政权，或任何现行的社会流行观念得到。这是不是西方传统中“把事物交到个人手里”这个浪漫想法的起源呢?

坎贝尔：绝对是这样。东方文化中也可以发现一些类似的例子，但并没有发展成一种制度化的社会系统。这种概念在西方世界已经成为理想化的爱情。

莫：就是从自己体验得到的爱情?将自我体验作为智慧的源泉，是吗?

坎贝尔：没错，那就是所谓的个体。西方传统的最珍贵之处，就是承认并且尊重每一个个体都是活生生的实体。社会的功能是在培养个体，并不是以个体来支援社会。

莫：如果是这样的话，社会上一些公共团体变成什么呢?像大学、公司、教会、政治机构——如果每个人都去追寻自己的爱情的话?这其中不会有冲突存在吗?一种个人与社会的对立?一定要有适当的界限来限定个人追随直觉、性欲、欲望、爱情、冲动做事的范围——否则便会产生社会骚动或是变成无政府状态，因为没有一个公共团体在这种情况下还能存活下来。你真的认为不论导致什么结果，我们都应该追随我们的直觉、我们的爱情吗?

坎贝尔：你必须用你的头脑，有人说，狭窄的道路便是一条非常危险的道路——像是剃刀的边缘。

莫：这么一来，头脑和心不应该是对立的喽?

坎贝尔：不是的，头和心应该是合作的关系，头脑要时时保持清醒，心应该时时咨询头脑。

莫：会有心引导头脑的时候吗？

坎贝尔：在大多数情况下，这是最理想的。中世纪骑士的五大美德可以运用在这里，那就是节制、勇气、爱、忠诚及礼仪。礼仪也就是尊重你生活中的社会礼节。

莫：这么说，爱情并不能单独存在，而要与其他事物共存。

坎贝尔：爱是社会许多功能中的一项。如果企图以某一种功能控制整个系统，而不是帮忙建立整个系统的秩序，那么这是会造成社会混乱的。在中世纪，虽然吟游诗人反抗教会的权威，但也尊重他们生活其中的社会。他们所做的每一件事都要依据社会规则。两个骑士对阵是为道德而战，不会破坏交战规则。这项礼仪必须谨记在心。

莫：当时有法律规则吗？有爱情规则吗？比如说，对通奸有所规范吗？在那个时代如果一个人的眼神和不是自己太太或自己先生的人交会，这个人会怎么反应呢？

坎贝尔：那是宫廷式爱情关系的开始，确实有游戏规则，而且大家都根据游戏规则在玩。那些人有一套属于自己，但不属于教会的系统，是为了能够和谐地玩游戏，并且得到预期的结果。所做的每一件事情都有一套规则在规范，里面明确列着事情该如何做、如何才能做得好等。有人说，所谓艺术是将事物变得更好。在爱情中，你可能只是个粗拙的笨汉，但是如果能够掌握某些让感情表达得更流畅且满足的规则，不是更好吗？

莫：因此，随着骑士精神的成长，浪漫式爱情也四处扩散了。

坎贝尔：我认为两者是同一件事。当时是一个很奇怪的时代，因为一切都非常残酷、野蛮。当时并没有中央律法，每个人都要靠自己，也因此你的每一件事或物都可能被别人侵犯。但是在如此残暴的环境里，有一股文明的力量，而女人是这股力量的中坚。因为是**女人建立上述的爱情游戏规则，男人则必须依据女人的要求来玩爱情游戏。**

莫：女人如何去掌握支配性的影响力？

坎贝尔：如果一个男人动了想和一个女人做爱的念头，女人就已经占上风了。女人让渡自己给一个男人的专业说法是“怜悯”。女人付出她的怜悯。她的怜悯可能是允许追求者在圣灵降临周（Whitsuntide）[①]吻她的颈背一次，或是一次付出她全部的爱，那要看她对候选人个性的评估结果而定。

莫：这么说，是有一套规则来决定测试结果喽？

坎贝尔：没错，而且有一项基本要求。也就是候选人必须有一颗温柔的心，一颗有能力去爱的心，而不是只充满欲望的心。女人能够测验出她的追求者，是否真的有一颗温柔的心，是否真的有爱的能力。

同时，因为这些淑女都是贵族出身，她们表现其残酷或温柔的性格时，都是非常老练且有手段的。我不认为现代人有办法测验出一个人的心，是否具有温柔的气质。我甚至不认为每个人都有温柔的心，也不认为这种理想是可行的。

莫：对你而言，温柔心的概念暗示了什么？

① 圣灵降临日起一星期。——编者注

坎贝尔：表示一个人有能力去——嗯，怎么说，对我而言关键的字是慈悲。

莫：你的意思是？

坎贝尔：一起受苦。慈悲（Compassion）这个字后半部的“热情”（Passion）就是“受苦”的意思，而前半部的“同”（Com）是“和……在一起”的意思。用德文来解释便更清楚了：德文mitleid一字中“mit”是“和”的意思，而“leid”是“苦难或受苦”。爱情测验在本质上是要确定这个男人会为爱而忍受一切，他不是为情欲才如此的。

莫：约瑟夫，这种爱情测验虽然发源自吟游诗人时代，但仍盛行于20世纪50年代早期的得克萨斯东部。

坎贝尔：那就是这种爱情观点的力量。它发源自12世纪的普罗旺斯，而在20世纪的得克萨斯仍然可见。

莫：近来也不是那样盛行了，我的意思是，我不确定它和原始的爱情测验还有多少是一样的。我喜欢这种测试——大概吧，我不确定……

坎贝尔：有的测验会叫一个小伙子去保卫一座桥。在某种程度上，中世纪的交通也是因为这些保卫桥梁的小伙子而阻碍不通的。有的测验则是真枪实弹去打仗。一个漫无规则、在同意付出自己之前便叫候选人去冒生命危险的女人，会被认为是野蛮人，而一个没有经过任何测验便付出自己的女人，也被认为是野蛮未开化的。那是一种很不错的心理评估游戏。

莫：吟游诗人的目标不是要解除掉婚姻或社会吧？他们的目标不是要消除性行

为、欲望或减除上帝的精神吧？你曾写道，“说得更恰当一点，他们直接经由爱的测验以赞美生命，他们认为爱情是一股淬炼过的升华力量，是开放自己的心胸，接受生命中的酸甜苦辣，是一个人的自我烦恼及欢乐，”他们不是要破坏掉万事万物吧？

坎贝尔：不，你要明白，产生这股力量的动机不在他们身上，而是一种激发个人去体验及提升自我的动机，那是完全不同的。他们并没有直接攻击教会。他们是要将生命提升到一种精神体验的层次。

莫：爱情就在我们面前。爱摩尔是展现在眼前的道路。眼睛……

坎贝尔：眼神交会，就是那种概念。“所以，爱从眼睛，触及内心；因为，眼睛是心的斥候。”

莫：吟游诗人对心灵（psyche）[①]知道些什么？大家都听过有关心灵的故事，也就是厄洛斯爱上赛姬（Psyche），今天大家都可以接受，我们必须了解自己心灵的这个说法。吟游诗人对人类的心灵知道多少？

坎贝尔：他们发现的是一个无法用一般性语言表达的灵魂个别面向。个人的体验，个人对自己这个体验的认同感，个人不但认同并融入这个体验中等，都是有关灵魂个体面向的重点。

莫：这里的爱情，指的不是泛泛的爱情，而是对某个特定女人的爱吧？

---

① 希腊罗马神话中灵魂的人格化，常化身为有蝴蝶翅膀的美女，为厄洛斯的爱人。——译者注

坎贝尔：是为了那个特定的女人，是的。

莫：你认为为什么我们会爱上某个特定的人，而不是其他人呢？

坎贝尔：我不是这么肯定。爱情是一件很神秘的事。先是会发出电波，接下来便会有极大的痛苦，吟游诗人歌颂爱的痛苦，这种痛苦是医生无法医治的，只有原先伤害他的武器才能治愈。

莫：意思是？

坎贝尔：**是我的热情造成这个伤口，是我对这个特定个人的爱，才产生这极大的痛苦。因此唯一可以医好伤口的是开枪的人。**这把制造伤口的枪，就是以象征性形态出现在许多中世纪故事中的爱情动机。只有当枪口再接触伤口时，爱情创伤才能被治好。

莫：圣杯的传说中，不是也有类似的概念吗？

坎贝尔：在这个故事的修道院版里，圣杯和基督的热情有关。圣杯是在最后晚餐中的圣餐杯，也是耶稣从十字架上被释放下来时，接他鲜血的圣杯。

莫：那么圣杯又代表什么呢？

坎贝尔：有关圣杯的来源有一段很有意思的说法。一位早期的故事作者说，圣杯是由中立的天使从天堂带下来的。发生在天堂的那一场上帝与撒旦的善恶大战中，有些天使站在撒旦那一边，有些则是站在上帝那一边。

圣杯是由那些中立的天使带下凡间的。它因而代表在二元对立中，也就是在恐惧与欲望中、善恶之间的一条心灵通道。

圣杯传奇的主题传达土地、国家及整个人类关怀的领域，而这些都已被废置一旁，被称为荒原。荒原的原貌又是什么呢？生活在荒原上的人都过着一种不真实的生活，也就是别人怎么做，你就怎么做；别人告诉你怎么做，你就怎么做，却没有勇气过自己要过的生活，那就是荒原，正如T.S.艾略特在他的长篇史诗《荒原》中所说的意思。

在荒原中，事物的表象是无法代表内在真实的，荒原中的人更过着一种不真实的生活。“我一生中从来没有做过我要做的，我一直遵照别人要我做的去做。”你能够了解吗？

莫：圣杯便成为……？

坎贝尔：圣杯便成为……该怎么说好呢？圣杯代表那些按照自己的方式生活的人，他们所了解和达到的真实。圣杯代表人类实践其意识状态的最高精神潜能。

比如说，圣杯之王是一个可爱的年轻人，但这个头衔并不是他自己赢得的。有一天他由古堡中骑马出来高喊着“爱摩尔”。年轻人当然可以这么高喊，但这种行为不适合圣杯监护人的身份。在他向前骑行时，有一位在当时被视为异端的伊斯兰教徒，由树林中骑着马冲出来。他们两人都将自己的长枪瞄准对方，圣杯之王的长枪杀死了异教徒，异教徒在死前用长枪将圣杯之王去势。

这个故事的意义在于，它点出了基督教将事物和它的灵魂分离了，将生命的活动与心灵的领域分离了，将自然的恩典与超自然的恩典分离了。基督教将大自然真正地去势了，欧洲文化的灵魂和欧洲文化生活也因此被阉割。来自事物与心灵结合的真正灵性已经被谋杀了！异教徒又代表什么呢？他来自伊甸园近郊，被视为一位自然之人。他的长枪上刻着“圣杯”二字，指大自然即代表着圣杯本身。心灵生活是人类生命的一场盛宴，是生命的香精、是人性生活的开花结果与实践，而不是加诸其上的超自然美德。

因而，赋予生命真实性的是大自然的脉动，而不是一种来自超自然威权的规范——那便是圣杯隐含的意味。

莫：这便是托马斯·曼在提到人类是最崇高的杰作时的意思吗？因为人类是结合了自然与灵魂的创作。

坎贝尔：没错。

莫：自然与灵魂一直渴求在这种经验中相遇。这些浪漫传奇中要寻求的圣杯，乃是这两个分离事物再结合的象征，同时也代表结合所带来的和平。

坎贝尔：圣杯象征能以自身意志力及脉动为依归的真实生活。它使我们在生活的好与坏、光明与黑暗的对立生活中找到平衡。有一位圣杯传奇的作者在他的长史诗的开篇短诗中说：“任何行为都有好坏两个结果。”生命中的任何行为都会产生对立的结果，我们则要尽力倾向光明和谐的关系，这种和谐关系发自于愿意和别人一起受苦的慈悲，发自于对别人的了解。这就是圣杯的意义，这就是中世纪罗曼史的内容。

在圣杯传奇中，年轻的帕西瓦里（Perceval）由母亲独自在乡间抚养长大。他的母亲排斥宫廷式生活，一直到帕西瓦里成熟长大都不愿意让他接触任何宫廷生活的规则，帕西瓦里生活的原动力就是自己的身心脉动。后来有人将帕西瓦里训练成骑士并要把女儿嫁给他，然而帕西瓦里拒绝了，他说：“我必须自己赢得自己的太太，而不是由别人送给我。”那就是欧洲的开端。

莫：欧洲的开端！？

坎贝尔：没错——独树一帜的欧洲，圣杯欧洲。再回到原来的故事，当帕西瓦里来到圣杯古堡时，正好撞见受了伤的圣杯之王被担架抬了进来。他是因为有圣杯才留着最后一口气，否则早就死了。帕西瓦里的慈悲令他想上前问，“大叔，你怎么了？”但是他没有真的问出口，因为他的师父说，一个骑士不应该问不必要的问题。他遵守规则，但英雄的冒险生涯便失败了。

因此，帕西瓦里又花费了五年的时间，历经折磨与阻碍，才又再回到古堡，并且问出原来没问出口的问题，并医好国王及这个社会，帕西瓦里的问题是出自一种慈悲，而不是出自社会的礼教规范，是一个人的心很自然地开放给另一个人，也就是圣杯的精神。

莫：那是一种爱。

坎贝尔：它是一种自然流露的慈悲，一种与他人一起受苦的精神。

莫：荣格说过，他说，在一个灵魂找到他的另一半之前，他永远不可能得到安详，而这另一半永远是另一个自己，这就是浪漫的罗曼史？

坎贝尔：没错，正是，这就是罗曼史，也就是神话所要述说的。

莫：这不是一种激情的罗曼史？

坎贝尔：不是，激情是由暴力产生的，它不是一种健康的表达方式。

莫：你认为这些对浪漫式爱情的看法如何？对我们个人有何意义？

坎贝尔：它告诉我们，人类活在两个不同的世界，一个是我们自己的生活世界，另一个是外在社会指定给我们的生活方式。重要的课题是如何维持两者之间的和谐关系。我们来到这个世界，当然必须以这个社会为基础来生活，不这么做会很荒谬的，而且不是真正活着。但同时，一个人不能让社会监督他的生活，每个人都必须有自己的一套价值系统，有时这套价值系统可能与社会对个人的期望相冲突，而不为社会所接受。然而生命的要务是：要活在能真正支持你的社会范畴内。

这时便出现一个问题——那就是，以战争时期为例，被征召入伍的年轻人，要面对一项巨大的抉择，即社会要求你的事，你可以做到什么程度？像是杀死你不认识的陌生人，为什么？为了谁？这一类的事情会非常令人困惑。

莫：这就是我先前说的。如果社会的每一颗心都是漂泊不定的，每一双眼睛都是游游荡荡的，这个社会便无法存在了。

坎贝尔：那当然，但是你要知道有些社会是没有存在必要的。

莫：他们迟早会……

坎贝尔：他们会瓦解。

莫：吟游诗人将旧社会瓦解掉了。

坎贝尔：我不认为是吟游诗人将它瓦解掉了。

莫：是爱情。

坎贝尔：是爱情没错，但是那和吟游诗人是同样一回事。就某个意义而言，马丁·路德是一位基督的吟游诗人。他对如何才算是一位神职人员，有他自己的想法。而他的想法真的就瓦解掉整个中世纪的教会，而且永远无法再恢复原貌了。

你知道，思考基督教的历史是件非常有趣的事。在最初的五个世纪中，有许多基督教，有许多成为基督徒的途径。然后在4世纪的狄奥多西大帝（Theodosius）时期，罗马帝国中唯一的合法宗教便是基督教，而唯一被允许的基督教形态，则只有拜占庭的基督教。当时破坏异教殿堂古迹的程度，在世界历史上是很难再找到类似的例子了。

恋爱是享乐，婚姻是承诺

莫：由教会组织破坏了？

坎贝尔：由教会组织破坏了。为什么基督徒不能与其他宗教共存？他们有什么问题？

莫：你认为呢？

坎贝尔：是权力，是权力。我认为对权力的冲动，是欧洲历史中最基本的冲动。而它又侵入了我们的宗教传统中。

关于圣杯的传说有一点十分有趣。这些传说是在欧洲有基督教500年后才出现的，代表了两个传统的融合。大约在12世纪末时，弗洛里斯的修道院院长乔基姆（Joachim）写下灵魂的三个时代。他说，自人类从伊甸园堕落后，上帝为补救此灾难，把灵魂的原则重新引介到历史中。他选择了一个民族作为沟通的工具，这就是天父与以色列的时代。然后在这个民族成为一个传道民族后，便能够成为上帝化为肉身的工具，于是就有圣子的诞生。因此，灵魂第二个时代是圣子与教会的时代。这时整个人类，而非单一的种族，都接收到上帝精神意志所传达出的信息。

第三个时代是直接与个人沟通的圣灵时代，依据1206年的这个哲学家所言，当时正是圣灵时代开始的时候。任何人只要能将神谕融入或带进自己的生命中，他便与耶稣一般无二。这就是第三个时代的意义。正如教会组织视以色列人为陈旧的过去一般，教会组织也被这种个人的体验视为过时的制度。

灵魂的第三时代引发了一大批隐士遁入森林中接受体验。第一个公认的代表这个运动的圣哲是阿西斯的圣·弗朗西斯（St.Francis）。他代表了基督的化身，他是圣灵在物理世界的示现。

这就是寻求圣杯背后的故事。寻求圣杯的圆桌骑士加拉哈德（Galahad）与基督一般无二。在圣灵降临节（Pentecost）[①]的宴会上，身穿焰红盔甲的他被带到亚瑟王的宫廷来。这个节日是圣灵以火的形式降临到使徒身上的盛宴。你知道，我们每个人都可能变成加拉哈德。这是诺斯替教派对基督教的立场。由狄奥多西大帝时代埋于地下的诺斯替教派资料中，我们可以找到这种想法。

依据诺斯替教派的《多马福音》，耶稣曾说："从我口中饮者，将成为我，而我也将成为他。"这就是隐含在圣杯那些浪漫故事中的概念。

① 基督教之圣灵降临节，犹太教之五旬节。——编者注

莫：你说十二、十三世纪，是人类感情与精神意识中最重要的变化阶段之一，也是表现出一种新的体验爱情方式的时代。

坎贝尔：是的。

莫：这与凌驾于人类感情之上的神职人员的专制主义，是相对立的。因为后者要求人们，特别是年轻女孩与教堂或父母指定的对象结婚。这对心灵的感情会造成怎样的影响？

坎贝尔：我先对另一部分作回答。我们必须认识到，即使是在凭媒妁之言的婚姻里，丈夫与妻子在家庭生活中也可以培养出爱的关系来。换言之，在这种经过安排的婚姻中，是有许多爱情存在的。家庭之爱是一种对生命的丰富之爱。但是你却无法从中获得另一部分的爱，那是由认同另一半灵魂而来的震慑眩迷之感。而这正是吟游诗人所要求的，也是我们今天理想的爱情。

但你知道，婚姻就是婚姻，婚姻不是恋爱。恋爱是完全不同的一件事。婚姻是对你自己的一种承诺。你的婚姻伴侣实际上是另一半的你，而你和自己的另一半是一体的。恋爱不是这样，而是追求一种享乐的关系，而当它变得不快乐时，关系便结束。但是婚姻是一生的承诺，代表你对自己一生最主要的关怀。假如婚姻不是你的主要关怀，你等于没有结婚。

莫：浪漫的感情可以在婚姻中得以持续吗？

坎贝尔：在某些婚姻中是如此。在其他的婚姻中，则非如此。抒情诗人传统中的一大问题在于他们对“忠贞”的要求。

莫：你说的忠贞是什么意思？

坎贝尔：不欺骗、不变节，不论经过怎样的试炼与苦难，你都保持真诚。

莫：清教徒视婚姻为“教会中的小教会”。在婚姻中我们天天在爱，天天在宽恕。它是爱与宽恕持续进行的圣礼。

坎贝尔：我想现实世界中，“苦难”才是婚姻的真正意义。也就是个人臣服于比自己更高超的事物。真正的婚姻生活或真正的恋情，应该是处在这样的关系中才对。即使现在也是如此。你了解我说的意思吗？

莫：不，对这点我不清楚。

坎贝尔：就像阴阳的象征一样。这是我，那是她，而这是我们俩。当我必须牺牲时，我不是为她而牺牲，而是为这个关系而牺牲。对他人仇恨是完全搞错了对象。生命是在这种关系中，也就是你现在生命所在之处，那就是婚姻。而在恋爱中，只要两人能够配合，某种为对方而活的关系也能维持一定的时间。

莫：在神圣的婚姻中，经由上帝结合在一起的是个整体，不可能被人类所拆散。

坎贝尔：这只是个开始，婚姻把这种神我一体的关系，重新做了象征性的注解。

莫：这只是个开始？

坎贝尔：婚姻是对人类男女同源本质的象征性认知。

莫：你知道有关盲者先知特伊西亚斯（Tiresias）的有趣传说吗?

坎贝尔：是的，那是个伟大的故事。特伊西亚斯有一天走过森林时，看到两条正在交配的蛇。他把他的竿子放在它们之间，他就变成一个女人。然后有一天，变成女人的特伊西亚斯走过森林，看到两条蛇正在交配，于是把她的竿子放在它们之间，便又变回男人。

然后，某天在国会山，宙斯之丘……

莫：奥林匹斯山?

坎贝尔：是的，奥林匹斯山。宙斯和他的妻子争论，在性交中，是男人还是女人享受到较大的乐趣。当然没有人能够作出选择，因为你可以说这些神都只是一个整体的片面。于是某个人提议说："让我们问特伊西亚斯吧！"

所以他们找到特伊西亚斯，问了这个问题。他说："什么，女人比男人多9次性高潮呢。"结果不知道为何，宙斯的妻子赫拉听了很生气，便把他打瞎了。宙斯觉得自己需对此负责，便赋予盲者特伊西亚斯先知的本领。这里有个道理——当你看不到分散人注意力的各种现象时，你便可以仰赖直觉，而与事物基本形态，所谓的形态学发生联系。

莫：被蛇转化成男人后又变成女人的特伊西亚斯，同时拥有男性与女性的体验，比个别男神或女神知道得还要多，这是什么道理呢?

坎贝尔：这点没错。更进一步说，他象征性地代表了男女一体的事实。当奥德修斯被遣送到喀耳刻（Circe）的冥界时，他是在遇到特伊西亚斯并了解到男女一体后才得到启蒙的。

莫：我常想，如果一个男人能够与他内在的女性倾向接触，或者女人，可以与内在的男性倾向接触，将可能知晓神知道的事物，或超过神所知道的。

坎贝尔：那就是人们通过结婚得到的信息。婚姻就是你与自己内在女性倾向接触的方式。

莫：当你遇到某人而突然觉得“我知道这个人”或“我想了解这个人”，那种在恋爱中产生的发现自我的感觉又是怎么回事？

坎贝尔：那是个谜。就好像你未来与此人共同生活的一切，都在其中显现出来了，你知道她就是未来将与你共度余生的人。

莫：那是不是来自我们记忆库的东西，只是我们不知道、不认得罢了？而我们以此接触作为与那个对象互动的一种方式……

坎贝尔：似乎是你在对未来作出反应，未来的你正和现在的你对话。这点和时间的神秘性与超越性有关。我想我们触碰到的是一个非常神秘的现象。

莫：在你的生命中，你是否只把它当作一种奥秘呢？或者你认为人可以拥有成功的婚姻，以及婚姻之外的另一种关系吗？

坎贝尔：从技术层面而言，是可以说，“当然，为什么不呢？”

莫：但事实似乎是，婚姻关系限制人们对恋爱的付出，而且付出给恋爱会减少对婚姻关系的忠诚。

坎贝尔：我想个人必须自己找出解决的办法来。在你对婚姻作出承诺后，你仍可能迸发爱的火花。如果你不对这个爱的火花作出反应，怎么说呢？你可能使充满生机的爱的整体体验，随之黯淡。

莫：我想这是问题的核心。假如眼睛替心搜寻对象，并真能找到心里强烈想要的对象，那么心是不是只能渴求一次呢？

坎贝尔：请允许我率直地说，爱不能使人对其他的关系免疫。但人是不是可以拥有一个完整的爱情，我是说一个真正完整的爱情，而同时还忠于婚姻呢？我认为那是不可能的。

莫：为什么？

坎贝尔：关系会因此破裂。但是忠贞并不禁止你有感情，即使是与另一个异性的恋爱关系。在浪漫骑士故事中描述的那种对其他女人，以及忠于自己爱人的温柔关系，是十分优雅而体贴的。

莫：所以吟游诗人会对他的爱人们唱歌，即便与她们在关系上更进一步的希望极为渺茫，也是一样。

坎贝尔：是的。

莫：神话是不是认为拥有过爱，再失去爱，比较好些呢？

坎贝尔：基本上神话并不真的处理个人爱情问题。你知道，每个人所选择的婚姻对象都是基于现实的因缘条件。比如你属于某个宗族，你就可以与某人结婚，而不能与他人结婚，依此类推。

莫：那么爱情和道德有什么关系？

坎贝尔：爱情违反道德。

莫：违反道德？

坎贝尔：是的，**只要是纯粹的爱情，就不会以社会同意的方式表现出来，那也是爱情如此神秘的缘故**。爱情与社会秩序无关，它是比社会规范的婚姻更高的精神体验。

莫：当我们说上帝是爱时，是否是罗曼蒂克式的爱？神话是否把上帝与罗曼蒂克之爱加以联系？

坎贝尔：它确实是这样。爱是圣灵所赐，因此更高于婚姻。那是吟游诗人的理念。假如上帝是爱，那么爱就是上帝。埃克哈特大师曾说，“爱情不知道痛苦”。而这正是当特里斯坦说“我愿为我的爱接受地狱之苦”时的真意。

莫：但你也曾说，爱必然带来苦难。

坎贝尔：那是另一个概念。特里斯坦是体验爱，而埃克哈特大师则是谈论爱。爱情之苦并不是另一种苦，而是生命本身的苦。何处是苦，何处便是你的生命，你可以作如是观。

莫：保罗在《哥林多前书》中有一段话，“爱包容一切、忍耐一切。”

坎贝尔：那是同一件事。

两则关于爱的波斯神话

莫：我最喜欢的神话之一，是来自波斯的故事。它说撒旦被遣入地狱，是因为他太爱上帝所致。

坎贝尔：是的，那是伊斯兰教对撒旦的基本概念，他们认为撒旦是上帝的最爱。理解撒旦可以有许多方式，但这些理解都建立在这一个问题上，“为什么撒旦会被打入地狱?”故事标准形态是这样的，当上帝创造了天使，他告诉他们只能对自己鞠躬致敬；然后上帝造了人，他把人当作高于天使的生命形态，并要求天使为人服务；但是撒旦不愿向人顶礼致敬。

我记得小时候所受的基督教传统教导把这个情形解释成撒旦的自我中心作祟，因为他不愿向人顶礼。但是在波斯的故事中，撒旦之所以不能向人顶礼，是基于他对上帝的爱，他只能向上帝顶礼致敬。上帝已经改变了它的信号，你看出来了吗？但是撒旦如此遵从上帝一开始发出的信号，以致他无法违反这些原则。在他的心里，我不知道撒旦是否有心，他不能对上帝以外的任何人服务，因为他只爱上帝。所以上帝便对他说，“不要让我看到你！”

通常描述的地狱中，最痛苦的炼狱便是没有敬爱的上帝。所以撒旦怎么能够忍受在炼狱中的环境呢？他只能靠记忆中上帝的声音得到慰藉，因为当上帝对他说“下地狱吧”，那便是爱的表现。

莫：在人生中确实是如此，最痛苦的地狱就是和你所爱的人分离，这是我喜爱这个波斯神话的原因。撒旦是上帝的爱人……

坎贝尔：而他与上帝分离了，对撒旦而言那是非常痛苦的事。

莫：另外波斯也有一则关于父母起源的故事。

坎贝尔：那是个伟大的故事，没错。最早他们是一体的，然后长成一种植物。但是后来他们分开变成两个人，并且开始生育孩子。他们非常爱孩子，所以他们便把孩子吃掉。上帝想，"不能再这样下去。"**所以他把父母对子女的爱减少到 99.9%，那么父母便不会把孩子吃掉了。**

莫：这个神话是什么意思？

坎贝尔：我听人们说过，"这真是个美味的小东西，我可以吃掉它。"

莫：这是爱的力量？

坎贝尔：是爱的力量。

莫：爱的力量太强大了，所以不得不减弱。

坎贝尔：是的。我曾看过一幅画，上面是一张张大且不断吞噬东西的嘴，嘴里面有一颗心。那就是可以吃掉你的那种爱。母亲要学习去减少那种爱。

莫：上帝教我何时不需执着。

坎贝尔：是的。在印度有种小宗教仪式帮助母亲不执着，特别是对儿子的感情。家庭的宗教导师会来到家里，并要求母亲给他最珍贵的东西，可能是非常贵重的珠宝或其他的东西。在不断被要求交出最珍贵东西的过程中，母亲会学习放弃她认为最宝贵的事物。最后她必须放弃她的儿子。

莫：所以爱里包含苦与乐。

坎贝尔：是的。爱是生命的燃烧点，因为人生是悲苦的，爱也是如此。爱越强，痛苦也越大。

莫：但是爱可以忍受一切。

坎贝尔：**爱本身是苦，可以说是真正活着的痛苦。**

THE POWER OF MYTH

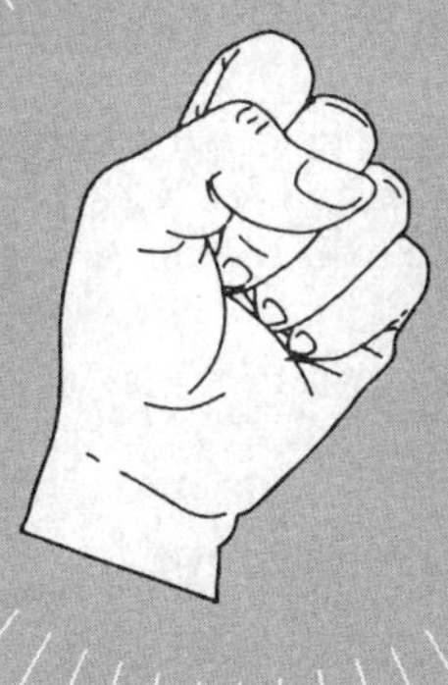

08

永恒的面具

THE POWER OF MYTH

● 神话中人、事、物的影像就是我们每个人心灵潜在能力的反映。你生命中那个燃烧的起点，那个即将生成而超越世俗善恶、无惧无求的事物，便是你个人神力的所在。

可以没有信仰，但必须拥有体验

莫：在你遍学各种世界观，品味不同的文化、文明与宗教之时，是否发现每个文化都有创造某种形式的上帝的需求？

坎贝尔：任何人只要有过神秘体验都会知道，宇宙中有某个次元是超越人类感官所能察觉的。在《奥义书》中有一段特别贴切的文字，可以用来说明这个情况，“当你凝神注视日落或山崖之美而发出‘啊’的赞叹时，你便融会在神性之中。”在此融会的刹那，我们了解到存在的奇妙与完美。生活在自然界中的人们每天都可以体验到这种真实，他们了解到有一个比人类更伟大的世界存在，然而人类的天性却想把这种经验人格化，或是把自然的力量用人类文化的视角来解释。

西方人的思考方式是把上帝当成是神奇宇宙能量的终极来源或原因。但在大部分的东方思想及原始部落的思想中，神明是非人格化能量的化身。他们并不是宇宙的终极真实。神是能量表现的工具，而每个神明所拥有或代表的能量大小与品质，即决定了该神明的特性与功能，有凶暴的神，有慈悲的神，有结合阴阳两界的神，也有在战争中充任国王、国家的保护神，他们都是人格化的宇宙能量，但是这些能量的最终来源仍是神秘不可知的。

莫：这不是促使命运处于一种无主状态，并形成不同势力的不断争战吗？

坎贝尔：没错，正如人生本也如此。即使在我们内心，当面对抉择时，也会有挣扎。比如，在我们决定如何保持与他人的关系时，也许有四五种可能性。在我心中起决定作用的神明就是影响我决定的力量。假如我的引导神明是粗暴的，则我的决定也会是粗暴的。

莫：这对信仰会有何影响？人是有信仰、有灵性的动物，而且……

坎贝尔：不，我不一定要有信仰，我有体验。

莫：哪一种体验？

坎贝尔：我有奇妙生命的体验，我有爱的体验，我有恨，有恶毒念头，有想打别人下颚一拳的冲动体验。从象征形象的观点而言，这些都是在我心中运作的不同力量，**我们可以把奇妙、爱与恨看成是受到不同神明影响的结果。**

当我还是个罗马天主教家庭的小孩时，我由大人口中得知，我的右手边有个保护我的天使，而左手边则有个诱惑我的魔鬼，我在人生中所做的决定，完全要看是天使对我影响比较大还是恶魔的影响较大。作为一个小孩，我将这些思想具体落实在生活中，我想我的老师们也是如此。我们都认为确实有天使存在，认为有天使是事实，有魔鬼也是事实。但我现在不再认为那是事实，而是将它视作推动及引导我各种生命冲动的隐喻。

莫：这些能量来自哪里？

坎贝尔：来自你自己的生命，来自你身体内的能量。包括大脑在内的不同身体器官之间，都是互相冲突的。

莫：那你的生命来自哪里？

坎贝尔：来自宇宙生命的终极能量，然而你会追问，“一定有某个造物主创造这些能量吧？”为什么你会这样追问呢？为什么终极的奥秘不能超越人格化的神这个概念呢？

莫：男人与女人能够以非人格化的方式相处吗？

坎贝尔：可以的，而且他们向来如此。去苏伊士以东看看。你知道在西方我们倾向于把神明人格化、人性化，比如，耶和华不是愤怒之神就是正义与惩罚之神，或是在圣经的《诗篇》中读到的，耶和华是支持生命的友善之神。但是在东方，神明却单纯得多，不那么人性化，而更接近大自然的力量。

莫：当某人说，“想象上帝的样子！”西方的儿童会说，“上帝是个有胡须，着白长袍的老人。”

坎贝尔：在西方文化中确是如此，我们习惯于将上帝想象成男性的形象。但在其他许多文化传统中，神明的力量基本上被想象为女性的形象。

莫：根本的问题在于，我们无法想象不能人格化的事物。你认为我们可能想象出柏拉图所谓的“不朽而神圣的思想”吗？

坎贝尔：当然，这就是所谓的冥想。冥想意味着不断地观照同一主题。它可以存在于任何层次。我不会在思考中把物理与心灵分裂为两个截然不同的范畴。例如，金钱是一个绝佳的冥想主题；而照料家庭是另一个很重要的冥想主题。但是也有一种是孤独的冥想，例如在你走入教堂时。

莫：这么说，祈祷实际上就是一种冥想。

坎贝尔：祈祷是联系并冥想宇宙奥秘的修行。

莫：召唤内心的力量。

坎贝尔：罗马天主教有一种以念珠不断持诵同一祷辞的冥想方式，这就是把心带入修行中。在梵文中，这种修行叫作“持咒”（japa），意思是“重复神的名字”。它可以隔断其他的念头，而让你专注于一件事上，然后依据个人的想象，你可以体验到宇宙神秘力量不可测知的深度。

莫：怎样才可以达到此一深刻的体验呢？

坎贝尔：对宇宙奥秘有深刻的体认，就可以达到了。

莫：假如上帝只是一个我们想象所及的神明，我们又为何会敬畏上帝造物的神圣呢？

坎贝尔：我们会因为一场梦而被吓住吗？你必须打破、超越你对上帝原有的想象，而能够体认上帝所蕴涵的意义。心理学家荣格对此有相关的说明，“宗教是为抗拒上帝的经验而设的。”

宇宙的奥秘已被化约成一组概念与想法，而强调这些概念与想法的结果，恰恰切断了我们与超越而意涵丰富之体验的联系。**我们应该把对宇宙奥秘的专注体验视为终极的宗教体验。**

莫：许多基督徒相信，要了解耶稣，必须先具备基督徒的信仰，相信教义、教堂等……

坎贝尔：你必须超越自己所想象出的耶稣形象的层次。否则，**这形象化的神便成为我们通往终极实在的最后障碍。因为紧紧地抱住自己的意识形态和浅薄的思考态度，当一个对神的更伟大体验、一个超越你原本准备接受的经验降临到你身上时，你就会因为固守心中的形象而失去体验它的机会。**这就是我们所谓的坚持信仰。

你要知道，通过经历的不同的核心与原型阶段，心灵是可以自我提升的。刚开始先经历饥饿与贪婪等最基本的动物体验，然后是性冲动，接下来则是体能上对某些事物的熟练控制。

这些都是心灵体验的前奏，一旦心灵的核心被碰触到，对其他人或动物的同体慈悲心便顿时觉醒升起，你就会了解，在某种意义上，你和他人是同一生命下的产物，于是一个全新阶段的灵性生命绽放出来。这个心眼对外开放的过程，就是神话中处女生子的象征意义。它象征精神生活从原本只为满足生理健康、繁衍后代、权力与物欲之乐的基本人类兽欲中诞生。

但我们现在则进入了另一个阶段。只要经历一次这种对他人的慈悲、相契、合一，或者超越自恋、自利、自以为是的我执，就可以说是正式宗教生活与体验的开始。而这个初步体验可能促使个人开始追求大我生命整体感的充实体验，在那样的世界中，所有时空暂有的存在形式都只不过是这个整体生命的反映罢了。

这个所有生命存在的终极基础可以从两个层次来体会，一个是有形的，另一个是无形或超越形象的。当你以有形的方式体验到你的神明，那时有一个观照的心，也有一个神明。心是主体，神明是客体。但是神秘主义的终极目标是与个人的神明合而为一，即超越二无性，形式也不再存在，以至于无人、无神、无你。你的心智超越概念，与你存在的基础合而为一。因为你所体验到的神的象征形象，正是你存在的终极奥秘，也是这个世界存在的神秘。

莫：当然，基督徒信仰的中心意旨，便在于相信上帝在耶稣基督体内，相信你所说的这些将人类融入上帝的基本力量，正是存在于人类身上的要素。

坎贝尔：是的，而基督教的诺斯替教派与佛教的基本概念都相信，那不但对你是真理，对我亦然。耶稣是历史上领悟到他与他所称的“天父”是“合一”的一个真实人物，而他终其一生都是以他本性中的基督精神而存在的。

我记得有一次在演讲中提到，要把潜藏在我们生命中的基督精神活出来，而听众中有一位牧师（我事后才知道）转过头轻声告诉坐在他身旁的一位女士说，“这是亵渎圣灵。”

莫：你所说“生命中的基督精神”是什么意思？

坎贝尔：我的意思是说你不能以自己的自我系统、自己的欲望而活。而必须以你生命中所谓的人本精神——也就是基督而活。印度有则谚语，“除了神之外没有人能崇拜神。”如果你想要正确地崇拜他而且依教奉行，你必须在某种程度上，使自己认同你的神所代表的精神原则，不论它的内容为何。

莫：当我们谈论内在的神、内在的基督，由内而发的明觉或自醒，是不是有演变成对自身迷恋和着魔的危险，以致造成对自我和世界观的扭曲？

坎贝尔：当然，那是有可能的。那是一种类似电流短路的现象，但是整体的目标是超越自我，超越对自我的概念，超越那只不过是一个不完美的自我表象。举例而言，当你静坐冥想后，你应该放下所有因静坐可能得到的利益，而转向世界，投向芸芸众生，而不是自己抱持着这些利益不放。

对“我是上帝”一语有两种思考的方式。假如你认为“此刻的血肉之躯和必朽的生命是上帝”，那么你是疯了。这是一种“短路”的体验，你是上帝，不是在你中的自我，而是在你最深层的存在中，在那个层次中，你的生命是与超二元的神秘合而为一的。

莫：你曾经提过，我们可以成功解救我们身边的人：孩子、妻子、爱人和邻人，但是我们永远不可能成为救世主，你说我们可以是父母，但永远不可能是天父或圣母，这是不是一种对个人极限的体认？

坎贝尔：是的。

莫：你对救世主耶稣的看法如何？

坎贝尔：我们对耶稣所知有限。我们所知道的只是相互矛盾的“四福音书”，试图要告诉我们他说了什么、做了什么。

莫："四福音书"是在耶稣死后多年才完成的。

坎贝尔：是的。但尽管如此，我想我们还是可以大致知道耶稣说了什么。我想"四福音书"记载的耶稣言论，与耶稣生前所言大致吻合。例如，基督的主要教义就是"爱你的敌人"。

莫：如何能不宽恕敌人的作为，不接受敌人的恶意攻击，而爱你的敌人呢?

坎贝尔：我告诉你如何做到。**不要挑剔敌人眼中的微尘（小缺点），而要摘取自己眼中的横梁（大缺点）。没有人有资格可以否定敌人的生活方式。**

莫：你认为如果耶稣存在，他会成为一个基督徒吗?

坎贝尔：不会是我们所知道的那种基督徒。也许某些真正接触到崇高精神奥秘的神职人员，成就了某些耶稣的品质。

莫：所以，耶稣不属于好战派教会?

坎贝尔：耶稣根本不好战。我在"四福音书"中看不到任何有关的描述。彼得抽出他的剑把仆人的耳朵割除，而耶稣说，"收刀入鞘吧，彼得。"但是彼得已经抽出他的剑，而且自此一直用它。

我几乎历经整个20世纪，当我还是个孩子时，我知道我们从未是，也绝不是敌视的民族。为了要把他们变成我们的敌人，我们将对他们的攻击合理化，于是一场仇恨、误解与抹黑的争斗便随之展开，其后的余波一直荡漾至今。

莫：然而我们都知道上帝是爱，你曾经引述耶稣的话，“要爱你们的仇敌，为那逼迫你们的祷告。这样，就可以作你们天父的儿子，因为他叫日头照好人，也照歹人；降雨给义人，也给不义的人。”你曾经把这句话当成是基督教最崇高、最尊贵、最敢言的教理。你现在仍然这么觉得吗？

坎贝尔：**我认为慈悲是宗教经验的基础，除了有慈悲，我们一无所有。**

莫：对我而言，基督《新约全书》中最紧扣心弦的一段话是，“我信，但我信不足，求主帮助。”我相信终极真实，我能感受也确实感受到它的存在。但是我对自己的问题没有答案。真的有上帝吗？我相信这个问题是存在的。

坎贝尔：几年前，我有段非常有趣的经历。我在纽约运动家俱乐部的游泳池畔，经人介绍认识了一位在天主教大学担任教授的神职人员，在我游完泳后，我以平躺的姿势斜坐在一张躺椅上，而那位牧师正坐在我旁边，他问我，“坎贝尔先生，你是位神职人员吗？”

我回答：“不是，神父。”

他问我：“你是天主教徒吗？”

我回答：“曾经是，神父。”

然后他又问我，我觉得他的措辞很有趣，他说：“你相信有人格化的神吗？”

“不相信，神父。”我说。

而他回答说：“那么，我想我们是无法用逻辑来证明人格化神的存在的。”

“假如有办法的话，神父，”我说，“那么信仰还有什么价值呢？”

“坎贝尔先生，”这位神职人员匆匆说道，“很高兴认识你。”然后就离去了。我觉得我刚使了一招柔道的过肩摔。

对我而言，那是一段极富启发的对话。一位天主教父问我：“你相信有人格化的神吗?”这透露了他也体认到的事实，一个非人格化神存在的可能性，也就是说一个超越的基础或能量。佛性的概念就是一种能给予万事万物活力的内在明光意识。我们不自觉地以这个佛性意识或潜能的片段而活。但是宗教的生活方式，却不是以个人有限肉身的自利观点出发，而是以由更广大意识产生的洞见为基础。

在最近发现的基督诺斯替教派福音书中，有一段依据圣·多马证述的非常重要的文字，“‘什么时候天国会降临?’基督的门徒问。”我想是在《马可福音》第 13 章中说道，世界末日即将到来。也就是说，“世界末日”这个具有神话意念的形象，被看成一个事实存在的历史事件。但是在圣·多马的说法里，耶稣回答说，“天国不会因人的祈求而到来。天国无所不在，而人却看不到它。”所以就某个意义而言，我现在看着你，圣灵存在的光芒正通过你让我感受到。

莫：通过我?

坎贝尔：当然是你。当耶稣说，“凡是从我口中饮水者将变成我，而我也将是他。”他是从所有存在物共同的存有基础，也就是我们所谓的基督——我们所有人的存在这个观点出发，而有此说。任何这样活着的人都是基督，任何人把这段话实践在生活中，他就等于是耶稣，这是这段话的精义所在。

莫：所以，这就是你说“我将上帝的光芒照向你”的意思。

坎贝尔：是的，你正是如此对我。

莫：你也把光芒照向我吗？

坎贝尔：我说这些话是非常认真的。

莫：我也很认真地相信这是真的。我确实可以感觉到圣灵存在于他人身上。

坎贝尔：不仅如此，你在此次对谈中所表达的，以及你想要表达的，也就是对这些灵性的领会。所以你是表达的工具，你是灵性的光芒。

莫：这是可以适用于每个人的真理吗？

坎贝尔：对那些已在生命中达到灵性阶段的每个人，这都是真理。

莫：你真的相信灵魂世界的存在？

坎贝尔：这是比喻的说法，但我们可以说有些人活在性欲的层次，那就是他们生活的全部，他们生命的意义。弗洛伊德的学说，不正是如此吗？而阿德勒动力意志的哲学，则认为我们的生活重心在于障碍重重，并克服重重障碍。

当然，这样的生活也挺好，是一种富有神性的生活。但人们仍在动物层次生活，然后进入一个以牺牲一人、服务他人为主的生活方式。这就是打开心房所象征的意义。

莫：这种生活的来源为何？

坎贝尔：必须认识到他人的存在，以及我和他人是同一的生命体，上帝就是这个生命共同体的形象。我们自问这个生命来自何处，认为凡事皆有人创造的人会想，“那一定是上帝创造的”，所以上帝是生命的来源。

莫：那么，什么是宗教呢？

坎贝尔：宗教这个词的词源 religio 是“联结”的意思。假如我们说你我为一共同的生命体，那么我个人独立的生命就与此共同生命体联结在一起了，这已经成为宗教的象征意义，也就是说宗教代表了那个联结的锁链。

你的内在能量就是神力

莫：著名心理学家荣格曾说，最具影响力的宗教象征之一便是圆。他说圆是人类最伟大的基本形象，而在思索圆的象征意义时，我们便是在分析自我。你认为呢？

坎贝尔：整个世界就是个圆。所有的圆形形象皆反映出我们的心灵，在这些建筑设计与我们精神功能的实际结构间，必然有某些关系存在。

当一个魔术师变魔术的时候，他会画个圆圈环绕着他，就在这个圆的界限内，这个密封的区域里，在圈外遗失的力量可以被引进圈内，而产生效力。

莫：我记得读过一段印第安酋长的话，“当我们搭帐篷时，我们搭圆的帐篷；当老鹰筑巢时，巢是圆的；当我们注视地平线时，地平线也是圆的”。圆形对印第安人非常重要，是吗？

坎贝尔：是的，但在我们继承的许多苏美尔人神话中亦是如此。我们传承的图形，包含四个方位基点与360度。苏美尔人的官方历法中，一年有360天，外加5天圣假日。不算在时间内的这5天，人们会举行祭天典礼。而现代人已失去这种“时间是圆”的感觉，因为我们用数字计算时，你只听到时间滴答过去的声音，从滴答计数的时间里，你只觉得时光不断流逝。纽约宾夕法尼亚车站的钟，是个有小时、分钟、秒、十分之一秒和百分之一秒组成的计时器，当你看到百分之一秒的计时时，你更会有时光飞逝的体会。

另一方面，圆代表了全体。圆内的每件事物，都只是一件事，都被这个圆所包涵，这是就空间的观点而言；从时间的观点来说，圆意味着你离开，到某处去，总是又会回来。上帝是一切，是生命的来源，也是目的，圆的形象象征一个完美的全体，不论在时间或空间中皆是如此。

莫：无始也无终。

坎贝尔：循环，循环，再循环。就以一年的时间为例，当日子到了11月，我们又要过感恩节了，然后是12月到来，我们又要过圣诞节了。不仅只有月份循环，月亮和日子也在循环。当我们看表，我们又会想到时间的循环不止。虽然时间一样，但却是另一天了。

莫：中国向来自称中心之国，而阿兹特克人对他们的文化也有类似的说法，我认为每个文化都以圆作为宇宙的秩序，而把自己放在核心。你觉得为什么圆被赋予了普遍性的象征意义呢？

坎贝尔：因为它可以随时体验，某一天，某一年，或在外打猎，或任何其他探险活动，或回家后，都可以体验到。同时也有一种更深刻的体验，即子宫与坟墓的奥秘，人们被埋葬便是再生，回到大地之母的子宫中再生，而再生就是葬礼的起源。早期女神的形象中，女神被看作接收灵魂回来的母亲。

莫：我读你的作品，例如《众神的面具》《动物生命力之道》和《梦境的象征》等，常常会有圆形的形象，不论是在古典和现代的魔术设计或建筑中，还是在印度的圆顶庙宇、罗德西亚旧石器时代的石雕或阿兹特克人的日历石，古中国的青铜盾，以及在《圣经·旧约》里提及空中之轮的犹太先知以西结等，都是如此。我常遇到这种形象。而我手上的结婚戒指，也是个圆。它象征什么呢？

坎贝尔：那要视你对婚姻的了解而定。“象征”这个字本身便代表两个字合在一起。某个人只拥有一半，而另一个人拥有另一半，然后他们结合在一起。这个认知是从戒指完美的圆摆在一起开始的。这就是我的婚姻，这就是我将个人生命融入更大的两人生命的开始，在婚姻中两人成为一体。结婚戒指的意义在于两人同在一个圆中。

莫：当新教皇正式登基时，他带上渔人图章戒指，也是个圆。

坎贝尔：那个戒指象征耶稣呼唤渔人使徒们。他说，“我要叫你们得人如得鱼一样”。这是比基督教还早的旧教派。希腊神话中，俄耳甫斯被称为“渔人”，他垂钓的对象是人，以鱼身生活在水中，然后跳出水面化入光中。由鱼变成人是个古老的概念，鱼代表我们性情中最粗俗的动物本性，而宗教则致力于把你从其中解救出来。

莫：英国新王或新后加冕时，会戴上戒指。

坎贝尔：是的，因为戒指还有另一层意义，即约束。作为一个国王，你必须受到原则的约束。你不能只依照自己的方式而活，你已经被贴上标签。当人们通过牺牲与文身的成人礼过程后，就受到他人与社会的制约了。

莫：荣格把圆说成是“曼陀罗”。

坎贝尔：“曼陀罗”是梵文中的“圆”。但这是个经过综合或用象征符号设计过的圆，代表宇宙结构的意义。当用心构思曼陀罗时，你便在尝试将你自己的圆纳入宇宙的圆中。一个精致的佛教曼陀罗，中央有个象征宇宙能量与光明力量来源的佛本尊，周边的各种形象则代表由佛本尊光芒放射出的形象，或是它不同层面的表现。

如果是为你自己创造一个曼陀罗，你需画个圆，然后思考你生命中各种不同的脉动与价值观。然后综合起来并找出中心点来。创造一个曼陀罗是把你生命中所有分散的层面凝聚起来、找出中心点，并促使自己归属于这个核心的一种训练。你试图将自己的圆心与宇宙的圆联系起来。

莫：把自己放在中心点？

坎贝尔：是的，在中心点。例如纳瓦霍印第安人，其心理疗治典礼都是通过沙画完成的，且大部分都是画在地上的曼陀罗。接受治疗的患者进入曼陀罗，便是进入神话象征的世界中，他会被其象征的力量同化。这种以曼陀罗在沙土上绘画和把它作为静坐冥想之用的想法，在西藏也很常见。西藏喇嘛练习在沙土上绘画，画出代表他们生命中精神力量的宇宙形象。

莫：这些行为显然是致力将个人生命的中心与宇宙中心结合起来。

坎贝尔：是的，他们以心中的神话影像来表达。这些形象帮助你认同象征的力量。我们很难期望个人可以认同毫无特性的形象事物，但是如果赋予它某些富有意义的特质，那么修行的人便有所遵循。

莫：有一种说法指出，耶稣最后晚餐中所用的圣杯，代表完美和谐的核心以及对完美整体与统一的追求。

坎贝尔：圣杯的来源有好几种说法。其中一种说法是，它来自潜意识的深沉大海，海神巨厦中一个包含众多事物的大锅。我们生命的能量正是从潜意识中浮出。这个大锅正是沸腾着所有生命动力的永不枯竭的源泉与中心。

莫：你认为那是潜意识吗？

坎贝尔：不仅是潜意识，同时也是世界的基础。新的事物不断在你身边出现，生命力不断灌注入这个世界，而它源自一个永不枯竭的源泉。

莫：被时空分隔的不同文化，却产生相同的形象，你对此如何解释？

坎贝尔：这就是说，人类心灵中有某些力量是全体共有的。否则不可能会有如此细密的吻合。

莫：所以，如果我们发现许多不同的文化都谈到创世纪的故事、处女生子的故事、救世主降临、死后复活的故事，就表示这些故事透露了我们内在的某些信息，以及我们想去了解的需要。

坎贝尔：**对了。神话的形象乃是我们每个人灵性潜能的反映。通过对这些形象**

的冥想，我们可以把它们的力量激发出来。

莫：所以当一部圣典说，人是以上帝的形象被创造的，它是指人类无论其宗教、文化、地理与血缘存在多少差异，皆共有某种特质，是吗？

坎贝尔：神是人类终极的基本概念。

莫：是最原始的需求。

坎贝尔：我们都是以神的形象被创造的。这就是人类的终极原型。

莫：艾略特曾提出在变动的世界中有个不动点的概念，此时动与静同时存在，他也提到车轮的毂，是时间的流动与永恒的静止，是合而为一的所在。

坎贝尔：这就是圣杯所代表的那个永不枯竭的宇宙中心。**当生命出现时，它既无恐惧也无所欲求，它只是不变的变化；当它成为生命后，它开始恐惧并有所欲求；当你能不受恐惧与欲求的束缚，而回到你生命刚出现的那个状态时，你就能找到生命的源头。**歌德说：神灵在活人而非死人身上，在生死变化的世界，而非变化完成的固定世界中作用。他说，所以**理性关怀的是通过生死变化来趋近圣灵，而智力则只是利用可知或已知的事物，来塑造我们的人生。**但是若追求自我了解，则需要在你生命中那个燃烧的起点，在那个即将生成而超越世俗善恶、无惧无求的事物中才能找到。那就是一个战士以大勇征战沙场所凭借的东西。那是生命的律动，那就是战争的奥秘与植物生长的精髓。

这让我想起草皮的例子，一个小伙子每两个礼拜就用割草机割草。假使草皮说，“拜托，你一直用这种割法有什么用处呢？”它还是不断地长出来。而这就是能量核心的概念，也就是圣杯形象——永不枯竭的水池与生命源泉的形象。这个生命源泉对它创造产生的生命不在乎，只有生命的赋予与到来本身才是重要的，它是你生成变化生命的中心。这也是所有这些神话传达给你的信息。

在研究比较神话学时，借由比较两个不同系统中的形象，我们同时更能领会两者蕴涵的意义。因为其中一方会突显某个层面的意义或给予清楚的解释，而另一方则会说明另一层面的意义。他们互为阐述。

在一开始教授神话学时，我还曾担心可能会毁掉学生的信仰，但结果正好相反。宗教传统对他们而言意义不大，但当我将父辈传承的宗教传统与其他传统加以比较时，那些相似的意象代言的内在与灵性，让他们突然得到了一种新的启发。

我的学生中有基督徒、犹太教徒、佛教徒，还有两三个拜火教教徒，他们都有共同的体验。在诠释某个宗教的象征符号时，把它们看成是比喻而非事实，并没有任何不妥。这样做的目的是，能把它们看成你内在经验与生命的信息，宗教传统于是变成个人的生命体验。

莫：在知道别人和我一样渴求并致力寻求相似的形象，以表达超越人类一般语言所能表达的体验时，我更坚定了自己的宗教信仰。

坎贝尔：这就是小丑与小丑宗教有它存在的用处。日耳曼和凯尔特人的神话中，充满了小丑人物，他们实在是十分怪异的神明。这种特殊的形式有它的道理。这说明小丑不是最后的形象，他只是某种真实的表现。人们必须通过他滑稽的外形看到背后的真实。

莫：在一些非洲传统中有个有趣的故事。一天，神走在路上，头上戴着一顶半红半蓝的帽子。当傍晚田地里的农夫进入村庄后，他们问道，“你们看到那个戴蓝帽子的神了吗?”而另外一些人回答说，“不，不，他戴的是顶红帽子。”于是他们起了争执。

坎贝尔：是的。那是尼日利亚的恶作剧神——艾得秀（Edshu）。更糟的是，他有时还变换行走的方向，转动他的帽子，所以是红是蓝就更分不清了。当前述两派人马起了争执，并被带到国王面前裁决时，这个恶作剧神出现了。他说这是他的错，是他造成的，而且他是故意这么做的。因为四处制造冲突是他最大的快乐。

莫：这个故事有它的道理。

坎贝尔：当然有。赫拉克利特说：“冲突是所有伟大事物的创造者。”在恶作剧神的象征意义中，这层意义尚不明显。而在我们的传统中，伊甸园的蛇扮演了这个角色。正当一切都很美满时，它便掷出禁果。不论我们的思想体系为何，都不可能包括无限的生命。当你认为一切都不过是如此时，恶作剧神就出现了。所有的一切都破灭了，而你又再度改变、重生。

莫：我注意到你在说这些故事时，是带着幽默感说的。你似乎一直乐在其中，哪怕这些故事的内容古怪又残忍。

坎贝尔：神话学与犹太基督教的关键区别在于，神话学的形象是以幽默来解释的。你认识到意象就是某个事物的象征，你和它是有距离的。但是在我们的宗教里，每件事都乏味无聊，而且非常非常严肃。你不能对耶和华随便乱来。

高峰体验，生命中真实的时刻

莫：你如何解释，心理学家马斯洛所谓的“高峰体验”和乔伊斯所谓的“顿悟”（epiphanies）?

坎贝尔：这两个并不太相同。高峰体验指的是你生命中某个真实的时刻，你体验到与存在的和谐关系，我的高峰体验都是在事后才了解，它们全来自运动比赛。

莫：哪次是你最高峰的体验？

坎贝尔：当我在哥伦比亚大学赛跑时，有几次竞赛的体验美极了。一次比赛时，我就是知道我将赢得比赛，尽管我没有理由。当时我是接力赛跑的最后一棒，而当我接到棒时，对手已经领先我 30 来米了。但我就是知道这是我的高峰体验，那天没有人能击败我。那是一种以极致状态存在而又真的了然于心的情形。我不认为在我生命中还有比这次赛跑表现更佳的事，它是将我的能力推到极致的完美体验。

莫：并非所有的高峰体验都是生理的。

坎贝尔：是的，还有其他种类的高峰体验。但是这是我信手拈来的个人高峰体验的例子。

莫：乔伊斯的“顿悟”呢？

坎贝尔：这是不同的事物。乔伊斯对美感体验的定律是：它不会让你想要占有事物，那些让你想要占有绘画物的艺术品，他称之为淫秽之作；美感体验也不会使你批评或拒绝某项事物，这一类的作品他称之为艺术说教或社会批判。美感体验是一种对事物的单纯激赏之情。乔伊斯说，你最初会以某个架构把它看成是一件事物，而当你把它看成是一件事物时，你便能觉察到部分与部分间、部分与全体间，以及全体与部分间的关系。这便是最基本的美感因素——律动，关系间的和谐律动。而当艺术家幸运地敲击出一段律动时，你就会体验到光辉，你就沉浸在美感之中。这就是"顿悟"。而以宗教的术语而言，这也就是所谓无所不在的基督精神的展现。

莫：这是不是圣徒感恩上帝的真面目呢？

坎贝尔：是谁并不重要。你可以把它当成是你想象中的一个怪兽。美感体验是超越伦理与说教的。

莫：这点我和你意见不同。我觉得为了要体验到顿悟，你激赏而不愿占有的对象，必须在某方面是美的才行。刚才你谈到你赛跑的高峰体验时，你说它美极了，"美"就是一种美学的用语。美是一种和谐。

坎贝尔：是的。

莫：而你却说美也在乔伊斯所谓的"顿悟"中，而且与艺术和美学相关。

坎贝尔：是的。

莫：我觉得它们是一样的，假如它们都美的话。你怎么可能激赏一只怪兽而产生“顿悟”之感呢？

坎贝尔：另一种与艺术有关的情感，并非从美而来，而是升华得来的。我们所谓的“怪兽”可以被看成是一种升华的体验。它们所代表的力量太大，以致正常的生活方式无法包容它。空间的无限扩展便是升华。佛教徒懂得如何把他们的寺庙建筑在适当的地点，通常在高山上，以造成这种效果。例如，某些日本寺庙花园的设计，使我们立刻会有与庭园设计密切交感的体验。这时你好比在爬山，突然你看穿山只是面纱，于是地平线豁然展现在你眼前。而借着减轻我执，你的意识便能扩及至升华、伟大的体验。

另一种升华是由巨大的精力、权力、能力而来。我认识许多经历过英美联合地毯式大轰炸的中欧人，他们中有几个把这种非人道的体验描述成恐怖的同时，还在某种程度上视其为一种升华、伟大的体验。

莫：我曾经访问过一个参加过第二次世界大战的老兵。我与他谈到他在突出部之役（the Battle of the Bulge）中的体验，在那个寒风刺骨的冬天，德军奇袭即将成功时，我问他，“你回过头去看，那是什么样的体验？”而他说：“那是一种升华，一种伟大的体验。”

坎贝尔：所以怪兽以一种神的方式出现。

莫：你所说的怪兽所指为何？

坎贝尔：我说的怪兽是指某些可怕的妖怪或幽灵的出现，能打破所有你对和谐、秩序、伦理道德的判断标准。例如，印度教三大神之一毗湿奴，便在世界末日以怪兽的姿态出现。他现身来毁灭宇宙，首先用火烧，然后是暴雨洪水，把火及其他一切事物扑灭，除了灰烬外别无一物，所有的宇宙与生命尽毁，这是上帝以毁灭者的姿态出现。这类体验是超越伦理与美学判断的，伦理已不复存在。然而在我们西方宗教里，因为是以人为中心，所以也就强调伦理的层次，上帝被认定是善的。不！不！上帝是恐怖的。任何能够创造出地狱的神，绝不可能是救世主的人选。想想看，世界末日呢！但伊斯兰教中有一则关于死亡天使的说法："当死亡天使接近时，他是恐怖的。当他已降临在你身上，他成为喜悦。"

在佛教系统中，特别是藏传佛教，静坐的佛本尊会以两种不同的面貌出现，一个是慈眉善目，另一个则是怒目金刚。假如你紧握住自己的自我意识不放，眷恋尘世的苦乐、亲人，那么怒目金刚的佛本尊便会现形。这似乎很可怕，但是一旦你去除了我执，同样的静坐的佛本尊，便会以布施喜乐的形态出现。

莫：耶稣曾说过他会携带一把剑来，而我不相信他想用它来对付他的子民。他想借此打开我们的自我，以剑斩断自我的限制，从而使我们得到自由。

坎贝尔：这在梵文中叫分辨智（viveka），是"分别"的意思。有个很重要的佛，他手持一把着火的剑，高举过头。要剑做什么呢？这是分别之剑，将尘世与永恒分开。这柄剑将时间不断流逝的尘世，和原本与此相连的永恒世界切开。

时间的滴答声使我们见不到永恒。我们生活在这样的时空里。但是在这个时空中，却反映出永恒的原则与现象。

莫：永恒的体验。

坎贝尔：体验到"我之所以为我"的体验。

莫：是的，但不管永恒为何，它必须是当下。

坎贝尔：无别处可寻。不在任何他处。假使你不能当下体验到它，你也不可能在天堂里找到。天堂不是永恒，它只是长久延续而已。

莫：我不明白这个道理。

坎贝尔：天堂与地狱通常被描述成是永恒的。天堂是无时无限，但那不是永恒，永恒是超越时间的。时间的概念本身是与永恒不相容的。只有在对永恒深刻体认的基础上，才有这些来来去去的尘世苦难。佛教的菩萨道观念，便是以一种自愿而喜悦的态度来参与尘世的苦难，只要有时间的地方，就有苦难。但是对苦难的体验，可使你更进一步体验到永恒的存在，那也是我们真正的生命。

莫：印度教三大神之一湿婆的形象，就是被火圈火链所围绕着。

坎贝尔：那是神明跃动的光辉。湿婆跳舞便是宇宙本身。在他的头发中，是个骷髅头和一个新月，生死在同一瞬间，也就是万物生成的那一刻。他一只手拿着小鼓槌，发出滴、滴、滴的声音。那是时间之鼓，时间滴滴之声使我们看不见永恒。我们被时间所困。但湿婆神另一只手上却是火焰，能把覆盖在时间上的面纱烧去，而把我们的心朝向永恒敞开。

湿婆是上古的神明，也许是今日被人崇拜的最古老神明，现存一些公元前2000—2500年留传下来的神像，其中盖上小印的人物很明显的就是湿婆。

湿婆的某些化身是非常恐怖的，代表生命本质中异乎寻常的面向。他是原型的瑜伽修行者，破除人生的幻象，但是他同时也是生命的创造者、发动者和觉悟者。

莫：神话处理的是形而上学。但宗教也处理伦理学、善与恶、我你之间的关系，我该如何对待你，如何对待我的妻子，以及如何对待同是上帝子民的他人。在神话学中伦理学占有怎样的地位与角色？

坎贝尔：我们谈到的形而上体验，是指你了解到你和其他人是一体的。伦理学教你一种方式，即如何将他人与自己一体的态度，落实到生活里。你无须拥有体验，因为宗教教义教你的行为模式已经隐含了对他人慈悲的精神。宗教告诉你自私自利的行为是罪恶的方式，鼓励你向善。而这与你的身体是一致的。

莫：爱你的邻人有如天父，因为邻人就是天父本身。

坎贝尔：当你依教奉行时，你就会有如此的体会。

莫：你觉得为什么那么多人都渴望永生？

坎贝尔：这点我并不了解。

莫：这是否源于对地狱的恐惧和对其他目标的渴望？

坎贝尔：那是标准的基督教教义，即在世界末日时，会有一场最后审判，善的人会上天堂，而邪恶的人则下地狱。这个概念可以回溯到古埃及。奥西里斯是死而复活的神，而他永生之身会以死者审判者的角色出现。木乃伊是为死者面对神明审判而准备的，但有趣的是，在埃及，死者向神报到，是去体认自己与神是一体的。在基督教传统中，这是不被允许的。所以你如果说，只有天堂地狱可选，那么你就给我永远的天堂吧！但当你了解到天堂只是上帝美善形象的一种表征，那一瞬间是不属于时间的，时间被爆破了，所以永恒不是某个东西持续不断。这一点你可以在尘世人际关系的经验中立即体会到它。我有许多好友过世，父母也已过世，但是我有个非常强烈的体会，那就是，我并没有失去他们。我与他们共处的时光，到现在一直还活在我的心中。他们给我的仍然与我同在，那是一种与自己息息相关的不朽感。

有一则关于佛陀的故事说，有一次他遇到一位因刚失去儿子而陷于悲痛中的女人。他对她说，“我建议你去找找看，在这个世界上，是否有人从未失去过他宝贝的儿子、爱人、亲戚或朋友。”**要了解你必朽的生命与你内在某种超越必朽的真实，是件困难的事。**

莫：神话不是充满了渴求不朽的例子吗？难道不是吗？

坎贝尔：是的，但当不朽被误解成是肉身的永远存在，那实在是一出闹剧。从另一方面讲，当不朽被看成是你此刻生命中的永恒时，那又不同了。

莫：你说过，生命的整个问题环绕在存有与生死变化的对立上？

坎贝尔：是的，但是变化永远是部分的，存有才是全部。

莫：这是什么意思？

坎贝尔：假设你希望变成一个完全的人，在最初几年你是个孩子，只是人的一部分；过几年你到了青春期，那也是人的一部分；你成熟长大，仍然只是部分，你不再是孩子，但你还没老。在《奥义书》中有一个关于最初高度集中能量的形象，代表宇宙大爆炸，将所有的事物分派到破碎的时间中。而能够从破碎的时间中看到生命源头的完整力量，则是艺术的功能。

莫：美是对生存感到喜乐的一种表达。

坎贝尔：每一个瞬间都应该是这种体验。

莫：与此体验相比，明天会变成什么就不重要了。

坎贝尔：这是个伟大的瞬间，比尔。我们要做到的，正是通过我们不完全的表达方式，来掌握我们的主体存在。

莫：假如我们不能描述上帝，假如我们的语言不足以表达，为什么我们搭建的建筑物都可以升华到伟大的境界呢？艺术家是怎样把他们想象的上帝反映到他们的作品中呢？我们如何能做到呢？

坎贝尔：那只是艺术的反映，只是艺术家心目中的上帝，只是人对上帝的经验。但是最终无形无象的奥秘，是超越人类经验的。

莫：所以，不论我们体验到什么，我们的语言表达了什么，都无法触及此奥秘。

坎贝尔：没错，那就是诗存在的功能。诗是一种必须体会的语言，诗需要精确地选择语汇以便表达超越文字本身的含意和联想，于是你才能体验到光辉或"顿悟"。顿悟是存在本质的展露。

目的不重要，旅程才重要

莫：对上帝的体验是超越文字描述的，但我们都有不得不描述的感觉？

坎贝尔：是的，叔本华在他著名的文章《作为意志和表象的世界》里指出，当你活到某个年龄，回头看看你的一生，似乎是有秩序与有计划的，仿佛由小说家创作出来一样。那些当时看起来只是偶然发生的事，不久却成为你整个人生情节中不可或缺的要素。是谁创作了这个剧情呢？叔本华认为，正如同你的梦，是由你某部分潜意识所创作的，所以**你的人生也是你内在意志的杰作。**正如同你不期而遇的人，后来变成你生命中不可或缺的部分一样。你也不自觉地扮演着赋予他人生命意义的角色。这整个事件就像是一首大型交响乐曲一般，每个环节都不自觉地紧扣其他环节。叔本华的结论是，我们的人生好像是宇宙中做梦者梦境里的情节，梦中不同的做梦者也做着不同的梦。所以每件事物都与其他事物相联系，而由宇宙求生的意志推动着。在印度神话中，有个伟大的形象——因陀罗网（The Net of Indra）。它是由宝石组合成的网络，每一个丝绒交会处的宝石，都会反照出其他所有宝石的影像。**每件事物都是互为缘起的，所以没有人绝对错误。**这个景象使人觉得背后仿佛有个意志存在，不断地赋予现象界意义，但却没有人了解是何意义。也不知道自己是否照着这个意义而活。

莫：然而我们每个人的生命都有其目的，你相信吗？

坎贝尔：我不相信生命是有目的的。生命只是一群原形质，渴求再生和不断存在罢了。

莫：这不对，不对。

坎贝尔：等一等。纯粹的生命状态，是不能被说成有目的的，你只要看看不同地方的生命，有各种不同的目的便知。但是你可以说，每个生命的个体拥有生命的潜能，而人生的任务便在于发挥那些潜能。如何做到呢？我的答案是："遵照你心灵深处的喜悦而行。"在你内心深处有某种能力会告诉你，你何时活得有重心，也知道你是否走在正轨上。**如果你出轨，而沉醉于物欲中，你已经失去你的生命。如果你一直活得有重心，即使不赚任何钱，你仍然拥有你心灵深处的喜悦。**

莫：我很喜欢"目的不重要，旅程才重要"这个观点。

坎贝尔：是的，杜尔凯姆（Karlfried Graf Dürckheim）曾说："当你在旅程中，发现目的地越来越远，你便认识到旅程便是真正的目的地。"纳瓦霍印第安人有一种他们叫作花粉道的有趣形象。花粉是生命的源头，花粉道是通往生命核心之路。纳瓦霍印第安人说："啊！美在我的前、后、右、左、上、下，我在花粉道上。"

莫：伊甸园过去不是，但未来会是。

坎贝尔：伊甸园现在就是。"天国散布在每个角落，而人们看不见它。"

莫：伊甸园就是现在，在这个充满疼痛、苦难、死亡与暴力的世界吗？

坎贝尔：那只是它感受的方式，但这就是伊甸园。当你看到天国遍布人间，原来的生活态度便不复存在。这就是世界末日。世界末日不是一件将发生的事件，而是一种心理上的转化，一种视野的转化。你看到的不再是由固定事物组成的世界，而是光辉的世界。

莫：我将“道成了肉身”这句神秘、强而有力的句子解释为永恒的原则。它在人生的旅程或我们的体验中具体呈现。

坎贝尔：你也可以在你身上找到天父的精神。

莫：如果不在自己身上找到，还有何处可寻？

坎贝尔：常言道，诗表达超越文字的精神。而歌德常说：“所有的事物都是比喻。”所有变化的事物，只不过是比喻的指涉对象罢了。我们都是。

莫：但为何人们会崇拜比喻、爱恋比喻，并为比喻而死呢？

坎贝尔：那是全世界人们都在做的事——为比喻而死，但当你真的了解“唵”（AUM）的意义时，你便不需要外出或为任何目标而死，因为它已经涵盖一切。你只需安静坐下来，观察它、体验它、认识它就是了。这是个高峰体验。

莫：请你解释一下“唵”。

坎贝尔：“唵”对我们的耳朵而言，是所有现象事物基础的宇宙能量之音。你先从口腔后部发出“阿”，然后是张大到极致的“欧”，再接下来是闭口的“姆”。当你能正确发出这三个音时，所有的母音都包括在内了。唵！子音在此只是被当成打断基本母音的声音。所有的字音都只是“唵”的片段而已，正如所有的意象都只是终极形象的片段一样。“唵”是一种具有象征意义的声音，使你与那共鸣的宇宙相接触。如果你曾听过西藏喇嘛唱诵“唵”声的录音，你就会知道这个声音的意义，那是宇宙“唵”声在世间的存在。能与此声接触并领会到它的真谛，乃是最高峰的实存体验。

“阿—欧—姆（A—U—M）”是出生、成长与死亡的循环三部曲。“唵”被称为“四合一音节”。除了阿—欧—姆之外，第四音是什么？那便是沉默之声，唵声由此而生，由此而灭，它也是唵声的基础。我的生命是阿—欧—姆之声，但还有一个沉默之声作为它们的基础。这就是我们所谓的不朽，这是必朽，那是不朽，如果没有不朽，就不会有必朽。在人的存在中，必然会区别这两个生命面向。在与我已逝父母相处的经验中，我了解到在我们时间序列的关系外，还有更深刻的层次存在。当然也是因为时间序列中的某些时刻，才让我深刻了解到这个关系的更深刻意义。我清楚地记得这些时刻，它们是“顿悟”、天启与光辉的时刻。

莫：显然这层意义是无法用言语表达的。

坎贝尔：是的，言语永远有某种特性，因此也是有局限性的。

莫：然而，约瑟夫，我们渺小的人所能留下的，也只是这可怜的语言罢了，不论它多美丽，总是无法表达出我们想要说的……

坎贝尔：是的，这也是为什么时不时地打破过去而得到的领悟会是高峰体验。

未来，属于终身学习者

我这辈子遇到的聪明人（来自各行各业的聪明人）没有不每天阅读的——没有，一个都没有。巴菲特读书之多，我读书之多，可能会让你感到吃惊。孩子们都笑话我。他们觉得我是一本长了两条腿的书。

——查理·芒格

互联网改变了信息连接的方式；指数型技术在迅速颠覆着现有的商业世界；人工智能已经开始抢占人类的工作岗位……

未来，到底需要什么样的人才？

改变命运唯一的策略是你要变成终身学习者。未来世界将不再需要单一的技能型人才，而是需要具备完善的知识结构、极强逻辑思考力和高感知力的复合型人才。优秀的人往往通过阅读建立足够强大的抽象思维能力，获得异于众人的思考和整合能力。未来，将属于终身学习者！而阅读必定和终身学习形影不离。

很多人读书，追求的是干货，寻求的是立刻行之有效的解决方案。其实这是一种留在舒适区的阅读方法。在这个充满不确定性的年代，答案不会简单地出现在书里，因为生活根本就没有标准确切的答案，你也不能期望过去的经验能解决未来的问题。

而真正的阅读，应该在书中与智者同行思考，借他们的视角看到世界的多元性，提出比答案更重要的好问题，在不确定的时代中领先起跑。

湛庐阅读 App：与最聪明的人共同进化

有人常常把成本支出的焦点放在书价上，把读完一本书当作阅读的终结。其实不然。

时间是读者付出的最大阅读成本

怎么读是读者面临的最大阅读障碍

“读书破万卷”不仅仅在“万”，更重要的是在“破”！

现在，我们构建了全新的“湛庐阅读”App。它将成为你“破万卷”的新居所。在这里：

- 不用考虑读什么，你可以便捷找到纸书、电子书、有声书和各种声音产品；
- 你可以学会怎么读，你将发现集泛读、通读、精读于一体的阅读解决方案；
- 你会与作者、译者、专家、推荐人和阅读教练相遇，他们是优质思想的发源地；
- 你会与优秀的读者和终身学习者为伍，他们对阅读和学习有着持久的热情和源源不绝的内驱力。

CHEERS

本书阅读资料包

给你便捷、高效、全面的阅读体验

本书参考资料

湛庐独家策划

- ✔ 参考文献
  为了环保、节约纸张，部分图书的参考文献以电子版方式提供
- ✔ 主题书单
  编辑精心推荐的延伸阅读书单，助你开启主题式阅读
- ✔ 图片资料
  提供部分图片的高清彩色原版大图，方便保存和分享

相关阅读服务

终身学习者必备

- ✔ 电子书
  便捷、高效，方便检索，易于携带，随时更新
- ✔ 有声书
  保护视力，随时随地，有温度、有情感地听本书
- ✔ 精读班
  2~4周，最懂这本书的人带你读完、读懂、读透这本好书
- ✔ 课　程
  课程权威专家给你开书单，带你快速浏览一个领域的知识概貌
- ✔ 讲　书
  30分钟，大咖给你讲本书，让你挑书不费劲

湛庐编辑为你独家呈现
助你更好获得书里和书外的思想和智慧，请扫码查收！

（阅读资料包的内容因书而异，最终以湛庐阅读App页面为准）

图书在版编目（CIP）数据

浙江省版权局
著作权合同登记章
图字:11–2013–70号

神话的力量：在诸神与英雄的世界中发现自我 /（美）坎贝尔，（美）莫耶斯著；朱侃如译 .—杭州：浙江人民出版社，2013.6（2022.8 重印）

ISBN 978-7-213-05485-3

Ⅰ.①神⋯ Ⅱ.①坎⋯ ②朱⋯ Ⅲ.①神话－研究 Ⅳ.①B932

中国版本图书馆 CIP 数据核字（2013）第 092387 号

上架指导：神话学 / 哲学 / 心理学

神话的力量：在诸神与英雄的世界中发现自我

［美］约瑟夫 · 坎贝尔　比尔 · 莫耶斯　著
朱侃如　译

出版发行：浙江人民出版社（杭州体育场路347号　邮编　310006）
市场部电话：（0571）85061682　85176516
集团网址：浙江出版联合集团　http://www.zjcb.com
责任编辑：朱丽芳　陈　源
责任校对：徐永明
印　　刷：河北鹏润印刷有限公司
开　　本：710mm × 965mm 1/16　　印　　张：21.5
字　　数：304 千字　　插　　页：1
版　　次：2013 年 6 月第 1 版　　印　　次：2022 年 8 月第 11 次印刷
书　　号：ISBN 978-7-213-05485-3
定　　价：99.90 元

如发现印装质量问题，影响阅读，请与市场部联系调换。